Bernd W. Klöckner

Die Rentenlüge

Bernd W. Klöckner

Die Rentenlüge

*Entkommen
Sie der Armutsfalle*

WILEY-VCH Verlag GmbH & Co. KGaA

1. Auflage 2005

**Bibliografische Information
Der Deutschen Bibliothek**
Die Deutsche Bibliothek verzeichnet diese Publikation in der Deutschen Nationalbibliografie; detaillierte bibliografische Daten sind im Internet über <http://dnb.ddb.de> abrufbar.

Alle mit „© Bernd W. Klöckner" versehenen Bilder, Darstellungen, Tabellen, Zahlen, Grafiken u. Ä. sind urheberrechtlich geschützt. Jede Verwendung in Vorträgen, Büchern oder Artikeln – sei es ganz oder auszugsweise – bedarf der Genehmigung des Autors.

© 2005 WILEY-VCH Verlag GmbH, 69469 Weinheim

Alle Rechte, insbesondere die der Übersetzung in andere Sprachen, vorbehalten. Kein Teil dieses Buches darf ohne schriftliche Genehmigung des Verlages in irgendeiner Form – durch Fotokopie, Mikroverfilmung oder irgendein anderes Verfahren – reproduziert oder in eine von Maschinen, insbesondere von Datenverarbeitungsmaschinen, verwendbare Sprache übertragen oder übersetzt werden. Die Wiedergabe von Warenbezeichnungen, Handelsnamen oder sonstigen Kennzeichen in diesem Buch berechtigt nicht zu der Annahme, dass diese von jedermann frei benutzt werden dürfen. Vielmehr kann es sich auch dann um eingetragene Warenzeichen oder sonstige gesetzlich geschützte Kennzeichen handeln, wenn sie nicht eigens als solche markiert sind.

Printed in the Federal Republic of Germany

Gedruckt auf säurefreiem Papier

Satz Mitterweger & Partner, Kommunikationsgesellschaft mbH, Plankstadt

Druck und Bindung Ebner & Spiegel GmbH, Ulm

Umschlaggestaltung init GmbH, Bielefeld

ISBN-10: 3-527-50187-8
ISBN-13: 978-3-527-50187-8

Inhaltsverzeichnis

Widmung *7*

Einleitung *9*

Teil 1

1. Bevölkerungsvorausschätzungen – erschreckende Fakten *17*
2. Steigende Kranken- und Pflegekosten als Liquiditätsfalle für Staat und Bürger *41*
3. Die ›Im Alter brauche ich weniger Geld‹-Illusion *51*
4. Die sichere Pension vom Arbeitgeber – Hoffnung für Millionen? *57*
5. Amtliche Propaganda und Desinformation *63*
6. Die Rentenlüge – Armut im Alter für Millionen *67*
7. Magerkost für Rentner – Vollpension für Politiker und Beamte! *93*
8. Was Rentenfalle, Alter in Armut und Mittelstandsförderung miteinander zu tun haben *103*

Teil 2

9. Praxisfälle in der Rentenwirklichkeit *111*
10. Zuviel gespart hat noch keiner *243*

Schluss *265*
Danke *271*
Anmerkung *273*

Die Rentenlüge. Bernd Klöckner
Copyright © 2005 WILEY-VCH Verlag GmbH & Co. KGaA, Weinheim
ISBN 3-527-50187-8

Widmung

Gewidmet meinen Kindern Johanna, Anna, Philipp und N.N. In der Hoffnung, dass sie in einem Deutschland groß werden, wo sich die Politik, die politisch Handelnden und auch die Bevölkerung gemeinsam und erfolgreich den Herausforderungen stellen, die auf uns warten.

In der Hoffnung, dass die jüngeren Generationen dieses Landes den Wert der Familie neu entdecken, und sich den Herausforderungen stellen, die mit der Entscheidung für Kinder verbunden sind. So werden sie selbst erleben, wie viel an unglaublicher Freude und wundervoller Liebe durch Kinder im Leben Einzug hält und wächst.

In der Hoffnung, dass die politisch Handelnden es sehr schnell verstehen, Familien zu fördern, indem exzellente Voraussetzungen erarbeitet werden, damit Beruf, Karriere und Kinder für Frauen und Männer in diesem Land endlich mühelos miteinander vereinbart werden können.

Einleitung

*Ein Optimist ist in der Regel
ein Zeitgenosse, der ungenügend
informiert ist.*

John B. Priestley,
engl. Schriftsteller 1894 – 1984

Dieses Buch beschäftigt sich mit einem einzigen Thema: Der drohenden Altersarmut von Millionen von Bundesbürgern. Denn ein »Alter in Armut« ist längst kein irreales Schreckensszenario mehr: Es wird in den kommenden Jahrzehnten für viele Menschen zur bitteren Realität werden.

In diesem Buch geht es darum, dass die Renten immer unsicherer werden, weil in der Zukunft immer mehr alte von immer weniger jungen Menschen unterstützt werden müssen. Auf der Grundlage der aktuellen Entwicklung und der aktuell verfügbaren Daten habe ich die Auswirkungen der Demografie auf die sozialen Sicherungssysteme kritisch unter die Lupe genommen. Es geht hier allerdings *nicht* um die Frage, welche Auswirkung diese sogenannte Verschiebung der Alterspyramide auf den künftigen Wohlstand in diesem Land haben wird. Hier gilt: Selbst wenn die Prognosen, Hochrechnungen und Modellrechnungen Wirklichkeit werden, heißt das nicht, dass zwangsläufig auch ein grundsätzlicher Wohlstandsverlust die Folge sein muss. Der Kollaps der sozialen Sicherungssysteme kann durchaus mit weiter steigendem Wohlstand eines Teils der Bevölkerung einhergehen. Die Alterung der Gesellschaft kann also nicht mit Wohlstandsverlust unmittelbar gleichgesetzt werden.

Die Frage, die mich in diesem Buch beschäftigt, dreht sich allein um die zukünftigen Renten, um Ihre persönliche Rente und alles, was damit zu tun hat. Nicht ohne Grund lautet der Titel dieses Buches deshalb *Die Rentenlüge*. Meiner Ansicht nach belügen, tricksen, beruhigen und beschwichtigen die meisten Politiker das Volk seit Jahren. »Nach mir die Sintflut« scheint das Motto der politischen Klasse zu sein.

Die Rentenlüge. Bernd Klöckner
Copyright © 2005 WILEY-VCH Verlag GmbH & Co. KGaA, Weinheim
ISBN 3-527-50187-8

Auf den folgenden Seiten werden Sie in sorgfältig recherchierten Details die Begründung für die erschreckende Tatsache finden, wieso ein »Alter in Armut« quasi vor der Tür der breiten Masse steht. Nach über zwei Jahrzehnten Praxiserfahrung in der Finanzbranche, nach 15 Jahren erfolgreicher Autorentätigkeit zu aktuellen Wirtschafts- und Sozialthemen und nach zahlreichen TV-Auftritten als geladener Studiogast rund um die Themen Vorsorge, Rente, Generationengerechtigkeit und ähnliches möchte ich all diejenigen ansprechen, die noch immer denken »Der Staat wird mich schon nicht verhungern lassen« oder »Altersarmut – damit meinen die wohl die anderen, doch nicht mich«.

Anhand konkreter Beispiele werden Sie nachlesen können, dass nahezu jeder Arbeiter und jeder Angestellte in diesem Land in die Armutsfalle läuft. Ob Single, ob verheiratet, ob mit Kindern oder ohne Kinder, ob schlecht, mittel oder gut verdienend, ob älter oder jünger: Die Masse der künftigen Rentner wird mit einer schmalen Rente zwischen 200 und 500 Euro heutiger Kaufkraft auskommen müssen.

So und nicht anders lautet meine Prognose. Die Details und Fakten, die in diesem Buch genannt werden, weisen in dieselbe Richtung. Nur einen Ausweg könnte es geben: Sollte es zu einem neuen Wirtschaftswunder kommen, dann – und nur dann – würden die hier aufgeführten realistischen Schreckensszenarien nicht mehr zutreffen. Die Menschen, die nun bis zu diesem – theoretisch denkbaren Wirtschaftswunder – einige Jahre oder Jahrzehnte gespart und sinnvoll investiert haben, weil sie ihr Alter nicht in Armut verbringen wollten, werden dann einige zehntausend oder gar einige hunderttausend Euro an Vermögen zu viel auf dem Konto haben.

Wenn Sie meinen Ratschlägen in diesem Buch folgen, so wäre dies das einzige Risiko, das Sie eingehen: Sie würden schlussendlich zu viel Geld auf dem Konto haben! Sollte es also zu diesem positiven Szenario und einem neuen, dauerhaften Wirtschaftswunder, einem damit verbundenem Wohlstand und sicheren Renten für alle kommen, entschuldige ich mich bereits heute bei Ihnen, dass Sie dann wegen dieses Buches und Ihrem dadurch (hoffentlich) sehr, sehr schnell einsetzendem Engagement im Hinblick auf Spar- und Investitionsprozesse zu viel Geld auf dem

Konto haben werden. Ich bitte Sie bereits heute um Verzeihung, wenn Sie dann Schwierigkeiten haben werden, Ihre finanziellen Überschüsse ausgeben zu können.

Weitaus wahrscheinlicher wird es jedoch sein, dass sich meine Prognosen bewahrheiten und ich Recht behalte. Ich würde mich sehr freuen, wenn ich mit diesem Buch und den darin gesammelten Fakten dazu beitragen kann, dass Sie und Ihre Familie der drohenden Altersarmut der breiten Masse entgehen. Wenn Sie wirklich vorsorgen wollen, müssen Sie heute wissen: Sparen allein genügt nicht mehr! Jeder von uns muss zu seinem eigenen Vermögensplaner werden! Sonst geht es schief!

Damit Ihre Vermögensplanung schließlich gelingt, finden Sie im zweiten Teil des Buches neben den Praxisbeispielen von vielen Menschen aus allen Altersklassen und mit unterschiedlich hohen Einkommen auch geeignete Lösungsansätze für Ihre Rente, die mein Co-Autor Werner Dütting, mein Kollege Dr. Claus Kriebel gemeinsam mit mir erstellt haben. Sie werden erste Lösungsvorschläge für Ihre Altersvorsorge finden, und eine Idee von Ihrer privaten Vermögensplanung bekommen. Denn Lösungen im Rahmen eines solchen Buches können nur Lösungen dem Grundsatz nach sein. Finanzberatung ist und bleibt eine individuelle Beratung. Daher weise ich Sie schon hier darauf hin, dass Sie in jedem Fall persönliche Besonderheiten mit einem Berater Ihres Vertrauens besprechen sollten.

Bevor Sie nun einsteigen, hier noch ein letzter Hinweis: Beim Lesen dieses Buches werden Sie immer wieder Dinge denken oder gar sagen »Das kann doch nicht wahr sein!« oder »So schlimm wird es wohl nicht kommen« oder »Das kann ich mir nicht vorstellen«. Wenn Sie sich mit den Kapiteln und Details dieses Buches intensiv beschäftigen, wird das unweigerlich der Fall sein. Tatsache ist – und ich werde noch ausführlich darauf zu sprechen kommen – dass der Ablauf der kommenden Jahre und Jahrzehnte hinsichtlich der demografischen Entwicklung nahezu vorprogrammiert ist. Gewöhnen Sie sich deshalb besser an den Gedanken, dass Sie, die heute lebenden Generationen mehr als je zuvor in Sachen Altersvorsorge und Rentenvorsorge Verantwortung übernehmen müssen. Und denken Sie auch daran: Wer zu lange zögert, verliert! Daher will ich Ihnen eines ganz besonders empfehlen: Handeln Sie. Das ist alles. Sie müssen handeln, und zwar sehr, sehr schnell. Sie müssen sehr, sehr bald überprüfen, wie Ihre finanzielle Zukunft und Ihre finanzielle Situation im Alter aussehen werden. Übernehmen Sie die Verantwortung für Ihre Vermögensplanung! Andernfalls riskieren Sie, Ihr Alter in Armut verbringen zu müssen, mit allen damit zusammenhängenden Folgen. Denken Sie immer daran: Bis heute konnten Sie womöglich noch sagen »Das habe ich alles so nicht gewusst!« Das kann sein. Mit dem Lesen dieses Buches werden Sie genauer wissen, was Sie wirklich erwartet.

Ich wünsche Ihnen deshalb von Herzen, dass Sie die Botschaft dieses Buches ernst nehmen, und womöglich dieses Buch an Freunde und Bekannte verschenken. Gut! Diese Menschen werden Ihnen eines Tages dafür danken, dass Sie auf die Rentenlüge und alle damit verbundenen, negativen Konsequenzen hingewiesen und sie gewarnt haben.

Dennoch: Auch wenn dieser Rentenorkan gerade auf uns zurast, bin ich sicher, dass auch diese Jahre für die betroffenen Generationen etwas Gutes haben. Sie kennen womöglich das chinesische Sprichwort »Es gibt kein Problem, das nicht auch ein Geschenk für dich in den Händen trüge. Wir suchen Probleme, weil wir ihre Geschenke brauchen.« Ich meine: Die nahezu unabänderliche, drohende Altersarmut der breiten Bevölkerung gibt uns, gibt Ihnen wie mir die Chance, mehr Verantwortung in unserem Leben zu übernehmen. Übernehmen wir also Verantwortung. Übernehmen Sie Verantwortung. Übernehmen Sie finanzielle Verantwortung. Das bedeutet: Sie müssen eine Antwort auf die Frage haben, ob Ihre persönliche Finanzstrategie ausreichend ist oder nicht. Sie allein müssen wissen, wie Ihre Rentenwirklichkeit einmal aussehen wird. Sie alleine müssen, wenn es heute schon absehbar ist, dass es schlecht aussieht, für Lösungen sorgen. Nutzen Sie die Anregungen in diesem Buch und bringen Sie Ihre Finanzen in Ordnung! Ich verspreche Ihnen: Wenn Sie das tun, werden Sie ein gutes Gefühl haben, weil Ihre Zukunft gesichert ist. Sorgen Sie für eine sichere Vermögensplanung! Sofort!

Übrigens: Dieses Buch ist bei aller Deutlichkeit keine Anklageschrift gegen einzelne Parteien, bestimmte Politiker oder anderweitig in diesem Land Verantwortliche. Dieses Buch übt Kritik an allen! An Parteien, Regierenden, Politikern, die seit Jahren und Jahrzehnten die bereits seit langem bekannten Konsequenzen der demografischen Entwicklung entweder verschweigen oder herunterspielen. Ich möchte Parteien, Regierende und Politiker kritisieren, die noch immer verschweigen, dass die gesetzliche Rentenversicherung und die jetzige Struktur der sozialen Sicherung am Ende sind. Auf dem Gebiet der grundlegenden Neuordnung der sozialen Sicherungssysteme sehe ich, dass es offensichtlich ein Kartell des Schweigens, des Verleugnens gibt, ganz gleich welche Unstimmigkeiten sonst zwischen den einzelnen Parteien auftreten. Hier scheinen Parteien, Regierende und Politiker nur in dem Maße die Wahrheit zu sagen, wie es den eigenen wahltaktischen und politischen Zielen dient.

Das vorliegende Buch möchte auch diesbezüglich die Wahrheit auf den Punkt bringen. Manche Fakten werden Sie kennen. Viele Details werden Ihnen neu sein. Insbesondere meine Überlegungen zur Renteninformation der Bundesversicherungsanstalt für Angestellte, kurz BfA genannt, werden Sie aufhorchen lassen. Diese Überlegungen zur gesetzlichen Rentenversicherung sind somit auch wesentlicher Bestandteil dieses Buches.

Immer wieder leugnen Parteien, Verantwortliche und Politiker, dass die künftige Altersarmut breite Bevölkerungsschichten ergreifen wird. In den zahlreichen TV-Diskussionen und Talkshows, in denen ich dabei sein durfte, hieß und heißt es immer wieder »Das sind Einzelfälle«. Dieses Argument der angeblichen Einzelfälle wird auf den folgenden Seiten, insbesondere im zweiten Teil des Buches mit den ausgewählten Praxisbeispielen von Menschen in diesem Land, erstmals deutlich widerlegt.

In den kommenden Jahrzehnten werden wir, bevor die demografische Entwicklung wieder für neue Konstellationen sorgt, einen bislang beispiellosen Zusammenbruch der Sozialsysteme erleben, ganz gleich ob es um Krankenversicherung, Pflegeversicherung und/oder um die in diesem Buch beschriebene gesetzliche Rentenversicherung geht. Wir werden erleben, wie viele zehntausend, viele hunderttausend Menschen mit der mageren bis mickrigen Rente auskommen müssen, wie es in diesem Buch anhand der

Praxisbeispiele dokumentiert wird. Sie werden erleben, wie Freunde, Verwandte und Bekannte, wie Ihnen lieb gewordene Menschen plötzlich mit Armut konfrontiert werden. Sie werden erleben, wie diese Armut ganze Lebensplanungen vernichtet.

Mein größter Wunsch ist es, dass jede Leserin und jeder Leser dieses Buch aufmerksam liest und auf sich wirken lässt. Denn ich möchte Ihnen zeigen, dass jeder reagieren kann, indem er oder sie rechtzeitig die Weichen für eine ausreichende, persönliche Altersversorgung stellt. Nutzen Sie deshalb die Zeit, die Ihnen noch für die Vermögensplanung bleibt. Zu Vermögen gibt es nur einen Weg, nur eine einzige Formel: Zeit mal Geld. Deshalb rate ich Ihnen: Nutzen Sie die Zeit! Nutzen Sie das Geld, das Ihnen zur Verfügung steht. Planen Sie sehr, sehr sorgfältig Ihre künftige Vermögenssituation. Wer rechtzeitig handelt, hat eine Chance.

Berlin-Wannsee, im August 2005   *Ihr Bernd W. Klöckner*

Wichtiger Hinweis
Insbesondere bei den Berechnungen des tatsächlichen Rentenanspruchs in den Praxisbeispielen bleibt das Thema Besteuerung der Renten ausgespart. Lediglich zum Ende eines jeden Einzelfalls finden Sie bei der vom Autor vorgeschlagenen Lösung die steuerliche Variante berücksichtigt. Selbst wenn Ihnen die ohne Berücksichtigung von Steuern berechneten, tatsächlichen Rentenansprüche schon unglaublich niedrig erscheinen: Wenn Sie im Alter außerdem Steuern zahlen müssen, werden die Zahlen nochmals um einiges schlechter ausfallen! – In jedem Fall gilt: Allgemeine Aussagen vermeintlicher Geld- oder Finanzgurus sind wenig hilfreich. Lassen Sie sich im Zweifel individuell, qualifiziert und detailliert von einem Finanzdienstleister oder einem Vermögensberater Ihrer Wahl beraten. Das gilt auch für erste steuerliche Tipps in Sachen sinnvoller Finanzplanung. Weitere steuerliche Belange besprechen Sie mit einem Steuerprofi ihrer Wahl.

Teil 1

1.
Bevölkerungsvorausschätzungen – Erschreckende Fakten

Tatsachen hören nicht auf zu bestehen, weil sie unbeachtet bleiben.

Aldous Huxley

Die Fakten und Details zur künftigen Bevölkerungsentwicklung sind eindeutig: Der demografische Wandel in Deutschland hin zu einer sinkenden Bevölkerungszahl hat bereits begonnen. Er wird sich bis 2020 langsam, danach rapide beschleunigen. Die Probleme der sozialen Sicherungssysteme sind eng mit dieser demografischen Entwicklung verbunden.

Wie wird sich Deutschland in den kommenden Jahren demografisch verändern? Beginnen wir mit Überlegungen und Fakten, die andere bereits einmal sorgfältig recherchiert und publiziert haben.
Jan Boris Wintzenberg schrieb so im *Stern* (4. September 2003) über die »vergreiste Republik«:

>»Deutschland vergreist! (...)! Jede Frau bringt weiterhin im Durchschnitt 1,4 Kinder zur Welt – wie in den vergangenen 25 Jahren. Die Lebenserwartung steigt weiter gleichmäßig um zwei bis drei Monate pro Jahr. Die Zahl der Zuwanderer bleibt bei knapp 200 000 pro Jahr – wie im Durchschnitt der vergangenen 50 Jahre. Nur wenn wir an einem oder mehreren dieser Faktoren etwas verändern, wird auch die Zusammensetzung oder die Zahl der Einwohner unseres Landes in der Zukunft anders aussehen.«

Die Konsequenz dieser Entwicklung sieht Wintzenberg so: »Ändert sich an den Zahlen nichts, ist Deutschland, so wie wir es heute kennen, schlicht nicht überlebensfähig.«
Natürlich könnte ich hier zu bedenken geben, um allen Kritikern zuvorzukommen, dass ein Land streng genommen selbst dann »überlebensfähig« wäre, wenn es nur noch zwei Menschen unterschiedlichen Geschlechts gäbe. Insoweit ist »nicht über-

lebensfähig« faktisch falsch, wobei Wintzenberg das Richtige meint.

> »Ändert sich an den Zahlen nichts, ist Deutschland, so wie wir es heute kennen, schlicht nicht überlebensfähig.«
> *Jan Boris Wintzenberg*, September 2003, *Stern*

Die dramatischen Veränderungen, die sich für die Lebenserwartung der Menschen im 20. Jahrhundert ergaben, beschreibt Laura Carstensen, Professorin für Psychologie an der amerikanischen Stanford-Universität, im *Tagesspiegel*:

> »Für einen Großteil der menschlichen Geschichte betrug die Lebenserwartung höchstens 27 Jahre, gerade genug, um das Überleben der Spezies zu sichern. Doch verlängerte sich die Lebenserwartung allmählich und zu Beginn des 18. Jahrhunderts erreichte sie bereits 37 Jahre. Zu Beginn des 20. Jahrhunderts lag die durchschnittliche Lebenserwartung bereits bei 47 Jahren. Und dann geschah etwas Dramatisches: Innerhalb eines einzigen Jahrhunderts steigerte sich die Lebenserwartung in den Industrienationen auf sage und schreibe 77 Jahre.«[1]

> »Zu Beginn des 20. Jahrhunderts lag die durchschnittliche Lebenserwartung bereits bei 47 Jahren. Und dann geschah etwas Dramatisches: Innerhalb eines einzigen Jahrhunderts steigerte sich die Lebenserwartung in den Industrienationen auf sage und schreibe 77 Jahre.«
> *Laura Carstensen*

Welche Quellen ich auch immer las, welche Wissenschaftler ich auch immer dazu befragte, das Problem der tickenden demografischen Zeitbombe ist seit Jahren bekannt. Dennoch wird meiner Ansicht nach von Politik und Behörden wenig oder gar keine Aufklärungsarbeit geleistet. Man könnte fast sagen, dass von höchster Stelle – obwohl das demografische Problem dort bekannt ist – immer wieder bewusst getrickst und geschummelt und letztlich den Bürgern Sand in die Augen gestreut wird. Sehr aufschlussreich war für mich zu diesem Thema ein Vortrag von Professor Herwig Birg in Stade am 18. Juni 2003. Daraus lesen Sie nun einige Auszüge, die alle, die dies noch nicht glauben wollen, eines Besseren belehren.

»In seiner 1994 publizierten so genannten ›8. koordinierten Bevölkerungsvorausberechnung‹ war das Statistische Bundesamt zum Beispiel noch von der wahrscheinlich politisch motivierten, fachlich völlig unrealistischen Annahme ausgegangen, dass sich die Lebenserwartung in Deutschland (im Gegensatz zum Rest der Welt) ab 1. Januar 2000 nicht mehr erhöht und konstant bleibt.«

Herwig Birg sagt, wie es ist: Die steigende Lebenserwartung scheint beinahe als politischer Störfaktor angesehen zu werden. Die Folge davon ist offensichtlich, dass das Statistische Bundesamt Zahlen veröffentlicht, die eine beruhigende Vorausschätzung gewährleisten. Das Statistische Bundesamt hat es dabei jedoch nicht bewenden lassen, wie Herwig in seinem Vortrag weiter beschreibt:

»In der ›9. koordinierten Bevölkerungsvorausschätzung‹ wurde diese unrealistische Annahme revidiert und ein Anstieg der Lebenserwartung bis 2035 um 4 Jahre zu Grunde gelegt. In seiner am 7. Juni 2003 vorgestellten ›10. koordinierten Bevölkerungsvorausberechnung‹ wurde ein Anstieg um – je nach Variante – 5 beziehungsweise 6 beziehungsweise 7,5 Jahre angenommen. Die Vorausberechnungen des Verfassers liegen ebenfalls in mehreren Varianten vor.«

> Um sage und schreibe rund 16 Millionen wird die Zahl der Menschen in der beitragsrelevanten Altersgruppe 20 bis 60 schrumpfen. An für sich schon schlimm genug, wird jedoch die Altersgruppe der Menschen über 60 um geschätzte 10 Millionen wachsen.

Die Folgen einer steigenden Lebenserwartung liegen auf der Hand: Sie gefährden die Sicherheit der sozialen Systeme. Wie dies im Einzelnen aussieht, möchte ich Ihnen nun erläutern, denn Herwig Birgs Ausführungen lassen sich noch weiterführen: Bei einer solchen Bevölkerungsentwicklung wird die Zahl der Menschen in der beitragsrelevanten Altersgruppe 20 bis 60 Jahre um sage und

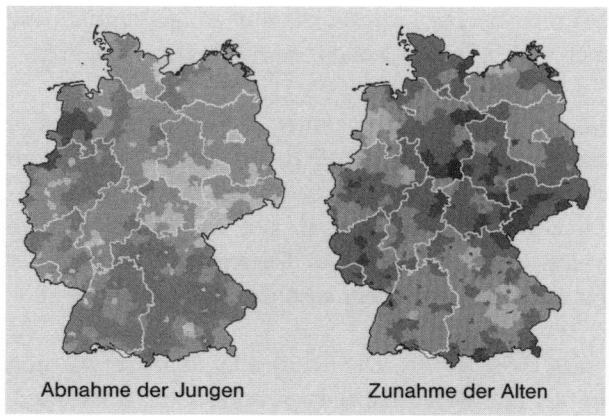

Abbildung 1.1 Die Anzahl der unter Zwanzigjährigen und der über 60-Jährigen in Prozent (2000). Quelle: Die BBR-Bevölkerungsprognose[2]

schreibe rund 16 Millionen schrumpfen. Wäre dies nicht an und für sich schon schlimm genug, wird außerdem die Altersgruppe der Menschen über 60 um geschätzte 10 Millionen wachsen. Aus dem Verhältnis dieser beiden Personengruppen ergibt sich der so genannte Altenquotient. Er beschreibt die Anzahl der 60-Jährigen und Älteren in Prozent im Verhältnis zu der Anzahl der 20- bis 60-Jährigen. Und immerhin: Dieser Altenquotient steigt in den Jahren 1998 bis 2050 von 38,6 Prozent auf schließlich 91,4 Prozent. Sie haben richtig gelesen! Das bedeutet vor allem auch, dass die so genannte Versorgungslast pro Kopf bei den 20- bis 60-Jährigen in den kommenden Jahren und Jahrzehnten extrem zunehmen wird. In der Spitze um den Faktor 2,4. Logisch betrachtet, käme dann Folgendes auf uns zu: Bleibt Deutschland beim umlagefinanzierten Rentensystem, so muss sich der Beitragssatz zur Rentenversicherung um eben diesen Faktor 2,4 erhöhen, wenn das über viele Jahre propagierte Versorgungsniveau von rund 70 Prozent des letzten Nettoeinkommens gehalten werden soll. Und das ist noch nicht alles: Der steigende Altenquotient betrifft in seinen Auswirkungen natürlich auch die Kranken- und Pflegeversicherung.

Kommen wir nun zu einigen weiteren Fakten, Zahlen und Zitaten zur Demografie und der demografischen Entwicklung in Deutschland:

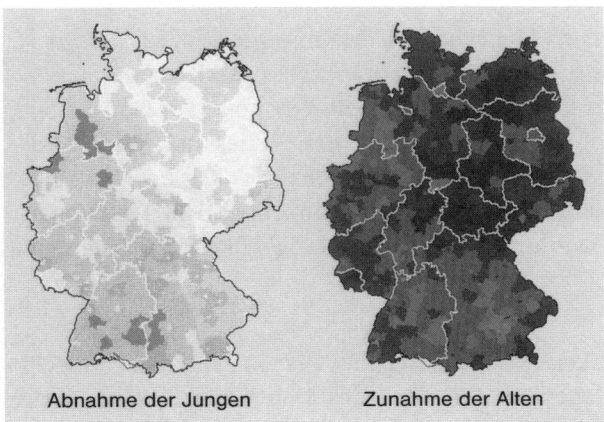

Abbildung 1.2 Die Anzahl der unter Zwanzigjährigen und der über 60-Jährigen in Prozent (2020). Quelle: Die BBR-Bevölkerungsprognose[3]

Betrachten Sie zunächst einmal die beiden Deutschlandkarten in Abbildung 1.2. Die linke Karte zeigt die Gruppe der unter Zwanzigjährigen. Die rechte zeigt die Gruppe der über 60-Jährigen. Für beide Karten gilt: Je dunkler die Farbe ist, desto mehr unter Zwanzigjährige beziehungsweise desto mehr über 60-Jährige gibt es. Im Vergleich der beiden Abbildungen 1.1 und 1.2 zeigt sich die drastische Entwicklung.

Tatsache ist nun, rein demografisch betrachtet: Es wird in den kommenden Jahren weiter zu einem massiven Bevölkerungsschwund kommen. Denn da schon heute weniger Kinder geboren werden, fehlen damit die zukünftigen Eltern, insbesondere die zukünftigen Mütter. Denn jedes nicht geborene Mädchen kann eben keine Kinder bekommen. Diese Situation wird sich angesichts sinkender Geburtenraten noch weiter verschlechtern. In jedem Fall wird eines in den kommenden Jahren und Jahrzehnten spürbar geschehen: Deutschland wird überaltern.

Wenn ich diese Behauptung bringe, wird immer wieder das Argument angeführt, ein alterndes Deutschland würde zumindest eine sinkende Arbeitslosenzahl bedeuten. Das ist meiner Ansicht nach nicht zutreffend. Ich gebe hierzu Folgendes zu bedenken: Wenn sich immer mehr alte Menschen aus dem aktiven Berufsleben zurückziehen, werden auch immer mehr ältere Selbstständige ihre Betriebe und Unternehmen schließen. Ein alterndes Deutsch-

> Was die meisten Menschen wiederum vergessen, ist, dass dieses Problem keineswegs nur ein Problem, ein Rentenproblem der Jungen und Mittelalten darstellt. Wer heute 60 Jahre alt ist und sich auf seinen wohl verdienten Ruhestand freut, wird womöglich ab 2020 abgestraft. Wenn die Kassen leer sind und die Einnahmen weiter sinken (sinkender Anteil der arbeitenden Bevölkerung) bleibt nur die Möglichkeit, Ausgaben zu reduzieren.

land ist somit keineswegs ein Garant für eine sinkende Arbeitslosigkeit. Im Gegenteil: Ein alterndes Deutschland kann unterm Strich sogar – wenn es keine grundlegende Änderung im Wirtschaftswachstum gibt – eine noch weiter steigende Arbeitslosigkeit bedeuten. Doch zurück zu den Abbildungen: Es werden ganze Regionen künftig vergreisen, wie Sie dort deutlich erkennen können. Als weitere fatale Folge dieser Entwicklung kommen in diesen Regionen noch die sinkenden Immobilienpreise hinzu (Preis = Angebot und Nachfrage). So mancher Reihenhausbesitzer wird sich noch wundern, wenn er eines Tages in einer dann vergreisten Region seine über Jahrzehnte abbezahlte Immobilie zu Geld machen will, um beispielsweise seine Pflegekosten aufzufangen. Das alte Kaufkriterium für Immobilien, erstens die Lage, zweitens die Lage, drittens die Lage, wird immer wichtiger. In guten Lagen werden sich weiterhin gute Preise erzielen lassen. Immobilien in vergreisenden Regionen werden dagegen ein einziges Verlustgeschäft sein. Laut den Untersuchungen des Berlin-Instituts wird sich zudem kein Landkreis dieser drohenden Entwicklung wirklich entziehen können. Lediglich die Auswirkungen können unterschiedlich sein. Aller Voraussicht nach werden sich im Jahr 2020 die jungen Regionen unter anderem in Bayern, Baden-Württemberg und in Niedersachsen befinden. Massiv altern werden dagegen das Saarland, Ostthüringen und Südwestsachsen. Dazu kommt noch, dass diese Botschaften der unterschiedlich stark vergreisenden Regionen zu einer Self-Fulfilling Prophecy werden. Dies bedeutet ganz einfach: Wenn eines Tages nur noch wenige in den stark vergreisenden Regionen leben wollen und dementsprechend diese Regionen durch Umzug verlassen, wird die Vergrei-

> »Der Trend der Vergangenheit setzt sich ... beschleunigt fort ... Aus eigener Kraft schaffen nur noch zwölf deutsche Landkreise den Bestandserhalt. Die Mitte Deutschlands entleert sich. Von Sachsen über Thüringen bis ins Ruhrgebiet zieht sich eine regelrechte Schneise der Entleerung ...«
> *Deutschland 2020, Berlin-Institut*

sung dort noch weiter zunehmen und schließlich Auswirkungen auf die bislang verschonten Regionen haben. Lassen wir dazu die Experten der Studie des Berlin-Instituts zu Wort kommen:

> »Der Trend der Vergangenheit setzt sich ... beschleunigt fort ... Aus eigener Kraft schaffen nur noch zwölf deutsche Landkreise den Bestandserhalt. Die Mitte Deutschlands entleert sich. Von Sachsen über Thüringen bis ins Ruhrgebiet zieht sich eine regelrechte Schneise der Entleerung. Das sind jene Regionen, in denen vor nicht allzu langer Zeit die wichtigsten Industriegebiete der beiden deutschen Staaten lagen.«

Doch die wenigsten Menschen sind sich darüber im Klaren, was in den Regionen, in denen sie derzeit leben, passiert und passieren wird. Es erscheint alles so weit weg. Doch dies ist ein gefährlicher Irrtum! Sehen Sie sich noch einmal die in Abbildung 1.2 gezeigten Deutschlandkarten an. Das Jahr 2020 ist zum Zeitpunkt, an dem dieses Buch erscheint, gerade einmal 15 Jahre entfernt. Jeder von uns weiß, wie schnell 15 Jahre vergehen. Wie schnell beispielsweise die letzten 15 Jahre vergangen sind. Noch 15-mal Geburtstag feiern. Noch 15-mal an Silvester die Raketen in den Himmel schießen. Doch sehen wir, was die Autoren der Studie des Berlin-Instituts hinsichtlich der Bevölkerungsprognose noch zu sagen haben:

> »Nach 2020 wird es kaum noch Regionen mit Zugewinnen geben. Um den dann einsetzenden, beschleunigten Schwund auszugleichen, wären deutlich höhere Zuwandererzahlen notwendig.«

> »Das Ausmaß der möglichen Belastung kommender Generationen scheint aber noch nicht voll erfasst worden zu sein.«
> *Mark Speich*

Was die meisten Menschen vergessen, ist, dass dieses Problem keineswegs nur ein Rentenproblem für die Jungen und Mittelalten ist. Wer heute 60 Jahre alt wird und sich auf seinen wohl verdienten Ruhestand freut, wird womöglich ab 2020 abgestraft. Denn sobald die Kassen leer sind und die Einnahmen weiter sinken, weil der Anteil der arbeitenden Bevölkerung sinkt, bleibt dem Staat nur die Möglichkeit, Ausgaben zu reduzieren. Die Rente mag daher der einen oder anderen Rentnerin, dem einen oder anderen Rentner heute noch als sicher erscheinen. Fraglich ist jedoch, woher das Geld kommen soll, wenn die Kassen weiter leer sind und bleiben. Fast könnte man sich fragen, ob das Anschaffen eines Hundes daher bei regierenden Politikern derart in Mode gekommen ist. Im Mittelalter gab es das Sprichwort »Auf den Hund gekommen sein«. Auf die Böden der Schatz- und Geldtruhen war zu dieser Zeit oft ein Hund gemalt. War die Truhe nun leer und das Geld weg, war man also sprichwörtlich auf den Hund gekommen. Mark Speich, Leiter der Repräsentanz der Herbert-Quandt-Stiftung in Berlin äußert sich zu dieser Frage in *Gesellschaft ohne Zukunft? Bevölkerungsrückgang und Überalterung als politische Herausforderung:* »Das Ausmaß der möglichen Belastung kommender Generationen scheint aber noch nicht voll erfasst worden zu sein« (vgl. *Gesellschaft ohne Zukunft?* Seite 120). Und er fährt weiter fort:

> »Neben die schon heute gewaltige, explizite Staatsverschuldung in Höhe von 60 Prozent des Bruttosozialprodukts tritt nämlich noch die so genannte implizite Staatsverschuldung, die sich aus Ansprüchen heutiger Generationen an kommende Generationen ergibt (Pensionen, Renten etc.) ... Es lässt sich demnach nicht ernsthaft behaupten, dass die heute erwerbstätige Generation kommenden Generationen – im Sinne einer so verstandenen Generationengerechtigkeit – die gleichen Möglichkeitsräume hinterlässt, die sie selbst vorgefunden hat.«

> »Die Alterung kommt wie ein Gletscher auf uns zu: langsam, aber mit großer Macht. Wer auf der Stelle sitzen bleibt, wird keinen Bestand haben.«
> Axel Börsch-Supan, *Gesellschaft ohne Zukunft?*

> »Nichtgeborene fallen 20 bis 30 Jahre später als Konsumenten aus, aber Nichtgeborene können nicht nur nichts kaufen, sie können – was viel gravierender ist – auch keine Kinder haben.«
> Herwig Birg, *Gesellschaft ohne Zukunft?*

An dieser Stelle bringe ich deshalb einige weitere Fakten für alle diejenigen Optimisten, die immer noch meinen, es würde alles nicht so heiß gegessen wie gekocht: Bereits heute nimmt Deutschland unter 202 Nationen Platz 185 hinsichtlich der Geburtenrate ein. Hauptursache sind, neben gesamtgesellschaftlichen Erscheinungen, die lebenslang – aus welchem Grund auch immer – kinderlos bleibenden Frauen. Unter den Frauen des Geburtsjahrgangs 1940 blieben etwas über 10 Prozent ihr Leben lang kinderlos. Unter den Frauen des Geburtsjahrgangs 1964 sind es bereits über 32 Prozent. Axel Börsch-Supan bringt es unter der Überschrift »Aus der Not eine Tugend« in der oben genannten Broschüre *Gesellschaft ohne Zukunft?* auf den Punkt: »Die Alterung kommt wie ein Gletscher auf uns zu: langsam, aber mit großer Macht. Wer auf der Stelle sitzen bleibt, wird keinen Bestand haben.« Reformen sind daher dringend notwendig, auch auf anderen Gebieten. Der erhebliche Reformdruck besteht für die gesetzlichen Rentenversicherung, aber auch insbesondere für das Gesundheitswesen. Hier ist der Reformstau noch weit größer als in der gesetzlichen Rentenversicherung mit der Folge, dass die Änderungen und Einschnitte noch heftiger ausfallen werden. Das Ganze ist nur eine Frage der Zeit. Lassen wir dazu weitere Fakten sprechen: Wussten Sie, dass in Deutschland seit 1972 mehr Menschen sterben als geboren werden? Dies bedeutet im Klartext: Wir sprechen über mehr als drei Jahrzehnte, in denen die fehlenden Nichtgeborenen in der folgenden Zeit auch nicht als Eltern zur Verfügung stehen. So banal dies klingen mag, umso drastischer sind die Folgen: Die nicht geborenen Kinder ab dem Jahr 1972 fallen – wie oben beschrieben – als Eltern in den kommenden Jahrzehnten aus. Die nicht geborenen Eltern sorgen für einen weiteren Geburtenrückgang. Das bedeutet wiederum, dass der Geburtenrückgang – wenn es nicht sehr schnell grundlegende Änderungen gibt – in den kommenden Jahren und Jahrzehnten drastischer ausfallen wird

> »Die hier vorgestellten demographischen Vorausberechnungen haben nichts mit Prophetie zu tun, sie sind mathematisch überprüfbare Aussagen.«
> Herwig Birg, *Gesellschaft ohne Zukunft?*

als gemeinhin bekannt. An dieser Stelle kommt die große Hoffnung »Zuwanderung« ins Spiel. In der Tat sorgte die Zuwanderung der letzten Jahre und Jahrzehnte dafür, dass die Bevölkerungszahl unterm Strich leicht zunahm. Betrachtet man jedoch die jährliche Geburtenzahl in Deutschland, so liegen die Zahlen hier für die achtziger Jahre bei rund 800 000 Geburten jährlich. Im Jahr 2003 waren es nur noch ein wenig mehr als 710 000 Geburten, für 2020 schätzen Experten die Zahl auf knapp 600 000 und für 2050 auf unter 440 000 Geburten pro Jahr. Herwig Birg bringt die Wahrscheinlichkeit der Entwicklungen der kommenden Jahre wie folgt auf den Punkt:

> »Die hier vorgestellten demografischen Vorausberechnungen haben nichts mit Prophetie zu tun, sie sind mathematisch überprüfbare Aussagen in Form von Wenn-Dann-Sätzen.«[4]

Angesichts dieser Fakten und Bewertungen könnten Sie zwar entgegnen: »Das kann ja alles nicht wahr sein!« oder »Prognosen sind wie das Wetter, am nächsten Tag ist alles anders.« Doch wer so denkt, irrt sich! Leider haben die Bevölkerungsprognosen eine sehr hohe Trefferquote. Es finden sich nur geringe Abweichungen, vergleicht man einstige Prognosen mit den späteren tatsächlichen Bevölkerungszahlen. So haben Herwig Birg, Filip E.J. Flöthmann und Theodor Frein 1997 dokumentiert, dass beispielsweise die Prognose für alle 16 Bundesländer, mit einer minimalen Fehlerquote von rund einem Promille, genauso wie prognostiziert eintraf. Vergessen wir also die Hoffnung, die Prognosen könnten sich alle als falsch und unzutreffend erweisen.

Darüber hinaus wird sich noch ein weiteres Problem ergeben: Ich spreche hier von dem Verteilungsproblem zwischen Jung und Alt. Schätzungen gehen davon aus, dass die Gruppe der über 60-Jährigen bis 2050 rund 40 Prozent des gesamten Volksein-

> »Nehmen wir an, es würde tatsächlich gelingen: Noch vor 2010 würden die Deutschen aufwachen... in Richtung auf eine den Bestand in etwa garantierende Bevölkerung..., das wären also 2,1 Kinder pro Frau. Dann würde das zunächst einmal für die heutige Generation bis 2030 beziehungsweise 2035 eine noch größere Belastung bedeuten.«
> *Franz Xaver Kaufmann, 22. Sinclair-Haus-Gespräch*

kommens für sich vereinnahmen wird. Diese Entwicklung wird noch mit sinkenden Steuereinnahmen einhergehen. Denn: Demografische Veränderungen wirken sich letztlich auch auf Steuereinnahmen aus. Doch damit nicht genug: Öffentliche Einrichtungen werden teurer. Allein schon wegen der Fixkosten, die die öffentlichen Einrichtungen verschlingen. Diese Fixkosten werden bestehen bleiben, während die von den Nutzern zu zahlenden Gebühren eben wegen der schrumpfenden Bevölkerung immer geringer ausfallen werden. Lassen wir einmal an dieser Stelle Renate Schmidt zu Wort kommen. In *Gesellschaft ohne Zukunft?* äußert sie sich wie folgt:

> »Wollten wir den Altenquotienten des Jahres 2000, das heißt die Anzahl der Rentner, die auf 100 Erwerbstätige kommen, auch im Jahr 2050 aufrechterhalten, müssten nach Berechnungen der UNO 180 Millionen Menschen nach Deutschland einwandern – eine unvorstellbare, eine nicht integrierbare Zahl.«

Doch das größte Problem demografischer Entwicklungen ist der schleichende und damit gefährliche Prozess, in dem sie sich vollziehen. Man könnte sie mit einem dieser gigantischen Tanker auf hoher See vergleichen. Wenn auf einem solchen Tanker eine unmittelbare Gefahr erkannt wird, braucht der Kapitän mehrere Seemeilen, bis das Schiff schließlich zum Stillstand gebracht ist. In jedem Fall vergeht einige Zeit, bis sich ein Richtungswechsel auch als solcher bemerkbar macht. Ähnlich verhält es sich auch mit der demografischen Entwicklung. Was wir derzeit erleben, während dieses Buch entsteht, ist erst der Beginn eines gewaltigen, schleichenden Prozesses. Zunächst sieht es so aus, als wäre alles nicht so tragisch wie immer dargestellt. Wenn alle meinen, dass es irgendwie schon gut gehen wird, wird plötzlich schlagartig festgestellt werden, dass der demografische Prozess exponentiell verläuft. Die Ruhephase zu Beginn ist hier also im wahrsten Sinn die Ruhe vor dem Sturm. Die jetzige Debatte dokumentiert diesen Vorgang des schleichenden Beginns bei dann gewaltigem, exponentiellem Verlauf sehr, sehr deutlich. Bereits vor 20 bis 30 Jahren hätte eigentlich reagiert werden müssen. Doch dies unterblieb, weil die Zuwanderung uns Stabilität und Ausgleich der Demografie vorgaukelte. Sicher werden Sie sich nun die Frage stellen, was es bedeuten würde, wenn wir alle auf der Stelle »aufwachten«, diese demografische Zeitbombe mit ihren zukünftigen Auswirkungen begreifen und gegensteuern würden. Könnte es uns gelingen, den Trend aufzuhalten oder gar ins Positive umzukehren? Eine Antwort auf diese Frage gibt Franz Xaver Kaufmann. Anlässlich des 22. Sinclair-Haus-Gespräches sagte er:

> »Nehmen wir an, es würde tatsächlich gelingen: Noch vor 2010 würden die Deutschen aufwachen und es würde sich tatsächlich das generative Verhalten in Richtung auf eine den Bestand in etwa garantierende Bevölkerung verändern, das wären also 2,1 Kinder pro Frau. Dann würde das zunächst einmal für die heutige Generation bis 2030 beziehungsweise 2035 eine noch größere Belastung bedeuten.«

Mein Fazit an dieser Stelle: Wenn die heutige Generation nicht reagiert, ist der exponentielle, wuchtige Verlauf der Bevölkerungsentwicklung vorherbestimmt wie der Gang der Gestirne. In diesem Fall würde die jetzige Generation davon »profitieren«, dass sie wenig für Kinder »ausgeben« muss, also gegebenenfalls entsprechend mehr vorsorgen kann. Dies würde angesichts der mit Sicherheit kollabierenden Renten- und Gesundheitssysteme auch dringend nötig sein. Variante zwei wäre ein schnelles, in der gesamten Generation vertretenes Umdenken hin zu Familie und Kindern. In diesem Fall bleibt in den kommenden Jahren wenig zum »Weglegen«, dafür würden sich die sozialen Sicherungssysteme im Hinblick auf 2030, 2035 und weiter regenerieren und erholen können.

>»Die demografische Kurve bringt es mit sich, dass sich bereits ab dem Jahr 2010 der Kollaps der Sozialsysteme beschleunigen wird.«
> *Bernd W. Klöckner*

Kommen wir zu weiteren Zahlen und Fakten, die ich Ihnen in diesem Zusammenhang ebenfalls nicht vorenthalten möchte. Der demografische Wandel in Deutschland wird von immer mehr Bevölkerungsforschern mit einer Zeitbombe verglichen: »Wir leben vier Jahre länger als unsere Eltern, unsere Kinder vier Jahre länger als wir«, äußert sich Axel Börsch-Supan, als Direktor des Mannheimer Forschungsinstituts Ökonomie und demografischer Wandel immerhin ein Profi, der es wissen muss.[5] Laut der Bertelsmann Stiftung sind sich zwei Drittel der Bevölkerung dessen bewusst, dass der »demografische Wandel« zur Zeitbombe werden kann. Ich meine dazu, dass dies leider noch lange nicht heißt, dass sie auch handeln. Aber in jedem Fall heißt dies auch, dass sich ein Drittel der Menschen in Deutschland offensichtlich noch nicht einmal mit dem Gedanken der kommenden Schrumpfung auseinandergesetzt hat. Ich möchte deshalb noch einmal wiederholen: Es wird keineswegs erst irgendwann in ferner Zukunft, also sagen wir im Jahr 2050, auf einen Schlag alles viel schlechter sein, so dass alle anderen vorher Glück gehabt haben. Die demografische Kurve bringt es mit sich, dass sich bereits ab dem Jahr 2010 der Kollaps der Sozialsysteme rapide beschleunigen wird.

Kommen wir damit zur so genannten Reproduktionsrate, die sich jeweils allein quantitativ auf die Frauen innerhalb der Bevölkerung konzentriert. Qualitative Gründe und Umstände, warum es zu dieser Entwicklung weg von Familie und weg von der Übernahme von Verantwortung für Kinder kommt, die ja auch die Männer innerhalb der Bevölkerung betrifft, werden hier nicht mit erfasst. So spricht man bei Frauen zwischen 15 und 49 Jahren von Frauen in gebärfähigem Alter. Im Jahr 2001 lag die Anzahl der Frauen in diesem Alter noch bei rund 20 Millionen. Im Jahr 2050 gehen die Schätzungen von rund 14 Millionen Frauen im gebärfähigen Alter aus. Gemessen als Anteil an der Gesamtbevölkerung waren es in 2001 rund 24 Prozent, im Jahr 2050 liegt der Anteil nur noch bei

19 Prozent. Das Ganze klingt zunächst harmlos und ist für uns wegen des zeitlich langsamen Verlaufes auch nicht wirklich fassbar. Leider ist dies aber nicht so harmlos, wie es aussieht. Auf den Punkt bringt es Dr. Albrecht Göschel, Deutsches Institut für Urbanistik, Berlin:

> »Die Entscheidung circa eines Drittels der letzten Generation, keine Kinder zu haben, wird die demografische Entwicklung dieses Landes auf mindestens 100 bis 120 Jahre prägen. Der Ausfall von circa dreißig Prozent der Frauen, also nicht geborener Mädchen, die dann offensichtlich auch keine Mütter werden können, lässt sich nicht innerhalb von zehn, fünfzehn oder zwanzig Jahren korrigieren. Und wenn die Generation der zurzeit erwachsen werdenden Frauen sich gleichfalls entscheidet – und die jungen Mädchen, die zurzeit leben machen keine Anstalten, es anders zu sehen – wieder zu einem Drittel keine Kinder zu haben, dann setzt sich das Problem nicht nur fort, sondern es verschärft sich dramatisch.«[6]

Im Einzelnen ist dieser Vorgang – die Entscheidung gegen Kinder (unabhängig von gesundheitlich nicht möglicher Empfängnis oder Zeugung von Kindern) ein durchaus nachvollziehbarer Vorgang. So mancher »Einzelne« will – auch in Anbetracht der vielleicht mühevollen Suche nach dem richtigen Lebenspartner – lieber kinderlos bleiben. So sehr dieser Schritt einzelner Menschen verständlich ist – im Kollektiv wirkt sich die Entscheidung gegen Kinder dramatisch aus – mit einer Reichweite von weit über einem Jahrhundert. Und sicher ist eines: Das jetzige Jahrhundert wird unweigerlich vom demografischen Wandel bestimmt sein. Der in diesem Buch mehrfach zitierte Wissenschaftler Herwig Birg stellte in diesem Zusammenhang einmal sinngemäß die Frage, ob es richtig sein könne, wenn eine Gesellschaft wissentlich Selbstmord begehe. Meiner Ansicht nach unverständlich ist und bleibt die – im Sinne von Machterhalt verständliche – Feigheit der Politik und der politisch Verantwortlichen in dieser Frage. Denn die erste Partei, die erste politische Gruppierung, die offen die auf uns zurollenden Konsequenzen der »Entleerung« des Landes ansprechen würde, würde aller Voraussicht nach erstens abgewählt und zweitens nicht wiedergewählt werden. Wobei, das darf zur Verteidi-

> »Und wenn die Generation der zurzeit erwachsen werdenden Frauen sich gleichfalls entscheidet – und die jungen Mädchen, die zurzeit leben, machen keine Anstalten es anders zu sehen – wieder zu einem Drittel keine Kinder zu haben, dann setzt sich das Problem nicht nur fort, sondern verschärft sich dramatisch.«
>
> Dr. Albrecht Göschel, *Deutschland schrumpft – was heißt das für die Städte und das Wohnen?*

gung der Politik gesagt werden, die Wähler eine nicht unerhebliche Mitschuld trifft. Wenn nur derjenige gewählt wird, der unrealistische Versprechungen abgibt und wenn derjenige abgewählt wird – was wahrscheinlich ist –, wer unbequeme Wahrheiten offen ausspricht, dann schaufeln sich die Wähler im wahrsten Sinne des Wortes das eigene Grab!

Aber die Prognosen könnten alle falsch sein ...

Wie bereits erwähnt: Immer wieder höre ich in Diskussionen, solche und andere Prognosen seien in höchstem Maße fehlerhaft. Es gäbe ja schließlich unzählige Faktoren, die jede Prognose zur Makulatur werden ließen. So oder ähnlich klingen die Argumente derjenigen, die nicht wahrhaben wollen, dass die demografische Entwicklung, wie bereits zuvor beschrieben, sehr verlässlich berechnet werden kann. Im Folgenden möchte ich Ihnen deshalb einige weitere Argumente dafür vorstellen, wieso die Aussage, »langfristige Prognosen seien schwierig und fehlerhaft«, schlicht unzutreffend ist. Erstens möchte ich dazu einmal die Definition des Begriffs »langfristig« betrachten. Die alles entscheidende Frage lautet: Was bedeutet langfristig? Tatsache ist: In der demografischen Forschung fallen Prognosen bis zu 50 Jahren eben keineswegs unter »langfristig«. Nun steht bereits heute fest, wie viele Frauen in 20 bis 30 Jahren gebärfähig sein werden. Von der richtigen Seite betrachtet ist die Sicht auf diese 20 bis 30 Jahre deshalb eben *keine Zukunftsprognose*, sondern quasi Gegenwart. Aus diesem neuen Blickwinkel heraus sind auch 100 Jahre eine nicht allzu große Zeitspanne. In Generationen ausgedrückt sind es »pi mal Daumen« drei Generationen. An dieser Stelle kommen

> »Tatsache ist: In der demografischen Forschung fallen Prognosen bis zu 50 Jahren eben keineswegs unter »langfristig«. Nun ist es bereits heute sicher, wie viele Frauen in 20 bis 30 Jahren sozusagen gebärfähig sein werden. Von der richtigen Seite betrachtet ist die Aussicht auf diese 20 bis 30 Jahre eben KEINE Zukunftsprognose, sondern quasi Gegenwart.«
> Bernd W. Klöckner

die Kritiker meist mit folgenden neuen Argumenten. Es wird auf die zwei letzten Weltkriege als Beispiele für Ereignisse hingewiesen, die so nicht voraussagbar gewesen seien. Hierzu ein Beispiel:

> »Noch deutlicher wird die Problematik, wenn wir annehmen, im Jahre 1900 sei eine 50-Jahres-Prognose gewagt worden. Es wären schlicht zwei Weltkriege übersehen worden!«[7]

Nimmt man eine solche Argumentation ernst, so mag es dann schon fast an Scharlatanerie grenzen, wenn die *Zeit*[8] prophezeit, die Deutschen würden »in 100 Jahren auf 25 Millionen Menschen schrumpfen ...«[9]

> »... Sollten sich die Bevölkerungsprognosen für die neuen Bundesländer bestätigen, wird es das ostdeutsche Städtesystem in der gegenwärtigen Form nach 2050 nicht mehr geben.«
> Dr. Albrecht Göschel, *Deutschland schrumpft –*
> *was heißt das für die Städte und das Wohnen?*

Diese Behauptung der Nicht-Vorhersehbarkeit solcher Kriege ist und kann nur richtig sein. Und genauso wie diese Behauptung richtig ist, so überflüssig ist sie. Denn gäbe es Kriege, würde sich die jüngere Bevölkerung noch weiter dezimieren, da sie diejenige ist, die für den Kriegseinsatz tauglich wäre. Als Folge davon würde sich der demografische Trend nach unten entsprechend verstärken. Doch wie wahrscheinlich wären nun Ereignisse mit exakt umgekehrter Wirkung, sprich Bevölkerungszuwachs? Eine Variante einer Massenzuwanderung, die durch heute nicht absehbare Ereignisse ausgelöst würde, könnte ein Beispiel dafür sein. Solche Varianten erweisen sich im Zweifel jedoch nur als vage Hoffnung derjenigen, die sich nicht damit abfinden wollen, dass der demografische Schwund das wohl einzige, realistische Szenario bleibt.

Um das Szenario noch plastischer zu machen, möchte ich an dieser Stelle noch einmal Dr. Albrecht Göschel zitieren, der darüber spricht, wie sich der demografisch bedingte Bevölkerungsschwund auf die Stadtentwicklung auswirken wird.

»Eine sehr extreme Form, über die man aber doch nachdenken muss, zumindest für einige ostdeutsche Städte, wird die Stadtauflösung sein. Sollten sich die Bevölkerungsprognosen für die neuen Bundesländer bestätigen, wird es das ostdeutsche Städtesystem in der gegenwärtigen Form nach 2050 nicht mehr geben.«

Passend zu dieser These hat das Institut der deutschen Wirtschaft in Köln eine Broschüre mit dem Titel *Deutschland altert – Die demografische Herausforderung* veröffentlicht. In der Einleitung heißt es unter anderem: »Das Dilemma der Demografie: Die Zukunft hat längst begonnen.« Auch hier wird ein erschreckendes Szenario gezeichnet:

»... In den kommenden Jahrzehnten, so viel steht heute schon fest, wird die Bevölkerung in Deutschland drastisch schrumpfen – offen ist nur noch, ob um 8 oder sogar um 18 Millionen. Doch unabhängig davon, wie viele es genau sein werden: Der demografische Wandel ist keine theoretische Frage des Jahres 2050, sondern er beschäftigt uns bereits heute ganz konkret ...«

Auch diese Studie kommt zu dem bekannten Ergebnis:

»... eines jedoch steht felsenfest: Die demografische Entwicklung wird das Leben und Arbeiten der Deutschen radikal verändern – und zwar eher früher als später ...«

Kurzum: Uns steht ein radikaler Wandel bevor, dessen negative Ausmaße und Auswirkungen heute niemand abschätzen kann.

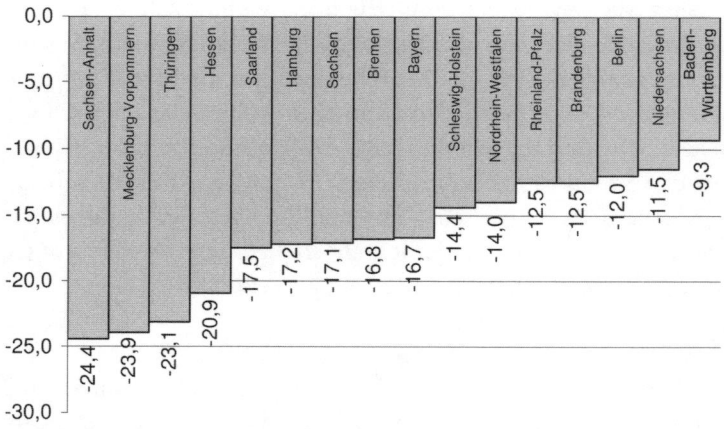

Abbildung 1.3 Bevölkerungsentwicklung bis 2050
Quelle: Institut der deutschen Wirtschaft Köln, Ursprungsdaten:
Statistisches Bundesamt, © Tabelle: Bernd W. Klöckner,
Verwendung in Vorträgen, Büchern oder Artikeln nur mit Genehmigung des Autors.

Ergänzend zu dem oben Gesagten möchte ich Ihnen nun, basierend auf den vom Institut der deutschen Wirtschaft ermittelten Zahlen, eine kleine Grafik zeigen, die den gewaltigen Aderlass hinsichtlich der Bevölkerungszahlen je Bundesland sehr eindrucksvoll dokumentiert.

Im Klartext bedeutet das: Kleine Städte bis hin zu kleineren Ortschaften müssten aufgelöst werden. Es sei denn, man will zu diesem Zeitpunkt noch Infrastrukturleistungen für »minimale Restbevölkerungen« vorhalten. Göschel kommentiert die Entwicklung für die deutschen Städte und Kommunen weiter:

> »Fraglos wären mit einem solchen Programm zahllose Fragen aufgeworfen, zum Beispiel die nach einem ›Recht auf Heimat‹, die nach der Legalität einer Umzugsplanung oder nach einer Umzugsförderung für Restbevölkerungen, die nach der Bestimmung eines Zeitpunktes oder nach einer Größenordnung, von dem oder von der an eine Auflösungsplanung in Gang gesetzt werden dürfte usw.«

Göschel macht dabei deutlich, dass eine solche Entwicklung keineswegs etwas Neues in der Geschichte der Menschheit ist. Dies halte ich für einen wichtigen Gedanken, denn vielleicht wird der eine oder andere in diesem Land dadurch eher auf die derzeitige Lage aufmerksam. Vielleicht lassen sich doch einige mehr davon überzeugen, die Folgen der jetzigen demografischen Entwicklung richtig einzuschätzen, wenn bekannt wird, dass eine Entleerung ganzer Landstriche nichts völlig Neues ist, wie Göschel ausführt.

»Vielleicht ist es an dieser Stelle hilfreich, sich zu vergegenwärtigen, dass selbst diese Extremform der Stadtschrumpfung nichts historisch absolut Neues ist. Wir kennen alle jene italienischen Bergdörfer, sei es Kalabrien, in der Toskana oder in Ligurien, die von ihren Einwohnern mehr oder weniger verlassen sind, mit Ausnahme jener notorischen ›alten Weiblein‹, die mit einer Ziege und minimaler Rente ausharren – bis sich einige Nordeuropäer finden, die aus eben jenem ›alten Gemäuer‹ ein kleines Urlaubsparadies machen, in dem dann sogar ›Weiblein mit Ziege‹ malerisch zum Lokalkolorit beitragen.«

Süffisant und auch zu Recht stellt Göschel schließlich die Frage, ob dieser Wechsel in Urlaubsparadiese die realistische Perspektive im Falle einer deutschen Stadtschrumpfung sein könne. Immerhin ist das malerische Ambiente einer Toskana wohl in vielen deutschen Gegenden nicht unbedingt gegeben. Doch Göschel führt weiter aus, dass es in manchen Gegenden besser aussehen wird:

»Das ist sicher nicht die Perspektive Münchens oder anderer Ballungsräume, darüber sind wir uns alle im Klaren. Aber alle anderen Probleme des demografischen Wandels – Einwohnerverlust, Heterogenisierung der Bevölkerung, größere Ungleichheit, gravierende Segregation, Armutsprobleme, Alterung, Grenzen der Sozialstaatlichkeit usw. – werden auch die süd- und südwestdeutschen oder die norddeutschen Städte ... mit Sicherheit in den nächsten Jahren erreichen.«[10]

Doch blicken wir zum Schluss einmal über den deutschen Tellerrand! Betrachten wir einmal, wie sich die Bevölkerungszahl in Europa entwickelt. Auch hierzu hat das Institut der deutschen Wirtschaft interessante wie erschreckende Zahlen aufbereitet.

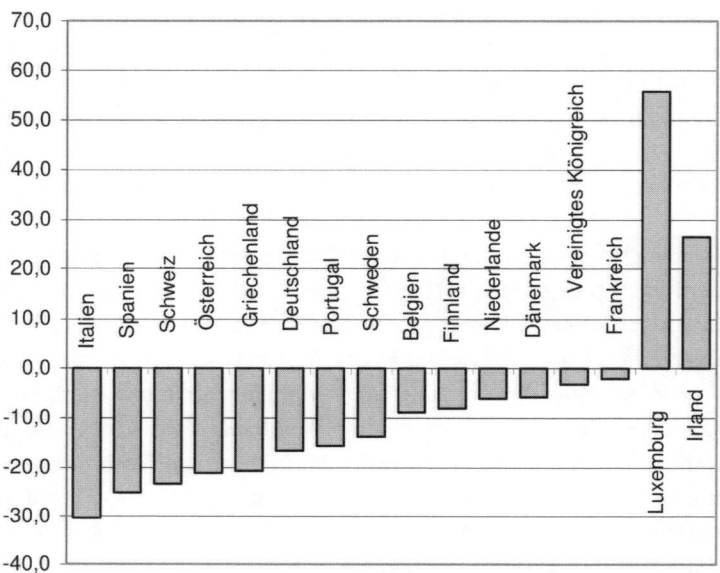

Abbildung 1.4 Bevölkerungsentwicklung in Europa
Quelle: Institut der deutschen Wirtschaft Köln, Ursprungsdaten: UN, Eurostat,
© Tabelle: Bernd W. Klöckner, Verwendung in Vorträgen, Büchern oder Artikeln
nur mit Genehmigung des Autors.

Sie können hier deutlich sehen, wie die Steuereinnahmen des Staates durch die schrumpfende Einwohnerzahl im Laufe der kommenden Jahrzehnte drastisch sinken werden. Auch hier findet sich also genügend Pulver für die ohnehin ausstehende Explosion der sozialen Sicherungssysteme. Im Kapitel »Die Rentenlüge – Armut im Alter für Millionen« werde ich Ihnen ein solches Rentenszenario im Falle einer künftigen, jährlichen Rentenkürzung vor Augen führen. Eben weil die Kasse leer ist und in den kommenden Jahren noch weiter geschröpft werden wird. Die folgende Tabelle, ebenfalls entnommen aus *Deutschland altert – Die demografische Herausforderung* zeigt den prognostizierten, recht drastischen Einbruch des Steueraufkommens für die Jahre 2010 bis 2050:

	2010	2020	2030	2040	2050
Direkte Steuern	3,0	0,5	−7,2	−12,1	−18,2
Umsatzsteuer	0,7	0,3	−2,9	−7,4	−13,0
Spezielle Verbrauchssteuern	0,4	−1,2	−5,7	−10,9	−16,3
Insgesamt	1,9	0,2	−5,7	−10,5	−16,4

Tabelle 1.1 Steuern: Immer weniger für den Staat
Quelle: Bach (2002) / Institut der deutschen Wirtschaft Köln,
© Tabelle: Bernd W. Klöckner, Verwendung in Vorträgen,
Büchern oder Artikeln nur mit Genehmigung des Autors.

Und im Gegenzug passiert außerdem Folgendes: Die öffentlichen Pensionsausgaben werden in den EU-Mitgliedstaten sukzessive steigen. Damit steht noch weniger Geld aus den öffentlichen Kassen zur Verfügung, so dass der Niedergang der umlagefinanzierten Schneeballsysteme, zu denen das System der gesetzlichen Rentenversicherung auch gehört, noch weiter beschleunigt wird. Dann wird noch nicht einmal das Geld vorhanden sein, um aus irgendwelchen anderen Töpfen das marode Rentensystem zu stopfen. In der Tabelle unten sehen Sie dazu die Vorausschätzungen der Zahlen zur Entwicklung der öffentlichen Pensionsausgaben:

	2000	2010	2020	2030	2040	2050
B	10,0	9,9	11,4	13,3	13,7	13,3
DK	10,5	12,5	13,8	14,5	14,0	13,3
D	11,8	11,2	12,6	15,5	16,6	16,9
EL	12,6	12,6	15,4	19,6	23,8	24,8
E	9,4	8,9	9,9	12,6	16,0	17,3
F	12,1	13,1	15,0	16,0	15,8	
IRL	4,6	5,0	6,7	7,6	8,3	9,0
I	13,8	13,9	14,8	15,7	15,7	14,1
L	7,4	7,5	8,2	9,2	9,5	9,3
NL	7,9	9,1	11,1	13,1	14,1	13,6

	2000	2010	2020	2030	2040	2050
A	14,5	14,9	16,0	18,1	18,3	17,0
P	9,8	11,8	13,1	13,6	13,8	13,2
FIN	11,3	11,6	12,9	14,9	16,0	15,9
S	9,0	9,6	10,7	11,4	11,4	10,7
UK	5,5	5,1	4,9	5,2	5,0	4,4
EU	10,4	10,4	11,5	13,0	13,6	13,3

Tabelle 1.2 Öffentliche Pensionsausgaben in den EU-Mitgliedstaaten 2000 bis 2050 (vor Steuern, in Prozent des Bruttoinlandsprodukts)
Quelle: EU Wirtschaftspolitischer Ausschuss (2001); © Tabelle: Bernd W. Klöckner, Verwendung in Vorträgen, Büchern oder Artikeln nur mit Genehmigung des Autors.

Auf den Punkt gebracht

Der demografische Wandel hält, wie zu sehen war, auch europaweit gnadenlos Einzug. Positive Ausnahmen sind allein Irland und Luxemburg. Während die mit der wachsenden Zahl älterer Menschen verbundenen finanziellen Lasten für die Sozialsysteme immer schwerer wiegen, schrumpft auf der anderen Seite das Steueraufkommen. Auch hier gilt: Der Kollaps der Staatsfinanzen läuft bereits. Es ist nur eine Frage der Zeit, bis einschneidende Änderungen bei den Leistungen der sozialen Sicherungssysteme, allen voran bei den gesetzlichen Renten- und Krankenversicherungen vorgenommen werden *müssen!* Dies ist in der Tat unausweichlich! Immerhin droht nach Einschätzung der Rating-Agentur S&P – so *Die Welt* in der Samstagausgabe am 28. Mai 2005 – eine Herabstufung der Kreditwürdigkeit Deutschlands. Wenn es nicht zu drastischen Reformen der sozialen Sicherungssysteme kommt, droht statt einem AAA-Rating die Einstufung auf so genanntem Junk-Bond-Niveau (Junk = frei übersetzt »Müll, Ramsch«). Das gilt natürlich nur dann, wenn die Regierung nicht zu drastischen, einschneidenden Reformen greift. Tatsache ist also: Jede Hoffnung darauf, dass sich diese Schieflage als weit weniger schlimm herausstellen wird, wird sich als Illusion erweisen. Denn bei den in diesem Kapitel zur Bevölkerungsentwicklung genannten Zahlen und Prognosen handelt es sich, wie gesagt, um verlässliche

Daten mit einer hohen Eintrittswahrscheinlichkeit. Der Ablauf der kommenden Jahre und Jahrzehnte kann, zumindest was das Bevölkerungswachstum betrifft, mehr oder weniger sicher prognostiziert werden. Es könnte zu Situationen kommen, die den Bevölkerungsschwund weiter verstärken und die Schieflage nur noch verschärfen werden. Nie zuvor war die Gefahr einer flächendeckenden Armut im Alter so groß wie heute, und dies wird insbesondere für die Rentner der kommenden Jahre und Jahrzehnte der Fall sein. Und hier geht es wahrscheinlich auch um Ihr Leben im Alter. Deshalb möchte ich Ihnen empfehlen, dass Sie jetzt, das heißt eventuell noch rechtzeitig reagieren und privat ausreichend für das Alter vorsorgen! So werden Sie gerade noch mit einem blauen Auge davonkommen.

Im besten Fall wird alles (auch wenn die Fakten derzeit nicht dafür sprechen) besser als erwartet eintreten. Das hieße, dass ein wie auch immer geartetes Wunder geschehen müsste. Doch dass die zukünftigen Beitragszahler von fremden Sternen zu uns kommen, um unser Land zu bevölkern, damit ist wohl eher nicht zu rechnen. Was auch immer geschehen mag:

Wenn Sie zu diesem Zeitpunkt ausreichend privat vorgesorgt haben, so verfügen Sie im besten Fall einfach über mehr Geld, als Sie dann brauchen. Mit solchen »negativen« Konsequenzen könnten Sie im Falle einer positiven Entwicklung sicher leben, oder?

Kurzgefasst: Die demografischen Fakten zu missachten bedeutet mit großer Wahrscheinlichkeit Armut im Alter. Die Fakten zu beherzigen und zu handeln bedeutet im Zweifel nur, schließlich »zu viel« Geld auf dem Konto zu haben.

---

1 Laura Carstensen im *Tagesspiegel* zitiert nach http://www.single-generation.de/themen/thema-langlebigkeit.htm

2 Quelle: »Die BBR-Bevölkerungsprognose«. Die Autoren sind Steffen Kröhnert, Nienke van Olst, Reiner Klingholz. Die ganze Studie erschien unter dem Titel *Deutschland 2020 – Die demografische Zukunft der Nation*. An dieser Stelle ein herzliches Danke für das Recht, diese Grafiken in diesem Buch abbilden zu dürfen.

3 Quelle: »Die BBR-Bevölkerungsprognose«. Die Autoren sind Steffen Kröhnert, Nienke van Olst, Reiner Klingholz. Die ganze Studie erschien unter dem Titel *Deutschland 2020 – Die demografische Zukunft der Nation*. An dieser Stelle ein herzliches Danke für das Recht, diese Grafiken in diesem Buch abbilden zu dürfen.

4 vgl. Herwig Birg, *Gesellschaft ohne Zukunft?* Seite 12.
5 *FAZ.NET-Special*, 18. September 2003.
6 http://www.stadtteilarbeit.de/index.html?/Seiten/Theorie/goeschel/demografischer--wandel.htm
7 Gerd Bosbach, *Demografische Entwicklung – kein Anlass zur Dramatik,* URL: www.nachdenkseiten.de/ cms/upload/pdf/gbosbach–demogr.pdf, 30.Mai 2005.
8 *Die Zeit,* 2. Januar 2003.
9 Prof. Dr. Christoph Butterwegge, *Zwischen der sozialen Wirklichkeit und ihrer öffentlichen Wahrnehmung liegen Welten.* Bemerkungen zum demografischen Wandel beziehungsweise zur Notwendigkeit seiner Entdramatisierung anlässlich einer Anhörung im Hessischen Landtag am 10. November 2004.
10 Göschel, A., *Deutschland schrumpft – was heißt das für die Städte und das Wohnen?* URL: http://www.stadtteilarbeit.de/seiten/theorie/goeschel/demografischer–wandel.htm, 8. Juli 2004.

2.
Steigende Kranken- und Pflegekosten als Liquiditätsfalle für Staat und Bürger

> *Die Zeit wird kommen, wo unsere Nachkommen sich wundern, dass wir so offenbare Dinge nicht gewusst haben.*
>
> Seneca

In diesem Kapitel geht es um ein Risiko, das von vielen völlig unbeachtet und unterschätzt wird: Das Risiko einer künftigen Pflegebedürftigkeit. Denn die Pflegekosten werden aufgrund der demografischen Entwicklung ansteigen. Wenn also nicht politisch schnell und umfassend gehandelt wird, droht auch der Kollaps der gesetzlichen Pflegeversicherung. Träte dieser Fall ein, so würden die Pflegekosten von den Betroffenen zunehmend wieder aus ihrer privaten Kasse getragen werden müssen. Im Hinblick auf eine drohende Armut im Alter wären die Folgen unvorstellbar.

»Panik machen gilt nicht«, so lauten die Einwände, die hinsichtlich der steigenden Bedeutung des Themas Pflegebedürftigkeit angeführt werden. Doch wer so argumentiert, schätzt die Realität falsch ein. Denn die Zahlen sprechen eine andere Sprache. Und noch ist eine spürbare Verbesserung im Gesundheitswesen beim Kurieren so genannter Altersleiden nicht in Sicht.

In der Literatur finden sich die verschiedensten Szenarien zur Pflegebedürftigkeit. Um Ihnen einige davon plastisch zu machen, möchte ich Ihnen im Folgenden verschiedene Zahlen vorstellen: erstens für eine konstante Lebenserwartung, zweitens für eine abgeschwächt steigende Lebenserwartung und drittens für eine konstant steigende Lebenserwartung:

Bei konstanter Lebenserwartung steigt die Anzahl der Pflegebedürftigen an:
1993: 1,52 Millionen
2010: 1,85 Millionen
2030: 2,16 Millionen
2040: 2,26 Millionen

Die Rentenlüge. Bernd Klöckner
Copyright © 2005 WILEY-VCH Verlag GmbH & Co. KGaA, Weinheim
ISBN 3-527-50187-8

Bei abgeschwächt steigender Lebenserwartung wächst die Anzahl der Pflegebedürftigen stärker:
2010: 1,87 Millionen
2030: 2,32 Millionen
2040: 2,52 Millionen

Bei konstant steigender Lebenserwartung steigert sich die Anzahl der Pflegebedürftigen entsprechend mehr:
2010: 1,90 Millionen
2030: 2,49 Millionen
2040: 2,78 Millionen[1]

> Das, was die Pflegeversicherung nicht abdeckt, muss die betroffene Person selbst aufbringen. Oder nahe Verwandte müssen zahlen ... Wie auch immer: Schneller als gedacht geht ein Eigenheim für die Pflegejahre drauf.

Nun muss man nur noch eins und eins addieren. Es ergibt sich ein erschreckendes Szenario: Im Jahr 2050 fehlen – je nach Art der wissenschaftlichen Berechnung – zwischen 14 und 17 Millionen Menschen in Deutschland. Gleichzeitig steigt die Zahl der Alten und Pflegebedürftigen. Frei nach dem alten volkswirtschaftlichen Prinzip »der Preis wird bestimmt durch Angebot und Nachfrage« werden die Kosten der Pflege weiter steigen. Es sei denn, es werden billige Pflegekräfte aus dem Ausland hinzugezogen, die zum Billiglohn die zunehmende Masse der siechenden Alten pflegen.

Um dies noch klarer darzustellen, habe ich für Sie die Kostensteigerung der Pflegekosten in den letzten Jahren zusammengefasst. Ich habe außerdem eine Tabelle erstellt, aus der Sie ablesen können, wie die Pflegekosten in den folgenden Jahren möglicherweise steigen könnten.

Denken Sie immer daran: Die Pflegeversicherung bietet Ihnen lediglich eine minimale Grundsicherung. Schwerpflegebedürftige (Stufe II) dürfen (Stand: Beginn 2005) für einen Heimplatz maximal 1279 Euro monatlich erwarten. In der Praxis sind jedoch zwischen 2000 und 3000 Euro nötig. Das, was die Pflegeversicherung nicht abdeckt, muss die betroffene Person selbst aufbringen.

Oder nahe Verwandte müssen zahlen. Ist das auch nicht drin, zahlt das Sozialamt. Zuvor wird jedoch geprüft, ob Verwandte wenigstens Hilfe leisten können. Wenn dies der Fall ist, holt sich das Sozialamt das Geld eben wieder zurück. Wie auch immer: Schneller als gedacht geht ein ganzes Eigenheim für die Pflegejahre drauf. Hier gilt: Die meisten unterschätzen, wie viel Geld notwendig ist, um selbst wenige Pflegejahre zu finanzieren.

Jahre bis zur Pflege	Pflegekosten steigen um X Prozent pro Jahr (Annahme)			
	3	4	5	6
10	1 344	1 480	1 629	1 791
15	1 558	1 801	2 079	2 397
20	1 800	2 191	2 600	3 207
25	2 093	2 666	3 386	4 292
30	2 427	3 243	4 321	5 743
35	2 813	3 946	5 516	7 600
40	3 262	4 801	7 039	10 285
45	3 781	5 841	8 985	13 764
50	4 383	7 106	11 467	18 420
55	5 000	8 646	14 635	24 650
60	5 891	10 519	18 679	32 987
65	6 829	12 798	23 839	44 144
70	7 917	15 571	30 426	59 075

Tabelle 2.1 Entwicklung monatlicher Pflegekosten (Eigenleistung) in den nächsten Jahren (Annahme); Basis 1000 Euro heutiger Wert
© Tabelle: Bernd W. Klöckner, Verwendung in Vorträgen, Büchern oder Artikeln nur mit Genehmigung des Autors.

Hierzu ein Beispiel: Wer heute 33 Jahre alt ist und mit 83 Jahren pflegebedürftig wird, muss bei einer Steigerung der Pflegekosten um 3 Prozent jährlich mit monatlichen Pflegekosten von rund 4400 Euro laut oben genannter Tabelle rechnen. Eine solche Steigerung ist angesichts der Fakten und Details in Kapitel 1 eher wahrscheinlich als unwahrscheinlich, denn die Steigerung der

> ... Pflegebericht der Bundesregierung aus dem Jahr 2001. Dort hieß es wörtlich, dass sich »spätestens ab dem Jahre 2003 voraussichtlich wieder Überschüsse einstellen werden«. Trotz der bereits erheblichen Defizite in 1999 und 2000 traf man diese Prognose.

letzten Jahre lag über 4,5 Prozent. Und wenn die Pflegekosten nur minimal so steigen wie in den letzten Jahren, so können schnell über 10 000 Euro monatliche!! Pflegekosten für den heute 30-Jährigen zusammenkommen. Geht man jetzt davon aus, dass die steigenden Pflegekosten auch die gesetzliche Pflegeversicherung schröpfen werden, so ist ein weiteres Argument gegeben, warum es bei den Leistungen der sozialen Sicherungssysteme – somit auch bei der gesetzlichen Rentenversicherung –, zu Kürzungen, in diesem Fall zu Rentenkürzungen kommen muss. Dazu kommt noch, was Sie schon wissen: Die Kasse ist bereits leer! Und der demografische Winter hat erst begonnen!

Tatsache ist: Die Pflegeversicherung ist – neben der gesetzlichen Rentenversicherung – der nächste Sanierungsfall. Die Pflegeversicherung rutscht von Jahr zu Jahr immer tiefer in die Pleite. Dies muss kaum verwundern: Denn seit 1999 geben die Pflegekassen mehr Geld aus als sie einnehmen. Die Schätzungen, wie groß der sich nach und nach auftürmende Schuldenberg letztlich sein wird, sind unterschiedlich. Eine oft genannte Zahl sind Schulden im Jahr 2010 von rund 5,7 bis 6 Milliarden Euro. Die 5,7 Milliarden Euro bestätigt sogar das Gesundheitsministerium.

> In diesem Fall würde die Zahlung an rund 900 000 Menschen entfallen, die derzeit in diese Pflegestufe 1 eingruppiert sind. Ob die Angehörigen vollständig bei diesen 900 000 Menschen – zum Zeitpunkt, während dieses Buch geschrieben wird – die dann notwendige Hilfe leisten könnten, ist fraglich bis unwahrscheinlich.

Oder schauen wir einmal in den so genannten zweiten Pflegebericht der Bundesregierung aus dem Jahr 2001 hinein. Dort hieß es wörtlich, dass sich »spätestens ab dem Jahre 2003 voraussichtlich wieder Überschüsse einstellen werden«. Obwohl bereits in 1999 und 2000 erhebliche Defizite bestanden, wurde diese Prognose veröffentlicht. Weiter hieß es dann, dass sich »ab der zweiten Hälfte dieses Jahrzehnts Spielräume ergeben, um unter Beachtung des Grundsatzes der Beitragssatzstabilität Leistungen anzuheben«. Tatsache ist: Allein in 2003 fehlten rund 690 Millionen Euro in der Kasse. Fast scheint es, als wollten die Parteien und politisch Verantwortlichen ihr Verhalten bei der gesetzlichen Rentenversicherung nun auch bei der Pflegeversicherung wiederholen. Und dies, ohne Rücksicht auf die sich immer weiter erhöhenden Kosten zu nehmen.

Betrachten Sie einmal als Hintergrundinformation einige weitere Zahlen: Rund zwei Millionen Menschen erhalten derzeit monatlich Geld aus der Pflegekasse. Rund 500 000 davon leben in Pflegeheimen. Der Platz im Pflegeheim kostet dabei rund 3 000 Euro pro Monat. Was wiederum bedeutet: Immer mehr Betroffene sind bei den hohen Kosten von der Sozialhilfe abhängig. Allein bei den Bewohnern stationärer Heime sind es rund 25 Prozent. Das genau sollte die Pflegekasse vermeiden, was jedoch nicht gelingt. Im Gegenteil: Immer öfter wird versucht, Geld bei Kindern und Schwiegerkindern einzutreiben. So sind Fälle nicht selten, wo die Kinder einige 100 Euro pro Monat für den Pflegeplatz eines Elternteils bezahlen müssen. Was wäre nun, wenn eines Tages die eigene Versorgung im Alter mit immer noch anfallenden Pflegekosten für die möglicherweise hochbetagten Eltern zusammenfiele?

Die alles entscheidende Frage lautet: Wo kann sich die Pflegekasse entlasten? Angenommen, man würde die Pflegestufe 1 komplett streichen (Pflegestufe 1 = Pflegebedarf von mindestens 90 Minuten täglich). In diesem Fall würde die Zahlung an heute rund 900 000 Menschen entfallen, die derzeit in diese Pflegestufe 1 eingruppiert sind. Ob die Angehörigen bei diesen 900 000 Menschen die dann notwendige Hilfe vollständig leisten könnten, ist fraglich bis unwahrscheinlich. Mit großer Wahrscheinlichkeit müssten zahlreiche Betroffene in Heime »gesteckt« werden, was wiederum zu neuen Kosten für die Pflegekassen führen würde.

Sehen Sie sich deshalb einmal die Zahlen vom Februar 2005 zu den jeweiligen Leistungen der Pflegekasse an:

Pflege	Pflegestufe 1	Pflegestufe 2	Pflegestufe 3
Zu Hause durch Angehörige	205 Euro	384 Euro	1023 Euro
Zu Hause durch Pflegekräfte	410 Euro	921 Euro	1279 Euro
Stationäre Pflege	665 Euro	1432 Euro	1432 Euro

Tabelle 2.2 Das zahlt die Pflegekasse ...

Pflege	Pflegestufe 3
Zu Hause durch Angehörige	1977 Euro
Zu Hause durch Pflegekräfte	1721 Euro
Stationäre Pflege	1568 Euro

Tabelle 2.3 Persönliche Versorgungslücke im Pflegefall, ausgehend von 3000 Euro Kosten pro Monat in der Pflegestufe 3 ...

> Im Jahr 1970 verursachten Rentner 26 Prozent der gesamten Ausgaben der gesetzlichen Krankenkassen. Im Gegenzug brachten sie 20 Prozent der Beiträge. Heute sind die Rentner bereits für 42 !! Prozent der gesamten Ausgaben verantwortlich, steuern jedoch auf der Einnahmenseite nur einen Anteil von 19 Prozent bei.
>
> Quelle: *Deutschland altert –*
> *Die demografische Herausforderung*

Passend zum Thema Pflegeversicherung möchte ich auch auf die Leistungen der gesetzlichen Krankenversicherung hinweisen. Vor allem die auf dem Umlageverfahren basierenden Krankenkassen stehen vor wahren Herkulesaufgaben. Immerhin sind rund 87 Prozent der gesamten Bevölkerung Mitglied in einer der gesetzlichen Krankenkassen. Hierzu ein erster Vergleich: Im Jahr 1970 verursachten Rentner 26 Prozent der gesamten Ausgaben der gesetzlichen Krankenkassen. Im Gegenzug brachten sie 20 Prozent der Beiträge. Heute sind die Rentner bereits für 42 Prozent (!) der gesamten Ausgaben verantwortlich, sie steuern jedoch auf der Einnahmeseite nur einen Anteil von 19 Prozent bei. Die logische Konsequenz daraus wären die folgenden drei Szenarien:

- Szenario 1: Drastische Erhöhungen des Beitrags,
- Szenario 2: Einschneidende Kürzungen bei den Leistungen,
- Szenario 3: Kombination aus den Szenarien 1 und 2.

Angesichts der Probleme der gesetzlichen Krankenkassen ist eine Beitragsexplosion sicher wie das bekannte »Amen« in der Kirche. Das Ganze ist meiner Ansicht nach nur eine Frage der Zeit und auch der Ehrlichkeit der politisch handelnden Personen. Allerdings gehen die Schätzungen für diese kommende Beitragsexplosion bereits heute von einem Beitragssatz von bis zu 30 Prozent aus. Doch aus einem bestimmten Grund kann diese Entwicklung so nicht eintreten: Das jetzige System wird die nächsten Jahrzehnte so es wie heute besteht schlichtweg nicht überstehen.

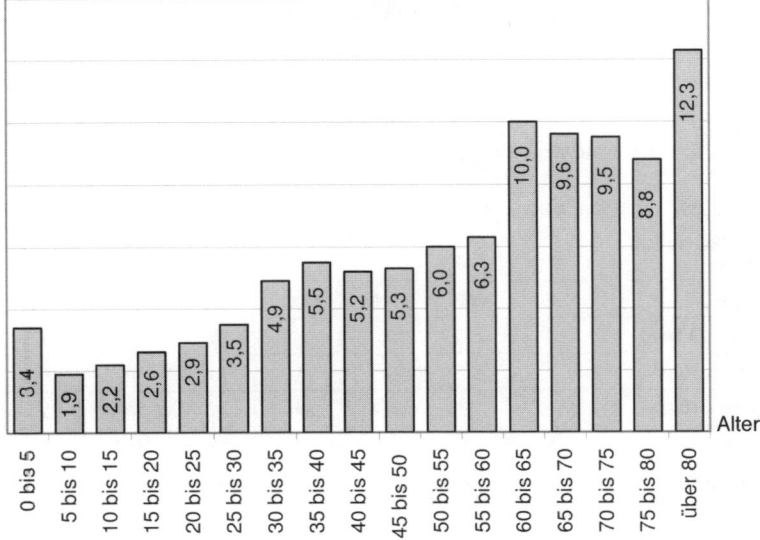

Abbildung 2.1 Ausgaben der gesetzlichen Krankenversicherung nach Lebensjahren
Quelle: Institut der deutschen Wirtschaft, Ursprungsdaten:
Bundesversicherungsamt, BMGS, © Tabelle: Bernd W. Klöckner,
Verwendung in Vorträgen, Büchern oder Artikeln nur mit Genehmigung des Autors.

Die Grafik in Abbildung 2.1 zeigt, wie sich die Ausgaben der Krankenversicherung auf die verschiedenen Altersgruppen verteilen.

Diese Grafik veranschaulicht zwar nur die eine Seite der Medaille. Es werden sich jedoch in diesem Fall beide Seiten als schlecht erweisen. Auf der anderen Seite der Medaille steht die Entwicklung der unterschiedlichen Altersgruppen. Allein die Zahl der so genannten Hochbetagten wird sich aller Voraussicht nach – betrachtet vom Jahr 1997 bis zum Jahr 2020 – schlichtweg verdoppeln. Das bedeutet: Wir sprechen hier von über 6 Millionen Hochbetagten in 2020. Diese Zahl wird bis 2050 weiter nach oben schnellen. Schätzungen gehen hier von rund 15 Prozent der dann gegebenen Gesamtbevölkerung aus, was bedeutet, dass wir es 2050 mit knapp 10 Millionen Hochbetagten zu tun haben. An dieser Stelle sei nochmals ein Argument zu der immer wieder genannten Zuwanderung genannt. So schreibt der Gesamtverband der deutschen Versicherungswirtschaft e.V. (GDV)[2]:

»... Auch ein deutlicher Anstieg der Zuwanderung jüngerer Menschen wird den Alterungsprozess nicht aufhalten können ... [es] müssten bis zum Jahr 2050 netto rund 190 Millionen Menschen nach Deutschland zuwandern, damit der Altenquotient[3] konstant bliebe ... Insgesamt würden in Deutschland dann rund 300 Millionen Menschen leben – Dimensionen, die fernab des realistisch Vorstellbaren liegen ...«

Diese Entwicklung der Altersgruppen in Deutschland zeigt Tabelle 2.4:

Alter	2000	2010	2020	2030	2040	2050
0 bis 20 Jahre	21	18	17	15	15	14
20 bis 40 Jahre	28	24	23	20	19	20
40 bis 60 Jahre	27	31	29	26	26	25
> 60 Jahre	24	27	31	39	40	41
Summe	100	100	100	100	100	100

Tabelle 2.4 Bevölkerung in Deutschland (in Prozent)

Quelle: Die Märkte für Altersvorsorge in Deutschland,
Gesamtverlag der Deutschen Versicherungswirtschaft e.V.,
© Tabelle: Bernd W. Klöckner, Verwendung in Vorträgen, Büchern oder Artikeln nur mit Genehmigung des Autors.

Nun addiere man eins und eins: Vergleicht man die Entwicklung der genannten Altersgruppen mit der Verteilung der Ausgaben der Krankenkassen auf die unterschiedlichen Altersgruppen, ist das Ergebnis so gut wie sicher: Die finanzielle Lage der Pflege- wie auch der Krankenversicherung ist bereits heute katastrophal. Doch diese katastrophale Lage ist noch nichts gegen das heranrollende Desaster, das uns in den kommenden Jahren und Jahrzehnten erwartet. Noch ein Hinweis am Rande: Der Kollaps der Pflegeversicherung wird auch daher dramatische Auswirkungen haben, weil es gleichzeitig – wegen der fehlenden Kinder – den Trend hin zu Single-Haushalten gibt. Experten sprechen hier vom »Singularisieren«, was nichts anderes ist als die Bezeichnung für die Entwicklung hin zu Ein-Personen-Haushalten. Durch diese Entwicklung wird weiterer Sprengstoff in das Pulverfass »gesetzliche Pflegeversicherung« geschüttet. Denn dies bedeutet auch, dass die Pflegeeinrichtung »Familie« im Laufe der kommenden Jahre und Jahrzehnte nahezu komplett wegfallen wird. Mit der Konsequenz, dass all die allein gelassenen, frei von jeder sozialen, familiären Bindung lebenden Alten Pflegeleistungen bei professionellen Anbietern einkaufen müssen. Die Nachfrage nach Pflegeleistungen wird damit steigen. Ein Preis wiederum richtet sich nach Angebot und Nachfrage. Und das bedeutet: Die Preise für Pflegeleistungen werden vermutlich ebenfalls steigen.

Auf den Punkt gebracht

Auch die bereits heute desolate Situation der Pflegeversicherung wie die der gesetzlichen Krankenversicherung wird ihren Teil dazu beitragen, die Schieflage des gesamten derzeitigen Sozialsystems weiter zu gefährden. Die Kasse ist bereits leer und wird aller Voraussicht nach weiter leer bleiben. Je weniger Geld sich grundsätzlich in den Kassen der sozialen Sicherungssysteme befindet, desto weniger werden große Versprechen wie die beispielsweise laut Renteninformation vorgegaukelten Rentensteigerungen zu realisieren sein. Letztlich hängt alles miteinander zusammen. Und einem nackten Mann lässt sich bekanntlich nicht in die Tasche greifen. Doch wie sehen die Folgen aus? Wenn die Kassen bereits leer sind und dennoch weiter geschröpft werden, wird das Ergebnis meiner Ansicht nach schlichtweg die weitere Kürzung sozialer Leistungen sein! Und dazu gehören auch Kürzungen bei der gesetzlichen Rentenversicherung, worauf ich in den folgenden Kapiteln noch ausführlicher eingehen werde.

Für alle wahltaktisch geprägten, politischen Daueroptimisten und Schönredner und für alle Sonstigen, die alle bislang genannten Fakten nicht wahrnehmen wollen, noch ein Vergleich. Immer wieder höre ich Dinge wie: »Die künftigen Lohnsteigerungen werden solche Steigerungen ja wieder wett machen.« So oder so ähnlich. Wer so redet, irrt. Irrt gewaltig! Nehmen wir das Beispiel auf Seite 43. Tatsache ist: Die Pflegekosten stiegen in den letzten 15 Jahren um 4 bis 5 Prozent pro Jahr. Nehmen wir an, die Lohnsteigerungen und damit die Rentensteigerungen lägen künftig bei den immer wieder prognostizierten 1,5 Prozent (woher diese Steigerung angesichts leerer Kassen auch immer kommen soll), die Pflegekosten steigen jedoch weiter um 4 bis 5 Prozent. Das bedeutet schlichtweg, dass auch der Ausgleich künftig steigender Preise einerseits durch Lohnsteigerungen andererseits kaum erfolgen wird. Hier gilt: Fragt man x Wissenschaftler und Fachleute, wird man x wissenschaftliche Gutachten und Stellungnahmen bekommen. Ich vertrete in diesem Buch meine Meinung aufgrund der mir bekannten Fakten, Details und Berechnungen.

1 http://www.geroweb.de/altenbericht/3-1-4-2-pflegebedarf.html.
2 Schriftenreihe des GDV, *Die Märkte für Altersvorsorge in Deutschland – Eine Analyse der Märkte bis 2020*, Schriftenreihe 23
3 Anmerkung des Autors: Hier laut GDV definiert als das Verhältnis der mindestens 60-Jährigen zur Bevölkerung im Alter zwischen 20 und 59 Jahren.

3.
Die ›Im Alter brauche ich weniger Geld‹-Illusion

> Die Menschen von heute wünschen sich das Leben von übermorgen zu den Preisen von vorgestern.
>
> Tennessee Williams

In diesem Kapitel wird gezeigt, warum sich die Einstellung »Im Alter brauche ich weniger Geld« schnell als Illusion erweisen wird. Die schon in den vorhergehenden Kapiteln vorgestellten Zahlen sprechen deutlich dafür, dass die Menschen, die sich auf die Renteninformation verlassen und diese Einstellung haben, im Alter Schwierigkeiten bekommen werden. Im Zweifel erweist sich der in der Renteninformation genannte zu erwartende Rentenbetrag sogar als Luftschloss. Die Menschen haben weniger Geld zur Verfügung, gleichzeitig sind die Ausgaben im Alter plötzlich höher als erwartet. Das Ergebnis: Armut im Alter!

In den letzten 20 Jahren habe ich mit Tausenden von Menschen über die Themen Altersvorsorge, Rente und Vermögensaufbau gesprochen. Viele 100 Menschen haben mich besucht, um persönlich Rat einzuholen. In allen diesen Jahren und Gesprächen sagten viele dieser Menschen angesichts der reellen, erschreckenden Zahlen »So schlimm wird es nicht kommen. Im Alter brauche ich nicht mehr so viel.« Doch diese »Im Alter brauche ich nicht mehr so viel Geld«-Einstellung ist ein gefährlicher Trugschluss. Ich werde Ihnen nun einige Zahlen dazu liefern, und Sie werden am Ende auch selbst zu dem Ergebnis gelangen, dass Senioren eher mehr als weniger Geld brauchen. Beginnen wir mit den Fakten: Im Vergleich zu den 55- bis 65-jährigen Arbeitnehmer- und Angestelltenhaushalten und deren verfügbarem Einkommen benötigte ein Rentnerhaushalt im Jahr 1998 rund 58 Prozent des verfügbaren Einkommens dieser Arbeiter- und Angestelltengruppe. Die aktuellen Schätzungen liegen für das Jahr 2010 bei benötigten rund 63 Prozent dieses Einkommens, bis 2020 steigt der Bedarf auf rund 67 Prozent und bei so genannten Neurentnern wird

> ... benötigte ein Rentnerhaushalt im Jahr 1998 rund 58 Prozent des verfügbaren Einkommens dieser oben genannten Arbeiter- und Angestelltengruppe. Die aktuellen Schätzungen liegen für das Jahr 2010 bei benötigten rund 63 Prozent, bis 2020 steigt die Zahl auf rund 67 Prozent und so genannte Neurentner werden eines Tages bei bis zu 75 Prozent liegen. Während diese Zahlen also steigen, sinkt der Anteil, den die gesetzliche Rentenversicherung zur Versorgung im Alter beiträgt.

der Bedarf eines Tages bei bis zu 75 Prozent liegen. Während diese Zahlen also steigen, sinkt der Anteil, den die gesetzliche Rentenversicherung zur Versorgung im Alter beiträgt. Bis 2020 werden es rund 47 Prozent sein, ein weiteres Absinken auf 40 Prozent ist denkbar bis – angesichts der leeren Staatskassen – unwahrscheinlich. Richtig ist im Übrigen, dass der Aufwand für Positionen wie Kleidung, Wohnen und Energie im Alter zurückgeht. Auf der anderen Seite steigen die Ausgaben für Pflege, Gesundheit, Unterhaltung und Freizeit enorm.

Damit Sie genau sehen, wie unter diesen Bedingungen Ihre zukünftige Rente aussieht, möchte ich Ihnen einen weiteren Vergleich zeigen: Wenn wir die Ausgaben von Rentnern im Jahr 1998 betrachten, so gab ein durchschnittlicher Rentnerhaushalt 1 940 Euro monatlich aus[1]. Vergleichen Sie diese Ausgabenhöhe einmal mit der Rente, die den Personen in unseren 20 Musterfällen im Teil II zustehen würde. Wird diese Rente in unseren Musterfällen nach heutiger Kaufkraft ausgerechnet, bleiben oftmals nur Beträge zwischen 200 und 400 Euro übrig. Nun die Quintessenz: Wenn 1998 ein Rentnerhaushalt rund 1 940 Euro im Monat ausgab und wir diesen Wert zum Zeitpunkt dieses Buches unverändert als Durchschnittswert unterstellen, gilt für manchen künftigen Rentner, bei angenommener heutiger Kaufkraft:

Künftiger Muster-Rentner – Szenario 1

	400 Euro gesetzliche Rente
minus	1 940 Euro Ausgaben/Monat
	1 540 Euro Versorgungslücke

Diese kleine Vergleichsrechnung ist wie folgt zu verstehen: Wir tun hier einmal so, als ob ein 35-Jähriger heute plötzlich 65 Jahre alt und in Rente wäre. Dann gäbe es aktuell die oben ausgerechnete Versorgungslücke von rund 1540 Euro. Monat für Monat!

Der Vergleich hinkt, weil ...

In den oben genannten rund 1940 Euro Ausgaben eines Rentnerhaushalts (1998) sind für die Position »Gesundheit und Pflege« Kosten von rund 100 Euro monatlich enthalten. Die tatsächlichen Kosten für diese Position »Gesundheit und Pflege« liegen jedoch höher, nämlich bei rund 400 Euro. Damit verschiebt sich unsere Rechnung für den Muster-Rentner wie folgt:

Künftiger Muster-Rentner – Szenario 2

	400 Euro gesetzliche Rente
minus	1940 Euro Ausgaben/Monat
minus	300 Euro (zusätzliche, tatsächliche Kosten für Gesundheit und Pflege)

1840 Euro Versorgungslücke

Im Klartext ...

Medizinische und pflegerische Leistungen werden in den kommenden Jahren und Jahrzehnten immer mehr in Anspruch genommen werden. Die Ursache dafür ist der Wunsch der Einzelnen, jedes noch irgendwie mögliche Lebensjahr zu »gewinnen«. Dazu kommen neue Behandlungsmethoden und höhere Kosten. Gerade dies wird immer wieder vergessen: Die Kosten zur Wahrung der Gesundheit steigen mit zunehmender Lebenserwartung überproportional. Es ergeben sich daraus folgende Überlegungen:

- Die steigende Lebenserwartung führt zu überproportional steigenden Gesundheitskosten. Fazit: Die verfügbare Rente sinkt.
- Die steigende Lebenserwartung und der wachsende Anteil an älteren Menschen in der Bevölkerung müssten zu einer steigenden Abgabenlast bei den Erwerbstätigen führen. Angesichts der

bestehenden Abgabenlast ist das jedoch unwahrscheinlich. Fazit: Die verfügbare Rente sinkt.

Betrachten wir nun zum Ende dieses Kapitels einmal ausschließlich die Ausgaben eines Rentnerhaushalts für »Gesundheit und Pflege«. Aktuellen Schätzungen zufolge wird der durchschnittliche Rentnerhaushalt im Jahr 2010 knapp 600 Euro im Monat für Gesundheits- und Pflegeleistungen aufwenden müssen. Im Jahr 2020 gehen die Schätzungen von rund 740 Euro aus. Das entspricht einer jährlichen Steigerung von 2,12 Prozent (Achtung: Diese Steigerung ist eine andere als die zuvor genannte Steigerung der reinen Kosten für Leistungen im Pflegefall), was angesichts der Kostensteigerungen im Pflegebereich sicherlich vorsichtig geschätzt ist. Immerhin kostet ein Platz im Pflegeheim in 2005 rund 3000 Euro, vor 15 Jahren waren es noch rund 1500 Euro. Vergleichen wir diese Zahlen, erhalten wir eine Steigerung von 4,73 Prozent jährlich. Doch zurück zu den Prognosen und der oben genannten Steigerung von 2,12 Prozent. Damit Sie sich selbst ein Bild davon machen können, wie hoch die Ausgaben pro Monat hinsichtlich der Gesundheits- und Pflegekosten ungefähr sein werden, nehmen Sie Tabelle 3.1 zu Hilfe. Bei den Werten wird allerdings unterstellt, dass es bei der bisherigen Struktur des Gesundheits- und Pflegewesens bleibt.

Rentenbeginn im Jahr	Ausgaben pro Monat für Gesundheit und Pflege (in Euro)
2010	600
2020	740
2025	821
2030	912
2035	1013
2040	1125
2045	1250
2050	1388

Tabelle 3.1 Gesundheits- und Pflegekosten pro Monat. Die Angaben sind ungefähre Schätzwerte pro Monat auf Grundlage der Hochrechnung für 2010 und 2020
© Bernd W. Klöckner, Verwendung in Vorträgen, Büchern oder Artikeln nur mit Genehmigung des Autors.

Die Tabelle zeigt die optimistische Variante. Das pessimistische Szenario würde sich folgendermaßen entwickeln: Zuvor wurde beschrieben, dass der durchschnittliche Rentnerhaushalt in 1998 rund 100 Euro im Monat für »Gesundheit und Pflege« ausgab, und zusätzlich pro Rentnerhaushalt rund 300 Euro zusätzlich von der Gemeinschaft bezahlt wurde. Für die in Tabelle 3.1 genannten Zahlen ab 2010 gilt nun ferner, dass der selbst zu tragende Anteil allen aktuellen Schätzungen zufolge zunehmen wird. Im Jahr 2010 liegt der Eigenanteil bei derzeit geschätzten rund 30 Prozent der insgesamt anfallenden 600 Euro, also rund 200 Euro Eigenanteil. Im Jahr 2020 liegt der selbst vom Rentnerhaushalt zu tragende Anteil bereits bei rund 42 Prozent oder umgerechnet 310 Euro Eigenanteil von gesamt 740 Euro pro Monat. Auch hier gilt: Allein der Eigenanteil eines künftigen Rentnerhaushalts bei der Position »Gesundheit und Pflege« wird weiter steigen.

Auf den Punkt gebracht

Eine verlässliche Rentenplanung und eine verlässliche Planung für die Zeit nach dem aktiven Arbeitsleben sind gerade auch deswegen notwendig, weil im Zweifel die Ausgaben im Alter weiter steigen. Wer sich hier auf die amtlichen Rentenberechnungen verlässt, steht im Alter, bei steigenden Ausgaben, aber einer weitaus geringeren Rente als ursprünglich geplant, verlassen da. Auch hier gilt: Wer jetzt nicht auf die Warnungen hört, wird es eines Tages deutlich fühlen!

---

1 Zu dieser Zahl kommen Meinhard Miegel, Stefanie Wahl und Peter Hefele in *Lebensstandard im Alter*, Hrsg. Deutsches Institut für Altersvorsorge.

4.
Sichere Pension vom Arbeitgeber – Hoffnung für Millionen?

> *Der Mensch hat dreierlei Wege klug zu handeln: erstens durch nachdenken, das ist der edelste, zweitens durch nachahmen, das ist der leichteste, und drittens durch Erfahrung, das ist der bitterste.*
>
> Konfuzius

Wer denkt: »Der drohende Kollaps der gesetzlichen Rentenversicherung ist nicht tragisch, denn ich setze auf meine betriebliche Altersversorgung«, irrt sich. Irrt sich womöglich – die kommenden Jahre werden es zeigen – gewaltig. Sie haben selbst einen Anspruch auf eine Betriebsrente? Sie fühlen sich auf diese Weise zusätzlich abgesichert? Auch hier gilt: Irrtum! Gefährlicher Irrtum! Es kann gut gehen. Es kann aber auch gewaltig schief gehen, sobald die Ihnen zustehenden Leistungen aus der Pensionsverpflichtung des Betriebes aus welchen Gründen auch immer gekürzt werden.

Die demografischen Probleme machen nicht halt, nur weil das Versorgungssystem nun »betriebliche Altersversorgung« statt »gesetzliche Rentenversicherung« heißt. Im Gegenteil: Die durch demografische Veränderungen entstehenden Probleme bei der Zahlung der einstmals versprochenen Leistungen aus der gesetzlichen Rentenversicherung werden sich ebenso auf die Pensionsverpflichtungen der Betriebe und Unternehmen auswirken.

Auch bei diesem Themenkomplex ist es für die Verbraucher wie für die Finanzdienstleister gleichermaßen wichtig, informiert zu sein! Die Informationen, sozusagen die Wahrheit über die zu erwartenden Rentenleistungen, ganz gleich ob es sich um Leistungen seitens des Gesetzgebers oder Leistungen aus Unternehmen handelt, liegen quasi auf der Strasse. Sie sind immer wieder von neuem in den Zeitungen zu lesen. Deshalb ist dies alles, was Sie tun müssen: Sie müssen lesen und die Wahrheit akzeptieren. Im Folgenden möchte ich Ihnen einige Presseauszüge nicht vorenthalten:

»Den meisten der 110 Unternehmen im Dax, M-Dax und Tec-Dax geht es nicht anders als DaimlerChrysler. Aufgrund der demografischen Entwicklung verschärft sich in ihren Bilanzen Jahr für Jahr das Rentenproblem. Allein die 30 Dax-Unternehmen drücken Pensionsverpflichtungen in Höhe von 194 Milliarden Euro – über ein Drittel ihres Marktwertes. Zu diesem Ergebnis kommt die Unternehmensberatung Stern & Stewart in einer aktuellen Studie ...« *Welt am Sonntag*, 11. Februar 2005[1]

Unumstößliche Tatsache ist, dass die Anzahl der Pensionäre und Rentner zunimmt. Dies hat fatale Konsequenzen, besonders dann, wenn Unternehmen in den letzten Jahren »gesund« geschrumpft sind, Mitarbeiter in den Ruhestand geschickt haben und nun eine verkleinerte Zahl von Mitarbeitern die (zunehmenden) Pensionsverpflichtungen erfüllen muss. Nochmals ein Auszug aus *Die Welt am Sonntag* gemäß oben angegebener Quelle:

»Mit 32 Milliarden Euro hat Daimler-Chrysler die mit Abstand höchsten Pensionslasten unter den Dax-Firmen aufgetürmt. Mit den Rückstellungen für die Gesundheitsvorsorge der Chrysler-Mitarbeiter drücken den Autokonzern Pensionsverpflichtungen von insgesamt 50 Milliarden Euro ...«

Begreifen Sie das! Begreifen wir das! Hier tut sich offensichtlich eine neue Rentenfalle auf! Hier wartet, je nach dem wie die künftige Entwicklung aussieht, das nächste Verlustgeschäft. Die steigende Zahl der Pensionäre und Rentner ist die eine Gefahr. Die andere Gefahr ist die gleichzeitig steigende Lebenserwartung pro Pensionär oder Rentner. Besonders schlimm wird es, wenn die Unternehmen diejenigen Faktoren vernachlässigen, die sich negativ auf die Pensionsverpflichtungen auswirken können. Hier seien beispielhaft die neuen Sterbetafeln genannt. Bezüglich der Anpassung an neue Vorschriften und Gegebenheiten ist E.ON ein guter Beispielfall. So beschreibt die *WamS*, wie E.ON seine Rechnungslegung auf die internationalen IFRS-Vorschriften umstellte. Gehaltssteigerungen der künftigen Pensionäre müssen nach diesen IFRS-Vorschriften in der Bilanz bis zum Rentenbeginn berücksichtigt werden. Das Ergebnis laut der oben genannten Ausgabe der *WamS*: »Der Energieversorger E.ON musste beispielsweise 750 Millionen Euro nachschießen.«

Auch andere Unternehmen haben diesbezüglich Probleme, wie in einem Auszug aus *Die Welt* vom 14. Mai 2003 zu lesen ist: Unter der Schlagzeile »Pensions-Lasten verunsichern Börsianer« mit dem Untertitel: »Betriebsrenten drohen zur Zeitbombe zu werden – Experten warnen vor schwarzem Loch für Gewinne« schreibt Daniel Eckert gut recherchiert über die möglichen Risiken, die mit den Pensionsrückstellungen verbunden sind:

> »Während die Gebrüder Gottschalk der Deutschen Post derzeit ein junges flippiges Image verpassen sollen, könnten Zehntausende von Pensionären ihren früheren Arbeitgeber künftig in finanzielle Schwierigkeiten bringen. Das zumindest ist die Auffassung der Ratingagentur Standard & Poor's.«[2]

Die Post ist dabei – wie bereits oben zu lesen – nur ein Beispiel für die vielen anderen Unternehmen, die vor teils erheblichen Problemen wegen ihrer Pensionsverpflichtungen stehen. Bei vielen Gesellschaften und Unternehmen wird es am Ende darauf hinauslaufen, dass die Pensionsverpflichtungen nicht oder zumindest nicht in der Höhe, wie sie eingegangen wurden, erfüllt werden (können). Dazu nochmals ein Auszug aus *Die Welt* vom 14. Mai 2003, der auf die Hintergründe der Probleme mit den Pensionsverpflichtungen hinweist:

> »Hauptgrund ist die gestiegene Lebenserwartung und die stark in Mode gekommene Praxis der Frührente. Sie führen dazu, dass sich die Rentenzeit immer weiter verlängert und die betrieblichen Zahlungsverpflichtungen der Gesellschaften daher unaufhörlich steigen. Reichen die Reserven nicht mehr aus, müssen die Pensionen aus den regulären Einnahmen des Unternehmens (Cashflow) bezahlt werden ...«

Fakt ist: Die Forderungen aus den Pensionsverpflichtungen werden in den kommenden Jahrzehnten deutlich anwachsen. Ein Verhältnis von zwei Dritteln Rentner und Pensionäre zu einem Drittel

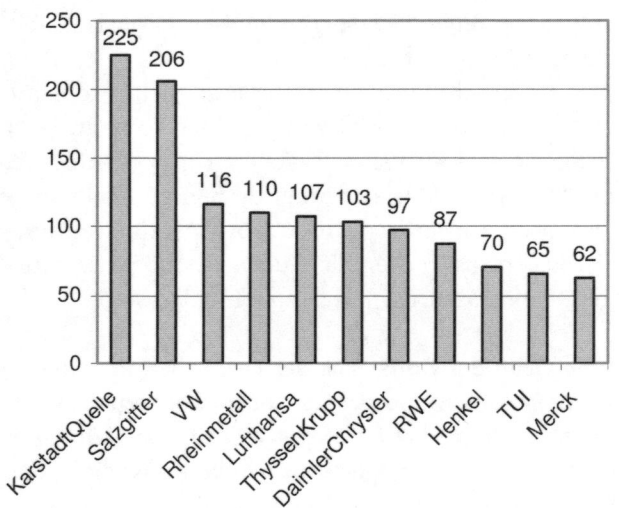

Abbildung 4.1 Pensionsverpflichtungen im Verhältnis zum Börsenwert (Angaben in Prozent)

Quelle: *Capital* 23/2004, Tabelle und Grafik
© Bernd W. Klöckner, Verwendung in Vorträgen, Büchern oder Artikeln nur mit Genehmigung des Autors.

aktiver Mitarbeiter wird es öfter geben. Im schlimmsten Fall müssen – wie oben beschrieben – den Pensionären die Gewinne aus den Unternehmen gutgeschrieben werden, wobei die Aktionäre leer ausgehen oder einfach weniger bekommen. Betrachten wir einmal die Grafik in Abbildung 4.1, die die Pensionsverpflichtungen der verschiedenen Unternehmen zeigt.

In Worten: KarstadtQuelle hatte bereits Pensionsverpflichtungen in Höhe von sage und schreibe 225 Prozent des Börsenwerts, als dieser Beitrag in der Zeitschrift *Capital* erschien.

Oder nehmen wir das Beispiel Lufthansa. Hierzu finden sich folgende Statements in den diversen Medien oder in den Nachrichten diverser Unternehmen:

»Externe Lösung für Lufthansa-Verpflichtungen – Die Fluggesellschaft Deutsche Lufthansa will einen Teil ihrer Pensionsverpflichtungen ausgliedern und über eine externe Pensionseinrichtung finanzieren. Die Pensionsverpflichtungen der Lufthansa betragen derzeit 4,4 Milliarden Euro, davon sind 4,2 Milliarden Euro über

Rückstellungen finanziert. Die restlichen 200 Millionen Euro werden über einen externen Pensionsfonds finanziert. Grund für die Ausgliederung ist, dass in 20 Jahren die Pensionsverpflichtungen die Zuführungen überschreiten würden.«[3]

Oder hier ein Auszug aus dem *Handelsblatt*:

»Der Grund für die Entwicklung: Die Unternehmen haben während starker Wachstumsphasen in den sechziger und siebziger Jahren viele Mitarbeiter eingestellt, die nun Anspruch auf Betriebsrenten haben. Hinzu kommt bei einigen Konzernen forcierter Mitarbeiterabbau per Frühverrentung. ›Bei manchen Firmen könnte dies mittelfristig Auswirkungen auf die Liquiditätslage haben‹, sagt Sabine Mahnert, Altersvorsorge-Expertin bei Morgan Stanley. Auf manche Konzerne aus der Old Economy komme eine Bugwelle zu, der sie kaum mehr ausweichen könnten.«[4]

Ein weiterer Beitrag aus dem *Handelsblatt* skizziert die Problemlage auch recht deutlich:

»... Die wachsenden Probleme der Wirtschaft, Verpflichtungen aus der betrieblichen Altersvorsorge zu erfüllen, spiegeln sich in den Zahlen des Pensions-Sicherungs-Vereins (PSV) wider. Der PSV springt ein, wenn Unternehmen im Insolvenzfall ihren Pflichten gegenüber den Pensionären nicht mehr nachkommen können. So wird verhindert, dass der einzelne Pensionär Schaden erleidet. In diesem Jahr steuert der PSV auf einen Rekordschaden zu: Allein im ersten Halbjahr stiegen die Schadensmeldungen auf 1,3 Milliarden Euro – mehr als doppelt so viel wie im gesamten Jahr 2001. ›Diese Zahl ist Besorgnis erregend‹, sagt Professor Wolfgang Förster.«[5]

Auf den Punkt gebracht

Einmal mehr konnten Sie sehen, dass Sie persönlich sehr genau prüfen müssen, wie es wirklich um Ihre Altersversorgung steht. Wer sich auf die gesetzliche Rentenversicherung verlässt, ist im

Zweifel verlassen. Wer sich auf die Pensionsverpflichtungen verlässt, die von seiten eines Unternehmens eingegangen wurden, ist es im Zweifel auch.

Richtig ist es, das sei an dieser Stelle ausdrücklich gesagt, jede denkbare staatliche Förderung mitzunehmen. Richtig ist es somit auch, im Rahmen der Möglichkeiten zur betrieblichen Altersversorgung alles das wahrzunehmen, was gefördert wird und dementsprechend eine gute Rendite bringt. Dabei bleibt es jedoch! Die in diesem Kapitel genannten Zahlen machen sehr, sehr deutlich, dass die demografische Entwicklung mit ihren Folgen auch nicht vor Pensionsleistungen halt macht. Betriebliche (erwartete) Pensionsleistungen können lediglich ein Baustein sein, um der Armut im Alter zu entgehen oder zumindest um die drohende Altersarmut zu mindern. Das ist alles. Nicht mehr. Nicht weniger.

1 http://www.wams.de/data/2005/02/06/459138.html, 11. Februar 2005.
2 http://www.welt.de/data/2003/05/14/94423.html, 11. Februar 2005.
3 Hervorhebungen vom Autor, Quelle: http://www.berenbergbank.de/
index–fs.html?content=http%3A//www.berenbergbank.de/publikationen/bcm–-news–24872.htm&navi=/publikationen/left–navi.html&submenu=bcm–news.
4 Hervorhebungen vom Autor, Quelle: http://www.handelsblatt.com/hbiwwwangebot/fn/relhbi/sfn/buildhbi/cn/GoArt!200011,203671,553103/SH/0/depot/0/index.html.
5 Hervorhebungen vom Autor, Quelle: http://www.handelsblatt.com/hbiwwwangebot/fn/relhbi/sfn/buildhbi/cn/GoArt!200011,203671,553103/SH/0/depot/0/index.html.

5. Amtliche Propaganda und Desinformation

> *Autovertreter verkaufen Autos,*
> *Versicherungsvertreter Versicherungen.*
> *Und Volksvertreter?*
>
> Stanislaw Jerzy Lec

In den letzten Jahren und Jahrzehnten zeichnen sich die verantwortlichen Politiker meiner Ansicht nach eher durch Desinformation aus, wenn es um die Zukunft der sozialen Sicherungssysteme geht. Was die Politik in amtlichen Broschüren dazu veröffentlicht, zeigen Ihnen die folgenden Ausführungen.

In diesem Kapitel möchte ich mit Ihnen auf die Reise gehen, und zwar auf die Reise durch das Land der politischen Propaganda und Desinformation. Sie haben Recht, wenn Sie vermuten, dass ich Ihnen jeden Glauben daran nehmen will, dass Sie sich auf die politischen Äußerungen zur Sicherheit der sozialen Systeme verlassen können. Die Wahrheit ist: Gegen besseres Wissen wird nach wie vor die Lage schön geredet. Der Meister darin ist in den letzten Jahrzehnten unangefochten Norbert Blüm. Wobei Verständnis angesagt ist: Norbert Blüm verteidigt, wofür er Jahre und Jahrzehnte gearbeitet hat, nicht mehr und nicht weniger. Mit der Realität hatte seine Einschätzung nicht viel zu tun, wie ich Ihnen im Folgenden zeigen werde. Doch kommen wir zunächst zu einigen ersten Bezeichnungen und Worthülsen, die von politischer Seite so im Laufe der Jahre geäußert wurden:

- Rente ... gestaltgewordene Solidarität der Generationen
- Nettorentenniveau ... etwa 70 Prozent dauerhaft ...
- ... auf unsere Rentenversicherung kann man sich verlassen ...
- Beitragseinnahmen wachsen ... ausreichende Rücklage

Wenn wir einmal einige Jahre zurückblicken und ein bisschen im Internet stöbern, erfahren wir folgendes:

»Bundesarbeitsminister Norbert Blüm (CDU) wird wegen der Unsicherheiten über die Entwicklung der Rentenfinanzen im Bundestag eine Regierungserklärung über den Zustand der Rentenkassen abgeben. Damit will die Regierung einem Vorstoß der SPD-Opposition zuvorkommen, die eine aktuelle Stunde im Parlament beantragt hatte ... Blüm nannte Berichte über einen Anstieg der Beitragssätze zur Rentenversicherung bis auf 20 Prozent 1997 eine ›Schreckensmeldung‹ ... Einer Pressemitteilung zufolge ist Kanzler Kohl (CDU) entschlossen, Arbeitsminister Norbert Blüm (CDU) abzulösen, wenn diesem nicht die Stabilisierung der Rentenfinanzen gelänge. Eine drohende Beitragssteigerung 1997 auf 20 statt der bisher vorhergesagten 19,4 Prozent, wie Rentenexperten der Versicherungsträger uns aus dem Hause Blüm vorgerechnet haben, sei ›unter keinen Umständen‹ hinzunehmen. Das habe der Kanzler Blüm ›eindeutig klargemacht‹, heißt es in Regierungskreisen ...«[1]

Wie muss einem Norbert Blüm in all den Jahren zu Mute gewesen sein? Und trotz aller Reformen muss ihm auch klar gewesen sein, dass er den Menschen nicht die Wahrheit sagte. Denn andere Experten haben dies gnadenlos – trotz der großen Rentenreform – auf den Punkt gebracht. So schrieb Jürgen Forster von der *Süddeutschen Zeitung* nach der großen Rentenreform in der Amtszeit von Norbert Blüm:

»Vor dem Hintergrund der ungelösten Probleme und dem Zwang zu einer sozialen Neuorientierung des Alterssicherungssystems wird die Rentenversicherung vermutlich noch in diesem Jahrhundert einer neuen, grundsätzlichen Revision bedürfen. Dieses Vorhaben wird zu einem Kraftakt werden, der die jetzt beschlossene unpopuläre Reform als Kinderspiel erscheinen lassen dürfe ...«[2]

Deutlicher kann ein Verriss der Blüm'schen Reformbemühungen kaum ausfallen. Und offensichtlich war den unabhängigen Denkern in diesem Land auch zu dieser Zeit klar, welche große, soziale Mogelpackung hier zusammengebastelt wird. Immerhin wurde Norbert Blüm im Internet zu einem der fünf unverschämtesten Lügner im letzten Jahrhundert (Platz 5) gekrönt:

> »Die Renten sind sicher.«
> *Norbert Blüm, Bundesminister für Arbeit und Soziales, 1998*[3]

Doch zurück zum Thema und der Frage: Was würde ein Unternehmen tun, wenn es sich in einer derartigen Finanzmisere befände, wie es beim »Unternehmen gesetzliche Rentenversicherung« der Fall ist? Das Unternehmen würde alles tun, um die Einnahmen zu erhöhen und/oder andererseits die Kosten zu senken. In diesem Fall wäre der Schritt, die Einnahmen zu erhöhen angesichts der bereits bestehenden Rekord-Abgabenlast eine Illusion. Bleibt die Alternative »Kosten senken«. Damit erscheint die Rentenkürzung, die in Teil II in den Beispielrechnungen von Versicherten in einem Szenario durchgespielt wird, offensichtlich als nicht ganz unrealistisch.

Auf den Punkt gebracht

Die entscheidende Botschaft lautet: Vergessen Sie den Wunsch, jemals wirklich unangenehme Wahrheiten von politisch Agierenden benannt zu bekommen. Das, was Ihnen in der Vergangenheit wie heute noch zu diesem Thema angeboten wurde, ist meiner Ansicht nach als Propaganda und Desinformation zu bezeichnen. Es ist politisch verantwortungslose Finanz-Kosmetik. Ihr Niveau ist allerdings unübertrefflich.

Zusammenfassung der Kapitel 1 bis Kapitel 5

Bevor es im Folgenden um das zentrale Thema des Buchs, die »Rentenlüge« geht, möchte ich Ihnen eine Zusammenfassung der bisher betrachteten Themen geben. Die Ausführungen in den ersten fünf Kapiteln dokumentieren eindrucksvoll, welche Belastungen auf die sozialen Sicherungssysteme zurollen. Wir erwarten das unmittelbare Aufkommen eines Orkans. Das, was wir derzeit erleben, sind lediglich die Vorzeichen dessen, was auf uns mit gigantischer Sprengkraft zurollt. Die sozialen Sicherungssysteme in Deutschland sind am Ende. Die Beitragsbelastung für die Erwerbstätigen befindet sich bereits an der Schmerzgrenze. Doch diese Schmerzgrenze wird weiter ausgedehnt werden (müssen). Und die den Versicherten versprochenen Leistungen aus den sozialen Sicherungssystemen werden reduziert werden (müssen). Obwohl die Zahlen und Fakten bekannt sind, führt die Politik das Volk mit realitätsfernen Renteninformationen in die Irre. Kommen wir damit zum Hauptthema dieses Buches: Der Rentenlüge und die Zahlen, Fakten und Details, wieso aus Sicht des Autors Millionen Menschen in eine bislang beispiellose Altersarmut laufen.

1 http://www.htwm.de/sa/service/polit/Jahr1996/januar-1996.htm.
2 Jürgen Forster in der *SZ* zitiert nach Gerhard Ziegler, *Alter in Armut? Das Fiasko der staatlichen Altersversorgung*, Hamburg 1992.
3 http://www.vier-acht.de/LuEr.html, Januar 2005.

6.
Die Rentenlüge –
Armut im Alter für Millionen

> *Die Lüge ist wie ein Schneeball:*
> *Je länger man ihn wälzt, desto*
> *größer wird er.*
>
> Martin Luther

Kommen wir nun zu einem sehr wichtigen Kapitel dieses Buches: Der Rentenlüge. Nachdem in den letzten Kapiteln deutlich wurde, wie viele Fakten und Details für eine drohende Armut im Alter für Viele sprechen, geht es nun darum, wie und auf welche Weise der Staat den Menschen regelrecht die Aufklärung vorenthält. Denn, so mein Eindruck, meist wird die Wahrheit verschwiegen oder nur beschönigt dargestellt. Den Menschen wird – obwohl dies problemlos in Form verschiedener Szenarien zur kommenden Rentenentwicklung möglich wäre – eben kein reiner Wein eingeschenkt. Am Ende dieses Kapitels findet sich ein Vorschlag zur Lösung: Weg von Propaganda und Desinformation, hin zu Information und wirklicher Hilfe.

Wer alle bislang genannten Fakten aufmerksam gelesen hat, wird unweigerlich zu dem Schluss kommen, dass die sozialen Sicherungssysteme vor der größten Herausforderung stehen, die je zu bewältigen war. Angesichts der nahezu sicheren demografischen Entwicklungen wird allen bewusst sein, dass die Zeiten der Rentensteigerungen vorbei sein *müssen*. Selbst Nullrunden werden noch schwierig zu bewerkstelligen sein. Das Einzige, was hier eine Änderung herbeiführen könnte, wäre eine plötzlich anziehende und anschließend über Jahre boomende Wirtschaft. Wer auf ein solches plötzliches Wirtschaftswunder nicht vertrauen will, muss in Folge der Verschiebung der Altersstruktur mit drastischen Einsparungen bei den sozialen Sicherungssystemen rechnen. Das bedeutet: Kürzungen und Einsparungen in der gesetzlichen Rentenversicherung, der gesetzlichen Krankenversicherung und der Pflegeversicherung. Betrachten Sie daher die Ausführungen der letzten Seiten und die Kapitel 1 bis 5 als Einstimmung auf die im

Folgenden dargestellte Argumentation, auch im Zusammenhang mit den Rentenberechnungen für 20 Praxisfälle in Teil II dieses Buches. Es handelt sich hierbei um Praxisfälle von Menschen wie Sie und ich. Je Praxisfall werden Sie Berechnungen vorfinden, die man Ihnen derzeit nicht zur Verfügung stellt. Anders gesagt: Berechnungen und Zahlen, die man auch von amtlicher Seite als Grundlage wirklicher Information zur Verfügung stellen könnte. Nach den Ausführungen auf den letzten Seiten und in den letzten Kapiteln werden Sie es leichter akzeptieren, wenn es dabei auch um Rentenberechnungen unter der Voraussetzung möglicher, künftiger Rentenkürzungen geht. Apropos Rentenkürzung: Eine kleine Information vorab, für alle, die immer noch denken »das wird der Staat doch nicht machen können, ich habe doch Rechte!« Tatsache ist: Das Grundgesetz schützt eben nicht vor Rentenkürzungen, weil der Gesetzgeber weitgehende Gestaltungsfreiheit hinsichtlich der Festlegung der künftigen Rentenhöhe hat. So entschied es auch das Bundesverfassungsgericht im Jahr 1980. Einerseits gibt es unbestreitbar Ansprüche an die beziehungsweise aus der gesetzlichen Rentenversicherung. Andererseits steht gegen diese Ansprüche der so genannte »ausgeprägte, soziale Bezug«. Beitragszahler und Rentner genießen somit wenig Eigentumsschutz, und die Politik hat entsprechenden Handlungsspielraum. Festgelegt ist lediglich, dass die Renten nicht zu schnell abgebaut werden dürfen und auch der Fall unters Sozialhilfeniveau nicht gestattet ist!

Und noch ein Hinweis: Die Diskussion um die künftige Situation der sozialen Sicherungssysteme ist geprägt von meiner Ansicht nach eitlen Darstellungen einzelner Publizisten. Jeder will die Wahrheit gefunden haben. Die einen sprechen von einer demografischen Zeitbombe, die anderen sprechen davon, dass alles viel zu grausam dargestellt würde. Meine persönliche Meinung lautet, wie schon gesagt: Viele, viele Fakten sprechen dafür, dass die nächsten Jahre und Jahrzehnte äußerst harte Jahre für die Sozialsysteme werden. Im Zweifel irre ich trotz aller sorgfältigen Recherchen und Berechnungen. In diesem Fall werden Sie, wie gesagt, eines Tages zu viel Geld auf dem Konto haben. Sie werden mich dann vermutlich anrufen und Dinge sagen wie »Bernd W. Klöckner, das war nicht fair. Wir haben hier jetzt 150 000 Euro zu viel auf dem Konto. So war das nicht vereinbart!« So oder ähnlich. Ich will Ihnen ehrlich antworten: Dieses Risiko meiner möglichen Fehlprognose gehe ich ein. Sie sollten es möglichst nur vermeiden, auf Berufsoptimisten und die scheinbar unausrottbaren »Die Rente ist sicher«-Gaukler zu hören. Sie sollten nicht darauf vertrauen, dass die ganze Demografie-Diskussion gar nicht so schlimm enden wird, wie derzeit oft und auch in diesem Buch dargestellt wird. Das Ergebnis wäre fatal: Sie würden sich zurücklehnen und die Rentenzeit auf sich zukommen lassen. Wenn Sie jedoch mit dieser Einschätzung falsch liegen, ist die Folge unausweichlich ein »Alter in Armut«. Wenn Sie das, also Alter in Armut, riskieren wollen, gut! Tun Sie einfach nichts. Wenn Sie dieses Risiko nicht eingehen wollen, was Ihnen im Übrigen keiner der Optimisten in Sache Demografie abnehmen wird, dann reagieren Sie! Handeln Sie sehr, sehr schnell. Ein kluger Mensch sagte einmal: »Es weint sich leichter im Hilton als in der U-Bahn!«

Die BfA-Rentenberechnung

Kommen wir nun konkret zur BfA-Rentenberechnung. Beginnen wir mit einigen Ausschnitten aus den verschiedensten Quellen. Meine Bitte: Lesen Sie die folgenden Ausschnitte, Texte und Quellen sehr, sehr sorgfältig. Sie werden mit jedem der folgenden Ausschnitte und Texte ein besseres Gefühl für die Vorgehensweise der amtlichen Rentenstellen bekommen. Sie werden ebenfalls feststellen, dass offensichtlich nur wenig auf die amtlichen Verlautbarungen gegeben werden kann. Sie werden in Folge dessen die einzelnen Statements immer kritischer lesen. Im Anschluss daran folgt der Schwerpunkt dieses Buchs: Die Dokumentation der künftigen Altersarmut der breiten Masse.

Auch das *ZDF* spricht über diese Problemlage:

»Die Renten sind sicher? – dies halte ich für einen seit Jahrzehnten gepflegten Selbstbetrug. Irgendwelche Renten: Ja, aber in der Summe betrachtet: Nein! Jede Regierung hat an dem System herumgeschraubt, aber keine kam an der Tatsache vorbei, dass immer weniger junge Menschen Jahr für Jahr die Renten von immer mehr älteren Mitbürgern per Umlage bezahlen müssen. Eine Rechnung, die immer weniger aufgeht.«[1]

Der Mustertext der BfA, der anfangs an die Bürger verschickt wurde, ging immerhin noch von einer (fiktiven) Rentensteigerung von in der Spitze 3,5 Prozent jährlich aus. Sie konnten dort beispielsweise lesen:

»Ihre Rente wird aufgrund künftiger Rentenanpassungen tatsächlich höher ausfallen. Leider können wir die Entwicklung nicht vorhersehen. Wir haben zwei Varianten für Sie gerechnet. Beträgt der jährliche Anpassungssatz 1,5 Prozent, so ergäbe sich zum 65. Lebensjahr eine Rente von monatlich 1 591,69 Euro, bei 3,5 Prozent eine solche von 1 720,84 Euro. Diese Beträge sind insbesondere wegen eines Anstiegs der Lebenshaltungskosten in ihrer Kaufkraft nicht mit heutigen Einkommen vergleichbar.«[2]

Doch wie Sie in der vorhergehenden Kapiteln sehen konnten, sprechen die Fakten eine andere Sprache:

»Keine Form der Rente scheint mehr sicher zu sein – weder die staatliche noch die betriebliche noch die private. Alle drei Säulen des Systems haben in den vergangenen Monaten Risse bekommen. Das Einkommen im Alter ist für Millionen Deutsche kaum noch kalkulierbar.«[3]

Durch die Veränderung der Annahmen für die zukünftige Lohnentwicklung im Rentenversicherungsbericht der Bundesregierung und durch die beabsichtigte Weiterentwicklung der Rentenanpassungsformel mussten die bisherigen Dynamisierungswerte von 1,5 und 3,5 Prozent ebenfalls umgestellt werden. Am 4. März 2004 war es soweit: Prof. Dr. Franz Ruland, Geschäftsführer des Verbandes Deutscher Rentenversicherungsträger, erläutert anlässlich einer gemeinsamen Pressekonferenz der Rentenversicherung, dass die Renteninformationen ab sofort mit geänderten Dynamisierungswerten von 1,5 und 2,5 Prozent versandt werden.[4]

Beim zentralen Thema Renteninformation sind nicht alle einer Meinung. Deshalb habe ich im Folgenden einige Ausführungen zur Sache zusammengestellt. Lesen Sie einmal selbst, wer wann was über die Renteninformation gesagt hat:

»Der Bedarf an neutralen und objektiven Informationen beim Thema Altersrente wächst. Mit der seit Juni 2002 verschickten Renteninformation schaffen die Rentenversicherungsträger mehr Transparenz bei der persönlichen Altersrente und bieten ihren Versicherten eine solide Grundlage für die eigenverantwortliche Planung einer zusätzlichen Altersvorsorge ...«

Dies ist auf der Website unter www.verbandsforum.de zu lesen. Dann folgt die Begründung, wieso in der ersten versandten Version der Renteninformation eine Rentensteigerung von 1,5 und 3,5 Prozent angenommen und als Berechnungsgrundlage verwendet wurde:

»... Die Renteninformation enthält eine Hochrechnung der zu erwartenden Rente bei Erreichen des Alters 65 ohne Berücksichtigung einer Rentenanpassung sowie mit einer fiktiven Rentenanpassung von 1,5 Prozent und 3,5 Prozent. Dieser Korridor einer pessimistischeren und einer optimistischeren Variante zur Entwicklung der Rentenanpassung basiert darauf, dass sowohl der Rentenversicherungsbericht der Bundesregierung sowie auch die wirtschaftswissenschaftlichen Forschungsinstitute und die Europäische Kommission von einem langfristigen Anstieg der Nominallöhne in Deutschland von 2 bis 4 Prozent ausgehen ... In der Vergangenheit hat es zahlreiche Rentenerhöhungen gegeben, die deutlich über 3,5 Prozent gelegen haben. Und das nicht nur – wie vom Deutschen Institut für Altersvorsorge behauptet – in den sechziger und siebziger Jahren, sondern auch danach.«[5]

Die letzten Zeilen stammen ebenfalls von Prof. Dr. Franz Ruland. Insbesondere muss es wie Hohn in den Ohren der Versicherten klingen, wenn er sagt:

»Mit der seit Juni 2002 verschickten Renteninformation schaffen die Rentenversicherungsträger mehr Transparenz bei der persönlichen Altersrente und bieten ihren Versicherten eine solide Grundlage für die eigenverantwortliche Planung einer zusätzlichen Altersvorsorge.«

Tatsache ist: Die Rentenberechnung der BfA hat nur einen einzigen Wert. Sie nennt die Grundlage, von der weitere Berechnungen ausgehen können. Die angenommenen Rentensteigerungen von 1,5 Prozent, 2,5 Prozent oder in der ersten versandten Version gar 3,5 Prozent sind reine Fiktion. Nach dem Motto: Man nehme die Grundlage der jeweiligen Rente, hier die ermittelten Entgeltpunkte. Und rechne dann mit beliebigen fiktiven Steigerungssätzen pro Jahr eine unrealistische Prognose. Sozusagen als Beruhigungstablette für's Volk! Auch einige Zeilen eines Interviews zwischen der *Welt am Sonntag (WamS)* und Herrn Ruland sind in diesem Zusammenhang aufschlussreich:

»WamS: Wie kommt es dann, dass BfA-Vorstand Hartmann Kleiner der Ansicht ist, die Renteninformationen seien unvollständig?
Ruland: Das weiß ich nicht. Die Versicherten erhalten vier Berechnungen ihrer Rente, zwei ohne – was die Versicherungsfälle Alter und Erwerbsminderung angeht – und zwei mit einer Hochrechnung ...«

Auf die Frage der *Welt am Sonntag*, wieso denn nun Herr Kleiner sich beklagen würde, dass es problematisch sei, bei den beiden in der Renteninformation genannten, hochgerechneten Zahlen von einer Rentenanpassung von 1,5 im schlechtesten oder von 3,5 Prozent im besten Fall auszugehen, antwortet Ruland im gleichen Interview:

»Ruland: Auch dabei beruht unsere Renteninformation auf geltendem Recht. Entscheidend sind dabei die gesetzliche Rentenanpassungsformel und die Lohnannahmen der Bundesregierung. Letztere liegen derzeit bei zwei bis vier Prozent – und daran orientieren wir uns.«[6]

Sieh mal einer an: Da gab es offensichtlich einen ehrenwerten Ritter bei der BfA. Mal sehen, was über BfA-Vorstand Hartmann Kleiner außerdem gesagt wird:

»An der Spitze der Bundesversicherungsanstalt für Angestellte (BfA) ist man sich offensichtlich nicht einig über den Wert der eigenen Informationen: Der BfA-Vorstandsvorsitzende Hartmann Kleiner nannte die bisher an Versicherte versandten Angaben über die künftige Rente an Versicherte in der Zeitung *Tagesspiegel* unvollständig. Laut Kleiner ist es problematisch, die jährliche Rentenerhöhung mit 1,5 oder gar 3,5 Prozent anzugeben ...«[7]

Eine weitere Pressemeldung bestätigt die Einstellung Kleiners:

»Denn die Renteninformationen beschränken sich nicht auf die voraussichtlich noch zu erwartenden Rentenansprüche, sondern gaukeln dem Bürger mit angeblich steigenden Renten die Sicherheits-Wunderwelt aller bisherigen Sozialminister vor. Was von Fachleuten schon lange angeprangert wurde, wird jetzt auch von Amts wegen kleinlaut zugegeben. Hartmann Kleiner, Vorstandsvorsitzender der Bundesversicherungsanstalt für Angestellte (BfA), räumt ein, dass die Szenarien jährlicher Rentenerhöhungen um 1,5 Prozent oder 3,5 Prozent ›problematisch‹ und ›unvollständig‹ seien.«[8]

Auch die Begründung, wieso die ersten Rentenberechnungen »problematisch« und »unvollständig« seien, wird nachgeliefert:

»Weshalb? Man hat schlicht ›vergessen‹, die Berechnung unter Berücksichtigung der Inflation zu erstellen. So sind eigentlich nur zwei Zahlenangaben im Kontostandsbericht relevant: Einmal die Angabe über die Höhe der derzeit erreichten Altersrente und die über die Höhe der derzeitigen Erwerbsminderungsrente ...«

Sie haben korrekt gelesen! Die Auswirkungen der Inflation wurden schlichtweg vergessen. Die Frage ist: Warum wird so etwas Entscheidendes vergessen? Will man Millionen von Versicherten eine Rentenillusion erhalten, obwohl man von amtlicher Stelle ahnen muss, dass diese Rentenillusion völlig fernab von der kommenden Realität liegt? Folgen wir den weiteren Ausführungen aus dieser unten genannten Quelle:

»... Allenfalls als Näherungswert brauchbar ist die Angabe zur Rente mit 65 unter der Prämisse, dass der Versicherte bis zum 65. Lebensjahr kontinuierlich Rentenentgeltpunkte bekommt, wie er sie in den letzten 5 Jahren durchschnittlich erzielte. Bei allen anderen Rentenangaben produziert die BfA, beeinflusst von wem auch immer, wieder einmal üble Illusionen.«[9]

Und nun ein zu allem passender Schluss hinsichtlich der Aussagekraft der Renteninformation:

»... Bis auf weiteres versendet die Bundesversicherungsanstalt für Angestellte keine Renteninformationen mehr. Die Auswirkungen der Reformen sollen abgewartet werden. Bereits entschieden ist, die Rentenprognosen künftig konservativer zu rechnen. Statt 1,5 und 3,5 Prozent sollen für die Vorausberechnungen deutlich niedrigere Sätze gewählt werden. ›Es ist im Moment sauschwer‹, stöhnt BfA-Sprecher Rainer Helbing. Zumindest diese Renteninformation stimmt hundertprozentig ...«[10]

Ich hoffe, Sie haben diese Zitate und Quellen sorgfältig gelesen. Sie werden nun ein eigenes Urteil darüber haben, was sich hinter der BfA-»Rentenberechnung« verbirgt.

Im zweiten Teil des Buches werden Sie zwanzig Beispiele von Menschen mit ihren Rentenberechnungen detailliert kennen lernen. Diese Menschen werden eines Tages – stellvertretend für Millionen weiterer Angestellte und Arbeiter, Frauen und Männer – über die magere bis mickrige Rente verfügen, wie ich es auf den letzten Seiten ausführlich dargestellt habe. Kritiker könnten lediglich zwei Argumente gegen diese Berechnungen und gegen diese Dokumentation einer drohenden Altersarmut der breiten Masse vorbringen:

Argument 1

Man darf keine Inflation berechnen, weil der Nettolohnausgleich zum Inflationsausgleich führt.

Argument 2

Von künftigen Rentenkürzungen auszugehen ist unseriös.

Ich möchte nun zusammenfassend die Antworten auf diese beiden einzigen denkbaren Gegenargumente geben:

Antwort 1

Erstens führt der Nettolohnausgleich selten zum Ausgleich der tatsächlichen Inflation. Von einer Differenz auszugehen ist deshalb legitim. Zweitens: Wenn das Einkommen eines Versicherten steigt und gleichzeitig das so genannte Durchschnittseinkommen, bleiben die Entgeltpunkte womöglich gleich. Dies bedeutet, dass die Nettolohnsteigerung bei der versicherten Person eben nicht zwangsläufig zu einem inflationären Ausgleich führt. Insoweit darf mit einer inflationären »Bereinigung« gerechnet werden!

Antwort 2

Die Frage, ob die Annahme von zukünftigen Rentenkürzungen seriös oder unseriös ist, stellt sich weniger, wenn die Fakten auf dem Tisch liegen. Lassen wir deshalb die Fakten sprechen und betrachten wir einmal die Renten»steigerungen« der vergangenen neun Jahre:

Jahr	Rentensteigerung in Prozent
1995	0,50
1996	0,95
1997	1,65
1998	0,44
1999	1,34
2000	0,60
2001	1,91
2002	2,16
2003	1,04
2004	− 0,85

Tabelle 6.1 Rentensteigerungen 1995 bis 2004

Quelle: www.beratungsrechner.de

Wer diese Zahlen betrachtet, fragt sich erstens, wieso die Bundesversicherungsanstalt überhaupt Hochrechnungen einsetzt, in denen eine 1,5-prozentige oder 2,5-prozentige Rentensteigerung angenommen wird. Zweitens werden Sie sich sicher auch die Frage stellen: Wird es nun dank der demografischen Entwicklung besser oder schlechter? Meiner Ansicht nach, wie die Fakten zeigen, wird es wohl eher schlechter werden! Das Jahr 2004 war aus meiner Sicht nur die erste Rentenkürzungs-Runde. Es wird nicht die letzte gewesen sein.

Sie finden am Ende dieses Kapitels einen neuen Entwurf einer Renteninformation. So, wie sie aussehen könnte. Aus dieser Musterinformation kann dann jede versicherte Person diejenige Zahl entnehmen, die ihr realistisch erscheint. Renten-Optimisten könnten mit 2,5 Prozent Rentensteigerung und ohne Berücksichtigung der Inflation die ihnen zustehende Rente ersehen. Renten-Realisten würden sich die Zahl mit 0 Prozent Rentensteigerung oder mit leichten Rentenkürzungen bei Berücksichtigung von einer geringen Inflation ansehen. Renten-Pessimisten würden die Zahl auswählen, die die höchste Rentenkürzung und höchste Inflation annimmt. In jedem Fall gilt: Der in diesem Buch erstmals präsentierte neue Entwurf einer möglichen (künftigen?) Renteninformation würde dem Einzelnen die Verantwortung für seine Altersvorsorge mit übertragen. Dies halte ich für allemal besser als das Spiel mit den positiven und angesichts der leeren Kassen irreführenden Zahlen und Prognosen.

Um außerdem ein wenig Aufklärungsarbeit zu leisten, habe ich mich übrigens einmal direkt an die BfA gewandt. Hierbei entstand der folgende Schriftverkehr mit der BfA, der im Zusammenhang mit diesen beiden Antworten sicher interessant für Sie ist. Der Einfachheit halber gebe ich Ihnen meine Anfrage zusammen mit der Antwort der BfA ungekürzt wieder:

Anfrage an die BfA

Sehr geehrter Herr xxxxxx,

Beispiel (Original-Zahlen): Dirk 38 Jahre, klassische Altersrente
Rentensteigerung   Höhe der Rente
0 Prozent   1599 Euro
1,5 Prozent   2391 Euro
3,5 Prozent   4050 Euro

Rentenbezug in 27 Jahren.

Frage 1:
Alle diese oben genannten Zahlen beziehen sich auf die Rente des Kunden, die er heute in 27 Jahren ausgezahlt bekommt. Das bedeutet: Ich müsste – bei angenommenen 3 Prozent Inflation – alle diese Beträge, die ja erst heute in 27 Jahren kommen, mit 3 Prozent auf heute abzinsen. Damit hätte der Kunde dann eine realistische Vorstellung von der zu erwartenden Rente. Die 4050 Euro wären dann beispielsweise Stand heute rund 1823 Euro wert. Die 2391 Euro wären dann rund 1076 Euro wert. Das deckt sich mit Ihrer Aussage, dass man auch grob sagen kann, dass der bei 3,5 Prozent ausgewiesene Wert in heutiger Kaufkraft pi mal Daumen dem Wert bei 0 Prozent entspricht. Ist diese Betrachtungsweise dann korrekt, dass die ausgewiesenen Zahlen noch um die Inflation bereinigt werden müssen? Zumal ja auch der Hinweis in den Musterberechnungen steht, dass die Lebenshaltungskosten berücksichtigt werden müssen.

Frage 2:
Es ist also falsch!!!! wenn man mir seitens eines Rentenberaters sagte, dass die bei 0 Prozent ausgewiesene Rente (hier die 1599 Euro) bereits die heutige Kaufkraft meinen würde. Wenn dem so wäre, wären die Rentenansprüche in Kaufkraft selbst bei 0 Prozent angenommener Rentensteigerung erheblich. Nochmals: Ist diese Aussage, dass die 1599 Euro bei 0 Prozent Rentensteigerung bereits die heutige Kaufkraft meinen, richtig oder falsch?
  Vielen Dank für eine kurze, präzise Rückmeldung!

Bernd W. Klöckner
Freier Finanzjournalist

Antwort der BfA

Sehr geehrter Herr Klöckner,
die von Ihnen getätigten Aussagen in der Frage 1 sind zutreffend. Die in den Renteninformationen ausgewiesenen Beträge mit 0, 1,5 oder 2,5 Prozent Anpassung entsprechen nicht der heutigen Kaufkraft, sondern müssten »abgezinst« betrachtet werden. Daher der explizite Inflationshinweis in den Renteninformationen. Insofern kann – sehr vereinfacht – gesagt werden, dass die hochgerechneten Beträge im Wesentlichen dem Wert der aktuell errechneten Altersrente entsprechen.

In diesem Zusammenhang ist die Aussage zu Frage 2 in der Tat unzutreffend. Der heutigen Kaufkraft entspricht lediglich die aktuelle Altersrente, da dieser weder in der Zukunft liegende Entgelte noch unterstellte Rentenanpassungen zu Grunde liegen, sondern lediglich die bis zum jetzigen Zeitpunkt zurückgelegten Zeiten und die aktuell geltenden (Berechnungs-) Werte.

Mit freundlichen Grüßen
XXXX XXXXX
Bundesversicherungsanstalt für Angestellte

Auch das Deutsche Institut für Altersvorsorge, dessen Broschüren und Informationsschriften ich Ihnen nur empfehlen kann (www.dia-vorsorge.de), hat sich im November 2004 erfreulicherweise der bereits zuvor von mir mehrfach veröffentlichten Auffassung angeschlossen: Die Wirkung der Inflation auf die in der Renteninformation ausgewiesenen Rentenwerte ist erheblich, wird aber dennoch meist nicht beachtet. Hier finden Sie nun den Wortlaut der Pressemitteilung des Deutschen Instituts für Altersvorsorge (DIA):

> »Die Rentenkassen sind leer und Nullrunden bei der gesetzlichen Rentenversicherung an der Tagesordnung. Dass dies zukünftig eine deutliche reale Minderung der Renten bedeutet, ist vielen nur unzureichend bewusst, wie eine aktuelle Umfrage des Deutschen Instituts für Altersvorsorge (DIA) belegt. Bleibt es bei der seit drei Jahren betriebenen Politik der Renten-Nullrunden, müssen sich die Rentner von morgen wegen der Inflation

auf erhebliche Einbußen einstellen. Die reale Kaufkraft einer Standardrente von 1170 Euro beträgt für einen heute 30-Jährigen beim Eintritt in den Ruhestand mit 65 im Jahr 2039 – bei einer jährlichen Inflation von 1,5 Prozent – nur noch knapp 700 Euro (= minus 41 Prozent); 2054, also wenn er 80 Jahre alt ist, beträgt sie mit 550 Euro noch nicht einmal mehr die Hälfte. Dabei sind Steuern und Sozialversicherungsbeiträge noch nicht einmal berücksichtigt.«

Aktuelle Ergebnisse einer DIA-Untersuchung belegen, wie sehr diese langfristigen Auswirkungen der Inflation unterschätzt werden. Die unter 35-Jährigen beispielsweise meinen, die Kaufkraft von 100 Euro würde sich bei einer jährlichen Inflationsrate von 1,5 Prozent auf 77 Euro vermindern. In Wirklichkeit geht sie aber auf 59,39 Euro zurück. »Wer den Kaufkraftverlust seiner Rente unterschätzt, dem drohen im Alter böse Überraschungen«, so DIA-Sprecher Bernd Katzenstein. Für wenig hilfreich hält auch er in diesem Zusammenhang die Renteninformation der Bundesversicherungsanstalt für Angestellte (BfA). Dort werden zukünftige Altersrenten mit einem jährlichen Anstieg von 1,5 und 2,5 Prozent vorgerechnet, die dementsprechend weit von der Realität der realen Rentenhöhe entfernt sind.

»Vor allem die jüngeren Beitragszahler müssen seitens der Politik ehrlich und schonungslos darüber informiert werden, mit welchen realen Renten sie in Zukunft rechnen können«, betont Bernd Katzenstein. »Alles andere ist verantwortungslos und stürzt die Betroffenen in große Versorgungslücken.«[11]

Nachdem Sie nun noch mehr über das tatsächlich auf uns zurollende Rentendesaster erfahren haben, möchte ich Ihnen sozusagen als Kontrast, bevor ich auf den Vorschlag zu einer Neufassung der Renteninformationen zu sprechen komme, einige abschließende Zitate der politisch Agierenden in diesem Land vorstellen:
Beginnen wir mit einem Grußwort von Herrn Staatssekretär Dr. Achenbach anlässlich der Vertreterversammlung der Bundesversicherungsanstalt für Angestellte am 27. Juni 2002 in Lübeck. Er

sieht die – wie wir gesehen haben, nicht ganz korrekte – Renteninformation des BfA nach wie vor als unkritisch an:

»Die neue Renteninformation bietet dem einzelnen die Chance, sich bereits früh einen Überblick über seine künftigen Einnahmen aus der gesetzlichen Rentenversicherung zu verschaffen. Und das ist notwendig: Gerade für junge Erwerbstätige war die Rente bislang eine sehr abstrakte Größe – regelmäßig verbunden mit nur sehr vagen Vorstellungen, sehr oft aber mit der Vorstellung, dass die Rente so bemessen sein wird, dass sie auch allein als Einkommen im Alter schon reichen wird, weiter zu leben im Wesentlichen wie bisher.«

Die vage Vorstellung, von der Achenbach spricht, kann und wird sich aufgrund der jetzigen Renteninformation auch nicht ändern. Auch der – möglicherweise trügerische – Eindruck, dass das Geld im Alter schon reichen wird, wird aus meiner Sicht durch die unrealistischen Hochrechnungen geradezu bestärkt.

Doch Achenbach spricht nun weiter über eine Transparenz, die mit der Renteninformation erreicht wird:

»Deswegen war es wichtig, nicht nur eine massive Förderung der kapitalgedeckten Zusatzvorsorge einzuführen, sondern mit der Renteninformation auch die nötige Transparenz für die Versicherten herzustellen. Denn nur wer abschätzen kann, was ihn persönlich konkret erwartet, kann verantwortlich Entscheidungen treffen, in welchem Umfang er zusätzlich vorsorgen will.«

Aus meiner Sicht irrt Dr. Achenbach hier erneut, wenn er von Transparenz spricht! Denn die Renteninformation vermittelt lediglich einen einzigen, grundlegenden Wert (hier den Wert bei 0 Prozent Rentensteigerung), von dem derzeit weitere, eine schöne Rentenwelt vorspiegelnde Zahlen berechnet werden. Stattdessen könnte man – wenn man wollte – weitere, realistische Berechnungen im Sinne unterschiedlicher Szenarien aufzeigen. Auf der Basis der bislang versandten wie aktuellen Fassung der Renteninformation kann eben niemand – trotz der nach und nach bei jeder Neufassung sukzessive genauer genannten Inflationshinweises –

abschätzen, was abzüglich der Inflation, der Berücksichtigung von möglichen Rentenkürzungen und abzüglich der zu zahlenden (aller Voraussicht nach steigenden) Beiträge in die Kranken- und Pflegeversicherung wirklich übrig bleibt.

Kommen wir nun zum Schluss der Achenbach'schen Erkenntnisse:

> »Jedenfalls bin ich mir sicher, dass mit der neuen Renteninformation auch ein erheblicher Beitrag zu dem nötigen Bewusstseinswandel und zu der nötigen Verhaltensänderung in Sachen Altersvorsorge einhergehen wird, die ich angesprochen habe. In meinen Augen entbehrt es nicht einer gewissen Tragik, dass dennoch die verbesserten Informationsmöglichkeiten, ja sogar die Schaffung eines Anspruchs auf eine sehr frühzeitige Renteninformation von einer teilweise so negativen Resonanz in den Medien begleitet war ... Es besteht auch nicht der geringste Grund, dass sich die Rentenversicherung hier in die Defensive drängen lässt. Das neue Instrument für mehr Transparenz und damit auch für mehr Versichertenfreundlichkeit darf und muss offensiv ›verkauft‹ werden.«

Im Rahmen meiner Tätigkeit als Honorarberater in Fragen der privaten Finanzplanung und in vielen Telefonaten nach meinen Auftritten in diversen TV-Sendungen habe ich die völlig gegenteilige Erfahrung gemacht! Nach Gesprächen mit Hunderten von Betroffenen kann ich versichern, dass gerade die jetzige Fassung der Renteninformation zu keinerlei oder wenig Bewusstseinswandel beiträgt, und zwar aus folgendem Grund: Die Menschen lesen die ausgewiesenen Zahlen, nehmen – je nach persönlichem Geschmack oder persönlichem Rententraum – die ausgewiesene Rente bei 0 Prozent, 1,5 Prozent, 2,5 Prozent oder unterstellten 3,5 Prozent Rentensteigerung ernst, heften alles ab und das war's. So handhabt es die breite Masse. Insbesondere die Behauptung »Sie helfen insbesondere bei der Einschätzung etwaiger ergänzender privater Vorsorgeformen, wenn es um die Kaufkraft im Rentenalter und die Inflationssicherheit geht«, entspricht meiner Erfahrung nach so ganz und gar nicht der Realität. Kurz gesagt: Die jetzige Renteninformation hilft in keiner Weise, wenn eine versicherte Person ihre Rentenansprüche nach Berücksichtigung der

Inflation realistisch einschätzen will! Da die Renteninformation nur mit positiven Rentensteigerungen rechnet, wiegt sie die Versicherten vielmehr mit dieser einseitigen Art der Berechnung in trügerischer Sicherheit!

Was gibt es sonst noch zu lesen zum Thema Renteninformation? Nicht nur die BfA, auch die LVA hat ihre neue Renteninformation mit vielen lobenden Worten vorgestellt:

> »Die Renteninformation ... ist vielmehr ein neuer Service der Landesversicherungsversanstalt (LVA) für mehr Transparenz bei der Altersversorgung. Die Empfänger können dort lesen, wie hoch ihre zukünftige Rente einmal ausfallen könnte. Dabei legt die LVA die aktuell gültigen Gesetze zu Grunde ... Die Renteninformation präsentiert neben dem derzeit erreichten Eurobetrag zusätzlich zwei Hochrechnungen über die weitere Entwicklung der Rente. Diese Hochrechnungen mit zwei Varianten von 1,5 und 3,5 Prozent spiegeln die Bandbreite der in der Vergangenheit erreichten jährlichen Rentenerhöhungen, das mögliche zukünftige Wirtschaftswachstum sowie die Abschläge bei der Riesterrente wider. Sie helfen insbesondere bei der Einschätzung etwaiger ergänzender privater Vorsorgeformen, wenn es um die Kaufkraft im Rentenalter und die Inflationssicherheit geht. Die Berechnungen beruhen auf Annahmen der Europäischen Union, der Bundesregierung und des Sachverständigenrats ...«[12]

Zum Abschluss der Beschäftigung mit der Frage der Renteninformation möchte ich Ihnen einen Auszug aus dem *Abendblatt* vom 13. September 2003 vorstellen. Dieser soll nur als zusätzliche Dokumentation dienen, damit Sie sehen, wie wichtig die genaue Darstellung der Rentenwirklichkeit ist. Denn die möglichen Auswirkungen der Inflation und die Abgaben zur Kranken- und Pflegeversicherung sollten eben berücksichtigt sein:

> »Doch BfA-Sprecher Rainer Helbing verteidigt die Annahmen. Sie basierten auf den vom Sachverständigenrat für die kommenden Jahre erwarteten Steigerungsraten für die Löhne und Gehälter, und daran orientierten sich die Renten: ›Das sind die Daten,

die vor zwei Jahren richtig waren. Es gibt einfach keine anderen.‹ Zudem seien in den zurückliegenden Jahrzehnten die Renten um weit mehr als um 3,5 Prozent pro Jahr gestiegen. Allerdings liegt die Steigerungsrate in den alten Bundesländern seit 1995 im Schnitt nur noch bei 0,9 Prozent jährlich ...«

Das *Abendblatt* kritisiert zu Recht die Ausführungen des BfA-Sprechers:

»Umstritten ist jedoch schon die Aussagekraft der ersten, gar nicht auf möglichen Steigerungen beruhenden Prognosezahl ... dass etwa der von jedem Rentenempfänger zu zahlende Eigenanteil zur Kranken- und Pflegeversicherung – rund acht Prozent der Bruttorente – nicht abgezogen wird. Dabei werde inzwischen sogar eine Anhebung des Eigenanteils auf rund zwölf Prozent diskutiert.«[13]

Mit diesen abschließenden Zitaten und Kommentaren wird nochmals klar, welch große, einseitig auf Rentensteigerungen ausgerichtete Mogelpackung als Renteninformation mit der Botschaft »Sichere Rente – Sichere Planungsdaten« an Millionen von Menschen versandt wird. Dabei wäre es so einfach, diese Renteninformation neu zu fassen, wie mein folgender Vorschlag zeigt. Das einzige kritische Argument hierzu, das ich immer wieder höre, sei es von der Seite der BfA oder auch aus dem Mund von sich herausgefordert fühlenden Talkgästen in TV-Diskussionen, lautet »Die privaten Versicherer machen das aber auch nicht!« Ich meine, auch wenn es die privaten Versicherer nicht machen, sollte der Staat doch mit gutem Beispiel vorangehen.

Vorschlag zu einer Neufassung der jährlich versandten Renteninformation

Mein Vorschlag zu einer überarbeiteten Form der Renteninformation soll im Sinne von wirklicher Information eine Orientierungshilfe für die Bürger sein.

Es wäre ein Leichtes für die Bundesversicherungsanstalt, diesen Vorschlag unmittelbar zu übernehmen. Dabei gilt nochmals: Dies ist völlig unabhängig davon, ob die private Versicherungswirtschaft es ebenfalls tut oder nicht! Immer wieder argumentiert die staatliche Rentenbehörde, dass man äußert: »Private Versicherer weisen in ihren Berechnungen auch nicht auf die Inflation hin ...« Oder ähnlich! Doch immer wieder heißt es hier von politisch Verantwortlichen beziehungsweise den entsprechenden Stellen: »Das können wir nicht«. Wenn die Versicherungsanstalten sagen »Wir können das so nicht machen«, gilt der alte Spruch »Wer sagt, ich kann nicht, will nicht!« Doch nun die Details.

Wenn der Staat schon pleite ist, wenn die Staatsverschuldung astronomische Höhen erreicht hat und die nach Blüm'schem Mantra »sichere Rente« letztlich so unsicher ist wie niemals zuvor, dann sollten der Staat und die regierenden Politiker ihrer Verantwortung nachkommen und Renteninformationen versenden, die einem normalen Bürger eine Vorstellung hinsichtlich des kommenden Renten-Desasters ermöglichen. So wäre es beispielsweise eine Leichtigkeit, die Renteninformationen – wenn auf der einen Seite Hochrechnungen mit angenommenen Rentensteigerungen gemacht werden – mit der zusätzlichen Information zu versehen, wie der Rentenanspruch bei beispielsweise 1,5 oder 2,5 Prozent jährlicher Rentenkürzung aussehen würde. Ferner sollten alle berechneten Werte, also der Anspruch aufgrund der Entgeltpunkte (unter der Voraussetzung, dass die versicherte Person weiterhin so viel verdient wie in den letzten fünf Jahren), die mit positiven 1,5 und 2,5 Prozent hochgerechnete Altersrente und auch die mit (dann neuen) negativen 1,5 oder 2,5 Prozent hochgerechnete Altersrente ausgewiesen werden.

Nun möchte ich Ihnen also den neuen Entwurf einer Renteninformation vorstellen. So könnte sie aussehen – wenn man denn wollte.

Die Renteninformation soll eine verlässliche Basis sein, damit jeder seine Versorgung im Alter besser einschätzen und im Falle von Versorgungslücken entsprechend planen kann. Die jetzige Renteninformation streut den Menschen offensichtlich den dafür vorgesehenen Sand in die Augen. Es ist höchste Zeit, die Bürger dieses Landes als mündige Bürger ernst zu nehmen. Wäre die Renteninformation schon umgestellt, würde sie die oben erwähnten zusätzlichen Informationen bereits enthalten, so könnte jeder Bürger für sich entscheiden, welches der Renten-Szenarien aus seiner Sicht realistisch ist. Derzeit sorgen die amtlichen, schwarz auf weiß dokumentierten – meiner Ansicht nach unvollständigen – Renteninformationen dafür, dass sich Millionen von Menschen – trotz drohendem Rentenkollaps – in mehr oder weniger Sicherheit wiegen, was ihre Rente und Altersvorsorge betrifft.

Doch wir möchten nicht immer nur die BfA kritisieren, sondern auch einen Vorschlag in Richtung Bundesversicherungsanstalt machen. Die Renteninformation wurde in einigen Punkten geändert. Dies möchte ich hier als Muster für die Versicherungsanstalt bereitstellen (siehe Abbildung 6.1).

Bernd W. Klöckner
www.berndwkloeckner.com

Berlin

Datum 31.01.2005

Die Renteninformation

Sehr geehrter Herr Klöckner,

längst hat das Thema „Altersvorsorge" seinen festen Platz in der öffentlichen Diskussion. Jeder möchte für sich so gut wie möglich vorsorgen. Dabei spielt die Information, welche Leistungen man von der gesetzlichen Rentenversicherung erwarten kann, eine zentrale Rolle, welche Leistungen die gesetzliche Rentenversicherung jedem Einzelnen bietet.

Damit Sie Ihre Vorsorge besser planen können, übersenden wir Ihnen von nun an jährlich Ihre aktuelle Renteninformation. Sie gibt Ihnen einen Überblick über Ihre bereits erreichten und für die Zukunft zu erwartenden Ansprüche. Außerdem können Sie mit ihrer Hilfe nachvollziehen, wie sich Änderungen in Ihren persönlichen Verhältnissen, aber auch gesetzliche Neuregelungen auf Ihre zu erwartende Rente auswirken. Diese führt im Einzelnen folgende Positionen auf:

- Ihre bislang erworbenen Rentenanwartschaften
- Die einer Rente wegen voller Erwerbsminderung
- Eine Hochrechnung Ihrer künftigen Altersrente
  (Szenarien mit / ohne Rentensteigerung/Rentenkürzung, mit/ohne Inflation)
- Die bisher gezahlten Beiträge

Als besonderen Service fügen wir Ihrer Renteninformation einen Versicherungsverlauf bei. Darin haben wir für Sie alle uns bekannten Zeiten zusammengestellt, die für Ihre Rente wesentlich sind. Sollten Zeiten fehlen, wenden Sie sich bitte an uns. Möglicherweise haben Sie in der ehemaligen DDR vor dem 01.01.1992 weitere Zeiten zurückgelegt, die uns noch nicht bekannt sind. Für diese Zeiten ist zu beachten, dass für die am 31.12.1991 im Betrittsgebiet vorhandenen Lohnunterlagen nur eine gesetzliche Mindestaufbewahrungsfrist bis Ende 2006 gilt. Nach diesem Zeitpunkt kann es für Sie z.B. schwierig sein, tatsächlich erzielte Arbeitsverdienste nachzuweisen.

Anlage
Renteninformation
Versicherungsverlauf

Die Renteninformation

vom: 31.01.2005
für: Klöckner, Bernd W.

In dieser Renteninformation haben wir für Sie vom 01.05.1982 bis zum 31.12.2003 gespeicherten Daten (siehe Versicherungsverlauf) und das geltende Rentenrecht berücksichtigt. Änderungen in Ihren persönlichen Verhältnissen und gesetzliche Änderungen können sich auf Ihre zu erwartende Rente auswirken. Bitte beachten Sie, dass von der Rente auch Kranken- und Pflegeversicherungsbeiträge sowie gegebenenfalls Steuern zu zahlen sind. Auf der Rückseite finden Sie zudem wichtige Erläuterungen und zusätzliche Informationen.

Rente wegen voller Erwerbsminderung
Wären Sie heute wegen gesundheitlicher Einschränkungen
voll erwerbsgemindert, bekämen Sie eine monatliche Rente von: 1.267,50 EUR
Beachten Sie hier, dass eine volle Erwerbsminderung erst nach
bestimmten Voraussetzungen eintritt, wo wir Sie gerne beraten.

Höhe Ihrer künftigen Altersrente
Ihre bislang erreichte Rentenanwartschaft entspräche zum 65. Lebensjahr
nach heutigem Stand einer monatlichen Altersrente von: 623,36 EUR
Sollten bis zu Ihrem des 65. Lebensjahr Beiträge wie im Durchschnitt der
letzten fünf Kalenderjahre gezahlt werden, bekämen Sie ohne Berücksichtigung
von Rentenanpassungen von uns eine monatliche Altersrente von: 1.935,41 EUR

Damit Sie sich auf die zukünftigen Entwicklungen einstellen können,
haben wir Ihnen eine Tabelle bereitgestellt, aus der Sie für verschiedene
Szenarien mit und ohne Inflation die Ihnen zustehende Rente ersehen
können. Basis ist die obige Hochrechnung der Rente von: 1.935,41 EUR

Zusätzlicher Vorsorgebedarf
Da die Renten im Vergleich zu den Löhnen künftig geringer steigen werden und sich somit die spätere Lücke zwischen Rente und Erwerbseinkommen vergrößert, wird eine zusätzliche Absicherung für das Alter wichtiger ("Versorgungslücke"). Bei der ergänzenden Altersvorsorge sollten Sie - wie bei Ihrer zuerwartenden Rente - den Kaufkraftverlust beachten.

Bitte nehmen Sie diesen Beleg zu Ihren Unterlagen.

Versicherter: Klöckner, Bernd W.

Szenario

		Inflation						
		0,0	0,5	1,0	1,5	2,0	2,5	3,0
Rentenanpassung	2,5	3.960,64	3.427,28	2.967,87	2.571,87	2.230,28	1.935,41	1.680,68
	2,0	3.436,99	2.974,15	2.575,48	2.231,84	1.935,41	1.679,52	1.458,47
	1,5	2.980,49	2.579,13	2.233,41	1.935,41	1.678,35	1.456,45	1.264,76
	1,0	2.582,81	2.235,00	1.935,41	1.677,17	1.454,41	1.262,12	1.096,01
	0,5	2.236,60	1.935,41	1.675,98	1.452,36	1.259,46	1.092,94	949,09
	0,0	1.935,41	1.674,78	1.450,28	1.256,78	1.089,85	945,76	821,28
	-0,5	1.673,56	1.448,19	1.254,07	1.086,74	942,40	817,81	710,17
	-1,0	1.446,08	1.251,35	1.083,61	939,03	814,31	706,65	613,64
	-1,5	1.248,60	1.080,46	935,63	810,79	703,10	610,14	529,84
	-2,0	1.077,28	932,21	807,25	699,54	606,63	526,43	457,14
	-2,5	928,77	803,69	695,96	603,10	523,00	453,85	394,12
	-3,0	800,12	692,37	599,56	519,56	450,56	390,99	339,53
	-3,5	688,76	596,00	516,11	447,25	387,85	336,57	292,27
	-4,0	592,43	512,65	443,93	384,70	333,61	289,50	251,40

Anmerkung zur Inflation: Die statistische Inflation für 10 Jahres-Zeiträume seit 1950 lag zwischen 1,7 und 4,5 Prozent.

Anmerkung zur Rentensteigerung/Rentenkürzung: Die Rentensteigerung der letzten Jahre lag für 10-Jahres-Zeiträume bei folgenden Prozentwerten: 1,06 (1994-2004), 3,07 (1984-1994, 5,52 (1974-1984).
2004 betrug die Rentensteigerung -0,85 Prozent *,
2003 1,04 Prozent und 2002 2,16 Prozent.

Beispiel: Sie gehen von einer Inflation von 2 Prozent und einer Rentenanpassung von Minus 3 Prozent aus, dann würden Sie eine Altersrente von 450,56 Euro nach heutiger Kaufkraft mit dem 65. Lebensjahr erhalten.

*Keine Erhöhung, jedoch voller Beitrag zur Pflegeversicherung

Bitte nehmen Sie diesen Beleg zu Ihren Unterlagen.

Grundlagen der Rentenberechnung

Die Höhe Ihrer Rente richtet sich im Wesentlichen nach Ihren durch Beiträge versicherten Arbeitsverdiensten. Diese rechnen wir in **Entgeltpunkte** um. Ihrem Rentenkonto schreiben wir einen Entgeltpunkt gut, wenn Sie ein Jahr lang genau den Durchschnittsverdienst aller Versicherten (zurzeit 29.569 EUR) erzielt haben. Daneben können Ihnen aber auch Entgeltpunkte für bestimmte Zeiten gutgeschrieben werden, in denen keine Beiträge (z.B. für Fachschulausbildung) oder Beiträge vom Staat, von der Agentur für Arbeit, von der Krankenkasse oder anderen Stellen (z.B. für Wehr- oder Zivildienst, Kindererziehung, Arbeitslosigkeit und Krankheit) für Sie gezahlt wurden. Um die Höhe der Rente ab dem 65. Lebensjahr zu ermitteln, werden alle Entgeltpunkte zusammengezählt und mit dem so genannten aktuellen Rentenwert vervielfältigt. Der aktuelle Rentenwert beträgt zurzeit 26,13 EUR in den alten und 22,97 EUR in den neuen Bundesländern. Das heißt, ein Entgeltpunkt entspricht heute beispielsweise in den alten Bundesländern einer monatlichen Rente von 26,13 EUR. Beginnt die Rente vor oder nach dem 65. Lebensjahr, führt dies zu Abschlägen bzw. Zuschlägen bei der Rente.

Rentenbeiträge und Entgeltpunkte

Bisher haben wir für Ihr Rentenkonto folgende Beiträge erhalten:

Von Ihnen	56.016,30 EUR
Von Ihrem/n Arbeitgeber/n	56.016,30 EUR
Von öffentlichen Kassen (z.B. Krankenkassen, Agentur für Arbeit)	3.497,33 EUR
Für Ihre Kindererziehungszeiten wurden vom Bund pauschale Beiträge gezahlt.	
Aus den erhaltenden Beiträgen und Ihren sonstigen Versicherungszeiten haben Sie bisher insgesamt Entgeltpunkte in folgender Höhe erworben:	23,8561

Rente wegen voller Erwerbsminderung

Bei einer Rente wegen Erwerbsminderung schreiben wir Ihnen, sofern Sie das 60. Lebensjahr noch nicht vollendet haben, zusätzliche Entgeltpunkte gut, ohne dass hierfür Beiträge gezahlt worden sind. Eine Erwerbsminderungsrente wird auf Antrag nur gezahlt, wenn in den letzten fünf Jahren vor Eintritt der Erwerbsminderung mindesten drei Jahre Pflichtbeitragszeiten vorliegen.

Höhe Ihrer künftigen Altersrente

Sollten für Sie in den letzten fünf Kalenderjahren auch Beiträge für Zeiten der beruflichen Ausbildung oder der Kindererziehung gezahlt worden sein, haben wir für diese nur bei der Berechnung Ihrer bislang erreichten Rentenanwartschaft, nicht jedoch für die Ermittlung des Durchschnittswerts berücksichtigt. Für eine zuverlässige Prognose über die Höhe Ihrer zukünftigen Altersrente können diese Zeiten nicht herangezogen werden.

Rentenanpassung

Die Dynamisierung (Erhöhung) der Rente erfolgt durch die Rentenanpassung. Sie richtet sich grundsätzlich nach der Lohnentwicklung, die für die Rentenberechnung – insbesondere aufgrund der demografischen Entwicklung – nur vermindert berücksichtigt wird. Die Höhe der zukünftigen Rentenanpassung kann nicht verlässlich vorhergesehen werden. Wir haben daher Ihre Altersrente unter Berücksichtigung der Annahmen der Bunderegierung zur Lohnentwicklung dynamisiert. Die ermittelten Beiträge sind – wie alle weiteren späteren Einkünfte (z.B. aus einer Lebensversicherung) – wegen des Anstiegs der Lebenshaltungskosten und der damit verbundenen Geldentwertung (Inflation) in Ihrer Kaufkraft aber nicht mit einem heutigen Einkommen in dieser Höhe vergleichbar (**Kaufkraftverlust**). So werden bei einer Inlationsrate von beispielsweise 5 Prozent zu Ihrem 65. Lebensjahr 100 EUR voraussichlich nur noch eine Kaufkraft nach heutigen Werten von etwa 74 EUR besitzen.

Bitte nehmen Sie diesen Beleg zu Ihren Unterlagen.

Die Renteninformation

Abweichungen von vorherigen Renteninformationen
Möglicherweise werden Sie feststellen, dass die in dieser Renteninformation berechneten Renten von den in der vorherigen Renteninformation ausgewiesenen Beträgen abweichen. Dies kann verschiedene Ursachen haben.

Rechtänderungen:
Die vorherigen Renteninformation ist auf der Basis der damaligen Rechtslage erstellt worden. Damit die gesetzliche Rentenversicherung finanzierbar bleibt, wird sie den wirtschaftlichen und gesellschaftlichen Rahmenbedingungen angepasst. Dies erfolgte zuletzt durch das Rentenversicherungs-Nachhaltigkeitsgesetz. Die darin enthaltenden Änderungen zur

- Abschaffung der Bewertung der Zeiten schulischer Ausbildung (außer Fachschule)

und zur
- Abschaffung der generellen Höherbewertung der ersten 36 Kalendemonate mit Pflichtbeitragszeiten als Zeiten der Berufsausbildung

können die Berechnungen in dieser Renteninformation beeinflusst haben. Dies gilt auch für die unter Berücksichtigung zukünftiger Rentenanpassungen errechneten Rentenbeträge. Aufgrund der ebenfalls erfolgten Änderung der Rentenanpassungsformel wird bei zukünftigen Rentenanpassungen berücksichtigt, wie sich das Verhältnis der Anzahl der Rentner zur Anzahl der Beitragzahler entwickelt. Außerdem liegen den Prognosen reduzierte Annahmen zur künftigen Lohnentwicklung zugrunde.

Änderungen in den persönlichen Verhältnissen:
Sind Ihrem Rentenkonto seit der letzten Renteninformation weitere Beiträge zugegangen, führt auch dies zu einer Veränderung der errechneten Rentenbeträge. Dies gilt insbesondere für die bis zur Vollendung des 65. Lebensjahres hochgerechneten Beiträge, wenn die tatsächlich erziehlten Arbeitsverdienste von den in der vorherigen Renteninformation unterstellten Verdiensten (Durchschnitt der letzten fünf Jahre) abweichen.

Kontenerklärung
Als besonderen Service fügen wir Ihrer Renteninformation einen Versicherungsverlauf bei. Darin haben wir für Sie alle uns bekannten Zeiten zusammengestellt, die für Ihre Rente wesentlich sind. Sollten Zeiten fehlen, wenden Sie sich bitte an uns. Möglicherweise haben Sie in der ehemaligen DDR vor dem 01.01.1992 weitere Zeiten zurückgelegt, die uns noch nicht bekannt sind. Für diese Zeiten ist zu beachten, dass für die am 31.12.1991 im Betrittsgebiet vorhandenen Lohnunterlagen nur eine gesetzliche Mindestaufbewahrungsfrist bis Ende 2006 gilt. Nach diesem Zeitpunkt kann es für Sie z.B. schwirig sein, tatsächlich erzielte Arbeitsverdienste nachzuweisen.

Besteuerung der Alterssicherung
Seit Jahresbeginn 2005 ist die steuerrechtliche Behandlung von Aufwendungen für die Altersvorsorge einerseits – also beispielsweise der Rentenversicherungsbeiträge – und der sich daraus ergebenden Alterseinkünfte andererseits – hier insbesondere der Renten aus der gesetzlichen Rentenversicherung – neu geregelt worden.
Beitragszahler können ihre Rentenversicherungsbeiträge als Sonderausgaben bis zu einem Höchstbetrag absetzen, zunächst anteilig und ab 2025 voll. Dies führt im Laufe der Jahre zu einer steigenden Entlastung der Beitragszahler. In Gegenzug werden Renten in Abhängigkeit vom Jahr des Rentenbeginns stärker und ab dem Rentenzugang 2040 voll steuerpflichtig.

Bitte nehmen Sie diesen Beleg zu Ihren Unterlagen.

Abbildung 6.1 Vorschlag für eine neue Renteninformation

© Bernd W. Klöckner, Verwendung in Vorträgen, Büchern oder Artikeln nur mit Genehmigung des Autors.

Was tun?

Ganz gleich ob Sie Arbeiter/in sind oder Angestellte/r, ob Sie gut verdienen oder schlecht, oder ob Sie schon ein wenig älter sind, sich im mittleren Alter befinden oder ob Sie noch jünger sind. Die mangelhafte Information der Versicherungsanstalten betrifft Sie alle!

Sie kennen nun die in diesem Buch genannten Fakten und Zahlen und werden im zweiten Teil an den zwanzig ausgesuchten Beispielen von Menschen wie Sie und ich einige möglicherweise recht reale Szenarien erleben. Sie wissen nun besser, warum Sie sich auf das staatliche Rentensystem nicht weiter verlassen sollten. Denn für die kommenden Jahre und Jahrzehnte ist der Trend unumkehrbar! Der einzige Ausweg des Staates wäre meiner Ansicht nach, einen Vorsorgezwang auszuüben, statt eine staatlich verordnete Zwangsversicherung in Gang zu halten.

Natürlich wird die Altersarmut auch künftig nicht jeden treffen. Aber die Altersarmut wird immer mehr Menschen betreffen. Das ist die alles entscheidende Botschaft. Hand auf's Herz: Wollen Sie selbst riskieren, eines Tages mit 65 Jahren (wahrscheinlich noch später wegen des im Laufe der nächsten Jahre sukzessive hochgesetzten Rentenalters) mit einer monatlichen Rente nach heutiger Kaufkraft zwischen 200 und 400 Euro auszukommen? Sieht so die Vorstellung aus, die Sie bisher von Ihrer Rentenzeit hatten? 365 Tage Urlaub, also der längste Urlaub Ihres Lebens, und 200 bis 400 Euro im Monat für alle anstehenden Ausgaben? Gut, legen wir was drauf und es kommt nicht ganz so tragisch: Es wären 600 Euro stand heutiger Kaufkraft. 600 Euro Rente, für die Sie ein Leben lang ordentlich und teils richtig gut eingezahlt haben. Ist das Ihre Vorstellung von einer angenehmen Rentenzeit, in der Sie Reisen machen und Ihre neu gewonnene Freizeit genießen wollen?

Die alles entscheidende Botschaft lautet: Übernehmen Sie Verantwortung. Sie müssen zunächst einmal genau wissen, wie hoch ihre Rente eines Tages einmal sein wird. Es ist nicht damit getan, die Renteninformation zu erhalten, abzuheften und Dinge zu sagen wie »Es wird schon gut gehen!« Wer so denkt, verliert! Wer so denkt, riskiert Armut im Alter!

Auf den Punkt gebracht

Bevor Sie die in diesem Buch und besonders in diesem Kapitel »Die Rentenlüge – Armut im Alter für Millionen« beschriebenen Fakten und Zahlen nicht kannten, konnten Sie noch sagen »Das habe ich alles nicht gewusst«. Bis jetzt waren Sie womöglich unschuldig im Sinne von »ohne Kenntnis«. Wenn Sie jedoch dieses Buch bis hierhin gelesen haben, tragen Sie ab jetzt eine Mitschuld, wenn Sie sich eines Tages im Rentenalter einen Schlafplatz unter einer Brücke suchen müssen. Ab jetzt gilt: Sie sind mitschuldig. In dem Sinne, dass Sie selbst Verantwortung dafür übernehmen (oder auch nicht), die drohende Armut im Alter abzuwenden. Wollen Sie Ihre Lage verändern? Ich empfehle Ihnen, zu handeln: Sie müssen ihre individuelle Rentenberechnung kontrollieren. Sie müssen – gegebenenfalls mit einem Berater Ihres Vertrauens – die in Ihrer Renteninformation genannten Zahlen auseinander nehmen und Ihre unterschiedlichen Szenarien mit oder ohne Inflation, mit oder ohne angenommene Rentenkürzungen berechnen. Die alles entscheidende Botschaft lautet: Rechnen Sie! Dann handeln Sie!

Noch ein Hinweis für alle letztlich immer wieder auf den Staat vertrauenden Menschen. Zwei Dinge sollten Sie sehr, sehr nachdenklich machen. Erstens: Während ich dieses Buch schrieb, wurde gerichtlich ein Fall bekannt, wo eine Hypothek auf das Haus einer 66-jährigen Frau eingetragen wurde, damit diese so für die Pflegekosten der Mutter aufkommen könne. Das Urteil wurde zwar letztlich zugunsten der 66-jährigen Frau gefällt. Dennoch zeigt allein der Versuch, wie verzweifelt heute bereits schon gekämpft wird, um das Geld für die ständig steigenden Pflegekosten erstattet zu bekommen. Zweitens: Ebenfalls in die Zeit meines Schreibens an diesem Buch fiel die Klage von Interessensverbänden, dass die dritte Renten-Nullrunde in 2006 verfassungswidrig sei. Diese Klage wurde abgewiesen. Begründung sinngemäß: Nullrunden sind in Ordnung und verfassungsgemäß, sofern es dem Wohle der Allgemeinheit gilt. Ein Schelm, wer nun Böses dabei denkt und prognostiziert, dass auch Rentenkürzungen, regelmäßige Rentenkürzungen ganz normal (und für verfassungsgemäß) erklärt werden. Warum: Das Wohl der Allgemeinheit ist ohne dauerhafte Nullrunden und Minusrunden bereits heute absehbar gefährdet.

1 http://www.heute.de/ZDFheute/inhalt/24/0,3672,2075192,00.html.
2 Mustertext einer BfA-Rentenberechnung (alt).
3 http://www.stern.de/wirtschaft/geld/?eid=530340&id=520157&s=0&nv=ex–rt.
4 vdr aktuell, Renteninformation, Berlin 4. März 2004.
5 http://www.verbandsforum.de/?navid=852&view=16251&from=0.
6 http://www.wams.de/data/2003/08/17/154562.html.
7 http://www.welt.de/data/2003/08/12/151803.html.
8 http://www.dbcontent.de/ITmaxxClassic/bin/ITmaxxClassicServer.dll?Article?ID=1335&Session=106-X7Wt8MRW-0-2143347200406061221.
9 http://www.dbcontent.de/ITmaxxClassic/bin/ITmaxxClassicServer.dll?Article?ID=1335&Session=106-X7Wt8MRW-0-2143347200406061221.
10 http://www.stern.de/wirtschaft/geld/index.html?id=520157&p=3&nv=ct–cb&eid=530340 vom 15. März 2005.
11 Pressemitteilung des Deutschen Instituts für Altersvorsorge (DIA), im November 2004.
12 http://www.gdp-bgs-bezirknord.de/Bezirk/Unter/senior/senior.html#LVA1208.
13 http://www2.abendblatt.de/daten/2003/09/13/207674.html?prx=1.

7.
Magerkost für Rentner – Vollpension für Politiker und Beamte?

Jedem das Seine, mir das meiste!

K. Walter,
amerikanischer Erfolgspsychologe

Während den heutigen und vor allem den künftigen Rentnern Magerkost im Alter droht, gibt es nicht wenige unter den politisch Handelnden und Beamten, insbesondere jedoch die verschiedenen ehemaligen Politiker, die sich dafür vorgesehenen Taschen vollladen. Skrupellos wird in manchen Fällen kassiert und auf die selbst geschaffene Rechtslage verwiesen. Die Ansprüche, die dann über Jahre und Jahrzehnte gezahlt werden, entsprechen oftmals einem Millionenvermögen! Dabei handelt es sich um Beträge, für die Angestellte und Arbeiter im Vergleich Hunderte von Jahren arbeiten müssten!

Auch wenn das Thema dieses Buches die Rentenlüge gegenüber Arbeitern und Angestellten ist, geht es im Folgenden in wenigen Worten um das drohende Szenario »Magerkost für Rentner – Vollpension für Politiker und Beamte«. Wobei die Wirklichkeit im Sinne leerer Kassen im Laufe der kommenden Jahre auch die Beamten einholen wird. Was bleibt, ist die Selbstbedienung, die in der politischen Klasse weiter verbreitet zu sein scheint, als der arglose Bürger oftmals annimmt. Angesichts der in diesem Buch ausführlich dokumentierten Zahlen über die mageren bis mickrigen Renten für Otto-Normal-Verbraucher muss es den Menschen in diesem Land wie Spott erscheinen, wie die politische Klasse ihre eigene Versorgung optimiert, sichert und ausbaut. Welch erbärmliches Bild gaben im Januar 2005 so manche Politiker ab, als sie dabei ertappt wurden, wie sie Kostenpauschalen ohne Wahlkreisbüro kassieren, sich zusätzliche Einkommen – teils in beträchtlicher Höhe – von Unternehmen zahlen lassen und so weiter. Dazu Luxus-Renten in Höhe von 4300 Euro nach nur acht Jahren Arbeit als Politiker. Und, und, und ... Die Raffke-Mentalität so mancher

Die Rentenlüge. Bernd Klöckner
Copyright © 2005 WILEY-VCH Verlag GmbH & Co. KGaA, Weinheim
ISBN 3-527-50187-8

> »Er argumentierte gegenüber der Presse damit, dass seine Pauschale (die genannten 3589 Euro/Monat) für's Tanken verbraucht würde. So müsse er das ganze Land bereisen. Entsprechend oft würde er an Tankstellen stehen.«
> Der betreffende Politiker in *BILD*

Politiker kennt dabei offensichtlich weder Grenzen noch Schamgefühl. Es wird gelogen, getrickst, geschummelt und betrogen. In Zahlen (Stand Januar 2005): Bundestagsabgeordnete kassieren neben den Diäten, die rund 7000 Euro pro Monat ausmachen und bei guter Arbeit durchaus berechtigt sind, zusätzlich eine Pauschale von 3589 im Monat. Als Ausgleich für »Unkosten«. Wobei es eigentlich »Kosten« heißen müsste. Denn Unkosten heißt ja soviel wie Nicht-Kosten. Und für nicht anfallende Kosten müsste ja nichts bezahlt werden. Möglicherweise ist das Wort Unkosten im Sinne von »nicht vorhandene Kosten« dennoch die bessere Bezeichnung. Weil die meisten Abgeordneten das Kassieren dieser Pauschale immer wieder damit begründen, dass sie eigene Bürgerbüros in ihren Wahlkreisen unterhalten. Neben den Abgeordneten, die in der Tat ein solches Büro unterhalten und hier völlig zu Recht eine Pauschale für die so entstehenden Kosten bekommen, gibt es leider die – ich nenne sie mal »Raffkes«. Das sind die Volksvertreter, die Geld kassieren und beispielsweise gar kein eigenes Büro im eigenen Wahlkreis haben. Nehmen wir den ehemaligen Postminister Wolfgang Bötsch (CSU). In Frankfurt arbeitet er in einer Anwaltskanzlei. In Würzburg lebt er. Bötsch betreut Mandanten und berät Firmen. Dazu hält er Vorträge. Gegen Honorar. Ein Bürgerbüro hat Bötsch nicht. Warum er keines hat, will er nicht begründen. Er sei nicht auskunftspflichtig, äußerte er als Begründung bei Nachfragen der Presse.

Ein argumentatives Eigentor schoss sich ebenfalls ein anderer bekannter Politiker. Er argumentierte gegenüber der Presse damit, dass seine Pauschale (die genannten 3589 Euro/Monat) fürs Tanken verbraucht würde. Denn er sei ständig im ganzen Land unterwegs. Entsprechend oft würde er an Tankstellen stehen. – Diese Argumentation dokumentiert die Dreistigkeit, das Lügen, Schummeln und Schwindeln einer Vielzahl von Politikern auf herrliche

Weise. Denn: Wer nur ein bisschen rechnet, kommt zu eigenartigen Ergebnissen. Nehmen wir diesen Politiker ernst und seine Aussage, dass die ihm zustehende Pauschale »im Wesentlichen« fürs Tanken verwendet wird. Rechnen wir also wie folgt:

Anteil der Pauschale fürs Tanken	3 000 Euro
Spritpreis Diesel (Annahme)	1,08 / Liter
Für 3 000 Euro bekommt man	2 777,78 Liter
Verbrauch l/100 km (Annahme)	12 Liter
Also ...	120 Liter für 1 000 km
	1 200 Liter für 10 000 km
	2 400 Liter für 20 000 km
	2 777 Liter für 23 141 km

Bevor Sie hier von einer Kilometerleistung pro Jahr ausgehen, denken Sie daran: Der Politiker fährt nach eigenen Angaben 23 141 Kilometer pro Monat. Wobei man angesichts dieser Leistung sagen muss: Er lässt sich hoffentlich fahren. Rechnen wir weiter: Bei 140 km/Stunde (durchschnittliche, bereits sehr, sehr zügige Geschwindigkeit) wäre der Politiker sage und schreibe 165 Stunden im Monat im Auto unterwegs. Anstelle des Begriffes »40-Stunden-Woche« müsste es bei ihm offensichtlich heißen »40-Fahrtstunden-Woche«. Wobei das ganze, das sollte mittlerweile deutlich geworden sein, nur eine unendlich dumme Argumentation dieses Politikers ist. Selbst bei einer 7-Tage-Woche entspricht das einem angeblichen, täglichen Fahrpensum von rund sechs Stunden. Tag für Tag, sieben Tage die Woche, keinen Samstag, keinen Sonntag. Schlecht gelogen! Selbst wenn wir eine 6-Tage-Woche unterstellen, sprechen wir von knapp sieben Stunden reiner Fahrzeit. Tag für Tag. Dieser Politiker sollte sich für seine wenig überzeugenden und letztlich das Volk für dumm verkaufenden Ausreden entschuldigen, die er zudem in Zeiten bringt, in denen es dem Volk wahrlich wenig berauschend geht.

Professor Hans-Herbert von Arnim brachte es einmal auf den Punkt, als er gegenüber der Presse sagte, dass diese Pauschale für viele Abgeordnete letztlich ein steuerfreies Zusatzeinkommen ist.

> Selbst bei einer 7-Tage-Woche entspricht das einem angeblichen, täglichen Fahrpensum von rund sechs Stunden. Tag für Tag, sieben Tage die Woche, keinen Samstag, keinen Sonntag. Schlecht gelogen!

Während ich dieses Buch verfasse, werden und wurden außerdem weitere Beispiele für solche »Abzockerfälle« von hohen Beamten und Ministern öffentlich. Viele bekannte Beispiele wandern immer wieder durch die Presse. Nehmen wir im Rahmen dieses Buches einmal die weniger bekannten Namen. Sie sind Beispiele dafür, wie die politische Klasse in ihrem sich selbst gesetzlich zugeschusterten Luxus-Ruhestand lebt und diesen genießt, während die breite Masse eines Tages im Armenhaus sitzen wird und Persilscheine nur bei Discountern wie Aldi oder Lidl einlösen darf. Lesen Sie selbst ...

Frank Ebel (50)

Staatssekretär der Berliner Sport- und Wirtschaftsverwaltung über zwei Jahre. Mit 47 Jahren wurde er in den einstweiligen Ruhestand geschickt, weil die PDS das Ressort übernahm. Der Sozialdemokrat, der beteuert »Ich will arbeiten«, kassierte 5 500 Euro im Monat über die ersten zwei Jahre. Jetzt, im Januar 2005 sind es 3 800 Euro pro Monat. Die alles entscheidende Frage lautet: Wieso will niemand einen so qualifizierten Mitarbeiter einstellen? Oder liegt es daran, dass Frank Ebel arbeiten will, es aber keinem sagt?

Renate Jürgens-Pieper (53)

Kultusministerin in Niedersachsen über vier Jahre. Als die SPD im Jahr 2003 die Wahl dort verlor, gab es zunächst über drei Monate jeden Monat satte 11 243 Euro. So genanntes Übergangsgeld. Dann folgten 21 Monate mit immerhin 5 621 Euro pro Monat und es folgen als Beamtenpension jeden Monat stolze 4 576 Euro. An dieser Stelle möchte ich nun mal einen etwas anderen, ausführlicheren Vergleich bringen. Angenommen, Frau Jürgens-

Pieper wird – gemäß der neuen durchschnittlichen Lebenserwartung – rund 90 Jahre alt. Dabei lassen wir außen vor, dass Beamte und damit Beamtinnen noch eine kurze Zeit (statistisch gesehen) länger leben als der Rest der Bevölkerung. Rechnen wir nun einmal aus, ausgehend von einem Anlagezins in Höhe von 3,5 Prozent nach Steuern, über welches Vermögen Frau Jürgens-Pieper zum Zeitpunkt des Ausscheidens verfügen müßte, um sich alle nach diesem Zeitpunkt an sie geflossenen Zahlungen aus sozusagen eigenem Vermögen zahlen zu können. Dabei sind die Zahlen ein wenig vereinfacht in dem Sinne, dass von 20, 30, 40 und 45 Jahren ausgegangen wird, in denen die monatliche Beamtenpension (künftige Pensionssteigerungen außen vor lassend) fließt.

Beamtenpension über X Jahre	Notwendiges Vermögen
20	983 920 Euro
30	1 204 731 Euro
40	1 361 268 Euro
45	1 421 514 Euro

Tabelle 7.1 Notwendiges Vermögen für die Zahlung einer Beamtenpension in der Höhe von 4576 Euro monatlich nach Jahren

© Berechnungen Bernd W. Klöckner, bei der Ermittlung der Beamtenpensionen wurden die vorherigen Zahlungen mathematisch korrekt berücksichtigt. Verwendung in Vorträgen, Büchern oder Artikeln nur mit Genehmigung des Autors.

Die Bedeutung dieser so berechneten Vermögenshöhen ist enorm. Wer einen Schritt weiter rechnet, stellt fest, in welchem gigantischen Ausmaß die Überschrift dieses Kapitels »Magerkost für Rentner – Vollpension für Politiker und Beamte« tatsächlich gilt.

Nehmen wir das Beispiel der »nur« noch 40 Jahre monatlich fließenden Pension. Um das in Tabelle 7.1 errechnete Vermögen in Höhe der notwendigen 1 361 268 Millionen Euro aus eigener Kraft anzusparen, hätte Frau Jürgens-Pieper, je nach Spardauer, bei einem unterstellten Anlagezins von 5,5 Prozent jeden Monat soviel sparen und investieren müssen:

Spardauer	Jährliche Sparleistung
10 Jahre	100 000 Euro Sparrate/Jahr
20 Jahre	37 000 Euro Sparrate/Jahr
30 Jahre	17 800 Euro Sparrate/Jahr
40 Jahre	9 445 Euro Sparrate/Jahr

Tabelle 7.2 Jährliche Sparleistung für ein Vermögen von 1 361 268 Euro bei einem Anlagezins von 5,5 Prozent p.a.

© Berechnungen Bernd W. Klöckner, bei der Ermittlung der Beamtenpensionen wurden die vorherigen Zahlungen mathematisch korrekt berücksichtigt. Verwendung in Vorträgen, Büchern oder Artikeln nur mit Genehmigung des Autors.

> Frau Jürgens-Pieper hätte beginnend mit dem 20. Lebensjahr jedes Jahr 17 800 Euro selbst investieren und sparen müssen, um sich das an Versorgung und Pension auszuzahlen, was sie im Laufe der Jahre und der kommenden Pensions-Jahrzehnte kassiert bzw. kassieren wird.

Rechnen wir nochmals, was realistisch scheint: Frau Jürgens-Pieper hätte beginnend mit dem 20. Lebensjahr jedes Jahr 17 800 Euro selbst investieren und sparen müssen, um sich das an Versorgung und Pension auszuzahlen, was sie im Laufe der Jahre und der kommenden Pensions-Jahrzehnte kassiert beziehungsweise kassieren wird. Hierbei wurde keinerlei Steigerung der Pension berücksichtigt! 17 800 Euro, das bedeutet eine monatliche Sparquote in Höhe von 1 400 Euro. Oder anders ausgedrückt: Frau Jürgens-Pieper hat – stellvertretend genannt für alle anderen durch das System profitierenden Abkassierer – jedes Jahr quasi vom Staat (letztlich vom Volk) 17 800 Euro geschenkt bekommen.

Wolf Weber (58)

Staatssekretär seit 1991, ebenfalls ehemaliger Justiz- und Sozialminister in Niedersachsen. Entlassen mit 56 Jahren im Jahr 2002. Es folgten 8 167 Euro monatlich über drei Monate, bis zur Pension gibt es jeden Monat satte 6 148 Euro. Einfach so. Dafür, dass er nichts tut!

Christine Weber (56)

Sozialministerin in Sachsen seit 1999. Dann kam die große Flut, damit verbunden der Vorwurf an Frau Weber wegen unrechtmäßig kassierter Flut-Gelder (immerhin 17 000 Euro). Ergebnis: Frau Weber wird krank. Weiteres Ergebnis: Laut Ministergesetz hat sie Anspruch auf monatlich 4 193 Euro.

Jutta Köhn (53)

Staatssekretärin in Niedersachsen. Ganze vier Jahre lang. Mit 51 Jahren wurde sie 2003 in den einstweiligen Ruhestand versetzt. Drei Monate lang gab es 9 540 Euro, sechs Monate schlappe 7 155 Euro, dann 4 200 Euro im Monat über weitere zehn Jahre.[1]

Bärbel Höhn (53)

Schlagzeilen machte die grüne Ministerin unter anderem dadurch, dass sie ein 250 000 Euro teures »Hamster-Artenschutz-Programm« durchsetzte, den umstrittenen gläsernen Überbau bei der Startbahnverlängerung des Flughafens Münster/Osnabrück zum Schutz von bedrohten Tierarten.

Doch nun zu den Pensionsansprüchen dieser Ministerin. Bärbel Höhn stehen nach der Wahlniederlage der SPD mit 53 Jahren monatlich rund 9 500 Euro Pension zu. Brisant und bestens das Motto offensichtlich so mancher Politiker dokumentierend: 1999 beschloss das Kabinett um Clement eine Änderung des Ministergesetzes. Damals wurde die Pension von Kabinettsmitgliedern um 4 000 Euro gesenkt. Bärbel Höhn und Michael Vesper, beide Minister-Kollegen, stimmten jedoch dafür, dass die amtierenden Minister von der Kürzung auszunehmen seien. Mit welcher Dreistigkeit politisch verantwortliche Menschen in diesem Land abzocken, möchte ich durch die folgenden Vergleiche dokumentieren. Ein Durchschnittsverdiener im Westen müsste rund 360 Jahre arbeiten, um eines Tages 9 500 Euro monatlich kassieren zu können. Ein Arbeiter in Ostdeutschland müsste noch 50 Jahre drauflegen. Wäre Höhn bei der Änderung des Ministergesetzes nicht so clever gewesen und hätte sie für die Ausnahmeklausel für sich und die amtierenden Minister gestimmt, stünde ihr diese Pension erst mit 55 Jahren zu. Dazu nur 44 Prozent statt 75 Prozent des letzten Gehalts. Was immer noch beachtlichen rund 5500 Euro monatlich entspräche.

Damit komme ich zu einem letzten Vergleich, der Ihnen, liebe Leserinnen und Leser, mit aller Deutlichkeit vor Augen führt, mit welcher Raffgier so mancher Politiker in diesem Land agiert. Wie dem Volk Wasser gepredigt wird und sich die politisch Verantwortlichen Wein in Kübeln eingießen.

Bärbel Höhn hat den Anspruch auf die rund 9500 Euro in zehn Jahren Tätigkeit als Ministerin erworben. Im Folgenden habe ich für Sie einmal errechnet, welches Vermögen Frau Höhn je nach Lebenserwartung und Anlagezins angespart haben müsste, um sich ihre Pension aus eigenem Vermögen leisten zu können. Im zweiten Schritt komme ich dann zu der nahezu unfassbaren Sparrate, die sie in den letzten zehn Jahren hätte einzahlen müssen, um das notwendige Vermögen zu erreichen.

Lebenserwartung in Jahren	80	85	90
Pensionsdauer in Jahren	27	32	37
Anlagezins (effektiv) 3 Prozent	2,117 Millionen Euro	2,356 Millionen Euro	2,561 Millionen Euro
Anlagezins (effektiv) 4 Prozent	1,895 Millionen Euro	2,074 Millionen Euro	2,221 Millionen Euro

Tabelle 7.3. Notwendiges Vermögen zur Auszahlung der Pension in Höhe von monatlich 9500 Euro (gerundet) – Vermögensangaben in Euro

© Bernd W. Klöckner, Verwendung in Vorträgen, Büchern oder Artikeln nur mit Genehmigung des Autors.

Auf den Punkt gebracht: Frau Höhn wird sozusagen als Abschiedsgeschenk ein Geldpaket zwischen rund 1,9 Millionen und 2,56 Millionen zugeschoben. Doch es geht noch weiter, denn die alles entscheidende Frage lautet: Wie viel hätte Frau Höhn monatlich in den zehn Jahren ansparen müssen, um auf dieses Vermögen zwischen 1,9 und 2,56 Millionen Euro zu kommen? Die Antwort, gerechnet mit einem realistischen Anlagezins für die vergangenen zehn Jahre von effektiv 4,5 Prozent, ohne Steuern und Kosten:

12 626 Euro pro Monat für 1,9 Millionen Euro Vermögen
17 012 Euro pro Monat für 2,56 Millionen Euro Vermögen

Um jedem Missverständnis zuvorzukommen: Bärbel Höhn hätte sozusagen indirekt während der zehn Jahre ihrer Tätigkeit monatlich einen Betrag in Höhe zwischen 12 626 und 17 012 Euro – nach Steuern – anlegen und kontinuierlich sparen müssen, um auf das Vermögen zu kommen, das ihr heute die hohe Pension sichert. Da sie diese monatlichen Beträge jedoch nicht gespart und dennoch den Anspruch auf Pension hat, bezahlt wer die Rechnung? Der Steuerzahler. Sie, liebe Leserinnen und Leser! Ich. Wir alle bezahlen ein gigantisches politisches Versorgungssystem.

Ich weiß nicht, liebe Leserinnen und liebe Leser, wie es Ihnen geht, wenn Sie solche Beispiele lesen. Wird Ihnen angesichts der drohenden Altersarmut der breiten Masse bei solcherlei Verhalten der politischen »Klasse« nicht auch regelrecht übel? Die Bürger müssen sich auf Renten einstellen, die nach heutiger Kaufkraft einige wenige 100 Euro im Monat ausmachen, ein Teil der politischen Klasse dagegen kassiert ohne Hemmung, Scham oder Moral. Ohne Aussicht auf baldige, gravierende Änderung. Es ist ein regelrecht perverses Verständnis von Demokratie. Immer wieder kommt neues Fehlverhalten an den Tag. Und ein großer Teil des Fehlverhaltens wird dem Volk überhaupt nicht bekannt sein. Betrachtet man die immer wieder neuen Skandale, die Raffke-Mentalität und das Abkassieren, ist dieses Verhalten – angesichts der drohenden Altersarmut der breiten Masse – in höchstem Maße erbärmlich.

Auf den Punkt gebracht

Dies möchte ich bei diesem Thema der *Bild-Zeitung* überlassen. *Bild* formulierte am 16. Januar 2005 wie folgt: »Nicht alle, aber viel zu viele missbrauchen ihr Mandat für persönliche Vorteile. Sie interpretieren Bundestag und Landtage als Lebensversicherung, Versorgungswerk oder Geschäftsanbahnungsstätte.« Kurz gesagt, handelt es sich aus meiner Sicht bei diesem Verhalten in allen seinen Facetten um nichts anderes als um einen elendigen Betrug am Wähler, der keine wirkliche Chance hat, auf dieses in sich autarke Versorgungs-System spürbaren und verändernden Einfluss zu nehmen.

1 Quelle aller obenstehenden Beispiele: *BILD*, 11. Januar 2005.

8.
Was Rentenfalle, Alter in Armut und Mittelstandsförderung miteinander zu tun haben

Verantwortlich sind wir nicht nur für das, was wir tun, sondern auch für das, was wir nicht tun!
Laotse

Neben der Tatsache, dass mehr Kinder und eine veränderte Demografie die Lage der Rentenkassen in Deutschland wenigstens auf lange Sicht hin verbessern könnten, gibt es eine zweite, grundlegende Voraussetzung für eine gesunde Rentenkasse, für gesunde Sozialsysteme und eine gesunde Struktur der Höhe der zu zahlenden Beiträge in die Sozialsysteme: Die Wirtschaft.

Würde die Wirtschaft in Deutschland boomen, wären viele Probleme kurzfristig lösbar. Das Problem sehe ich hier vor allem in der nicht vorhandenen oder nur wenig gegebenen Förderung gerade des Mittelstands, der bekanntermaßen das Rückgrat der deutschen Wirtschaft ausmacht, indem er mehr als 80 Prozent der Arbeitsplätze sichert. Hier gilt: Die politisch Verantwortlichen müssen handeln! Die entscheidende Botschaft lautet: Stärkt den Mittelstand! Fördert den Mittelstand!

Vereinfacht gesagt, geht dem Mittelstand das Geld für Investitionen aus. Gründungswillige Unternehmer haben am Bankschalter keine Chance. Ein Hauptgrund dafür liegt in den teilweise gravierenden Änderungen der Rahmenbedingungen für Unternehmensfinanzierungen. Prononciert durch die anhaltend schlechte Konjunkturlage auf der einen Seite und durch die fallenden Margen beim »Produkt« Kredit auf der anderen Seite, wächst der Handlungsdruck bei den Banken. Eine weitere wichtige Rolle im Kreditangebotsverhalten der Banken spielen zudem die neuen Baseler Eigenkapitalrichtlinien, besser bekannt unter dem Stichwort Basel II. Denn auch für die Banken mit schlechter Bonität verteuern sich die Kredite der Refinanzierung und machen sie so im Wettbewerb hilflos. Mit dem Ergebnis, dass viele Unternehmer in den letzten drei bis vier Jahren einen »blauen Brief« ihrer Bank bekamen, sie möchten doch ausreichend Eigenkapital nachschießen. Für viele bedeutete das das Aus. So stieg beispielweise im Jahr 2001 die Zahl der Insolvenzen um 14,3 Prozent auf 32 278.

Doch auch die Politik glänzt seit Jahren nicht gerade mit aufsehenerregenden Leistungen, was die Förderung des Mittelstandes anbelangt: Noch immer drücken hohe Steuerlasten und strenge Vorgaben hinsichtlich der Arbeitsverträge – Flexibilität ist nicht gerade eine deutsche Qualität. Und so erscheint Kanzler Schröder zwar dann, wenn es darum geht, pressewirksam Großunternehmen vor dem Konkurs zu bewahren – für den deutschen Mittelstand hatte er indes meist nur Lippenbekenntnisse übrig. Doch Handlungsbedarf ist da, und so ist es kein Wunder, dass Bundeswirtschaftsminister Wolfgang Clement (SPD) Anfang Dezember 2004 an die Banken und Versicherungen appellierte, verstärkt Venture Capital zur Verfügung zu stellen. Dabei verwies er auf das Vorgehen Frankreichs, wo Versicherungen gesetzlich gezwungen seien, in Venture Capital zu investieren.

»Das wird bei uns hoffentlich nicht nötig sein«, meint dagegen Thomas Kühr, Vorstandschef des Bundesverbandes Deutscher Kapitalbeteiligungsgesellschaften (BVK), und verweist auf die guten Zahlen des vergangenen Jahres. Mit 3,8 Milliarden Euro Direktinvestitionen in 950 Unternehmen hätten sich die Gesellschaften 2004 wieder in die von England und Frankreich gebildete europäische Spitzengruppe eingereiht. Der Zuwachs im Vergleich zum Vorjahr beläuft sich damit auf etwa 56 Prozent oder 1,4 Milliarden Euro. Die von privaten Kapitalgebern vorrangig finanzierten kleinen und mittleren Betriebe bis 100 Beschäftigte hätten 2004 einen Jahresumsatz von knapp 114,5 Milliarden Euro erwirtschaftet und beinahe 638 000 Mitarbeiter beschäftigt.

Diese Zahlen spiegeln aber nur die halbe Wahrheit wider. Zum einen gingen nach Auskunft des BVK nur rund 1 Milliarde Euro in Frühphasenfinanzierungen. Zum anderen ist nicht sichergestellt, dass dieses Kapital überhaupt in Deutschland investiert wurde. Andere Analysehäuser kommen zudem zu anderen Ergebnissen: Auf dem deutschen Wagniskapitalmarkt ist die erhoffte Trendwende trotz einzelner Lichtblicke nicht gelungen. So sind im vergangenen Jahr die Risikokapital-Investitionen um 7 Prozent auf 501 Millionen Euro zurückgegangen, wie eine Studie der Unternehmensberatung Ernst & Young und des Analyseinstituts Venture-One ergab. Im Vergleich zum Boomjahr 2000 sanken die Investitionen sogar um 85 Prozent. Zudem hinkte der deutsche Markt dem europäischen abermals hinterher, denn auf dem gesamten Kontinent gingen die Investitionen im Jahr 2004 nur um 1 Prozent auf 3,49 Milliarden Euro zurück.

Deutschland sei im Vergleich zu den angelsächsischen Märkten in der Wagnisfinanzierung noch ein »Schwellenland«, urteilt Götz Hoyer von der auf Beteiligungskapital spezialisierten Beratung Mackewicz & Partner. Besonders ausgetrocknet ist hierzulande die Finanzierung von Gründungsunternehmen und noch nicht etablierten Geschäftsmodellen (Seed- oder Frühphasenfinanzierung). »Die Beteiligungsunternehmen vertrauen vor allem auf das Wachstum reifer und bereits etablierter Unternehmen. Jüngere Unternehmen, deren Entwicklung mit größeren Risiken behaftet ist, haben es nach wie vor schwerer, Investoren zu überzeugen«, kommentiert Ernst & Young-Partnerin Julie Teigland diesen Trend. Mit nur 34 so genannten Seed- und Erstrundenfinanzierungen seien diese auf den niedrigsten Stand der vergangenen Jahre gefallen. Viele Wagniskapitalgeber haben sich in der Hochphase der New Economy an nicht ausgereiften Geschäftsmodellen die Finger verbrannt und neigen nun dazu, sich auf etablierte Unternehmen zu konzentrieren, die auch Umsätze vorzeigen können. Für neugegründete Unternehmen bleiben die so genannten Business Angels, von denen es in Deutschland im internationalen Vergleich allerdings zuwenig gibt, und staatliche Geldgeber. Hier sollte in diesem Jahr eigentlich neues Geld sprudeln, da die Bundesregierung einen eigenen Frühphasen-Fonds im Volumen von 200 Millionen Euro geplant hatte. Doch die Finanzierung hängt von der im Vermittlungsausschuss steckengebliebenen Abschaffung der Eigenheimzulage ab.

Dabei ist der Einstiegszeitpunkt in Deutschland laut einer Studie von Mackewicz & Partner derzeit günstiger denn je, da die Unternehmensbeteiligungen für wenig Geld zu haben sind. Außerdem habe sich der deutsche Wagniskapitalmarkt in den vergangenen fünf Jahren professionalisiert.

Doch im Prinzip sind selbst derartige Zahlen nur ein Tropfen auf den sprichwörtlichen heißen Stein und lassen eines völlig

Außen vor: Den Arbeitnehmer, Studenten, Rentner, Freiberufler oder Unternehmer – sprich den Kapitalanleger. So flossen im vergangenen Jahr allein 6,5 Milliarden neu in Publikumsfonds. Offene Immobilienfonds spielen hier eine herausragende Rolle. Doch diese investieren immer mehr in Immobilienprojekte im Ausland, weil der deutsche Markt angeblich weniger lukrativ ist. Alfred Wieder von der Alfred Wieder AG aus München:

> »Wir beschäftigen uns seit Jahren aktiv mit der Mittelstandsförderung. Was offensichtlich viele vergessen haben: Ein gesunder Mittelstand ist tatsächlich der Motor für alle anderen positiven Entwicklungen. Ein gesunder Mittelstand sichert Arbeitsplätze, die Menschen verdienen Geld, können privat vorsorgen, die Rentensituation eines jeden Einzelnen entspannt sich und, und, und.« *Alfred Wieder AG, München*

In der Tat ist es unverständlich, warum in Deutschland Investitionen in Kapitalanlagen, die letztlich ausländischen Firmen zugute kommen, steuerlich gefördert werden, dagegen Kapitalanlagen, die beispielsweise als Fonds in den deutschen Mittelstand investieren, keine Vergünstigungen erfahren. Um das Beispiel plakativ auf den Punkt zu bringen: In geschlossene Fonds – also Immobilien, Schiffe, Filmbeteiligungen usw. – investierten Anleger im vergangenen Jahr immerhin 13 Milliarden Euro. Davon gingen gerade einmal rund 250 Millionen Euro in Mittelstandsfonds, die der deutschen Wirtschaft zugute kommen. Doch lassen wir nochmals Alfred Wieder als Experten und Kenner sprechen:

> »Es ist ein eigenartiges Phänomen. Wir in Deutschland beschweren uns über mangelnde Arbeitsplätze und die gleichen Menschen, die sich beschweren, nutzen aufgrund steuerlicher und anderer Vorteile die Investition von im Ausland investierenden Fonds, um hier eine gute Rendite zu machen. Eine gute mittelständische Firma, sorgfältig ausgesucht und bewertet, bietet einem Investor, sei es eine Einzelperson oder ein Fonds, aber auch eine realistische, zweistellige Rendite. Aber das scheint in diesem Land zu unbekannt zu sein. Die Kunden und Kapitalanle-

ger unseres Unternehmens sind immer wieder überrascht, welche guten Ergebnisse Anleger im Bereich der Mittelstandsförderung erzielen können. Alle – Multiplikatoren, Anbieter, aber auch die Berater, täten daher gut daran, dieses Umdenken zu bewirken.«

Auf den Punkt gebracht

Der einzige, verlässliche Ausweg aus der Rentenkrise ist eine gesunde Wirtschaftsentwicklung! Die Mittelstandsförderung muss besser werden. Zumindest ist eine gesunde, boomende Wirtschaft eine gute Grundlage für die dauerhafte Existenz aller sozialen Systeme.

Teil 2

9.
Praxisfälle in der Rentenwirklichkeit

Damit Sie sich ein klares Bild von den realen Verhältnissen machen können, finden Sie nun hier im zweiten und fast wichtigsten Teil dieses Buches die Berechnungen der Renten von völlig unterschiedlichen Menschen. Zur besseren Orientierung werden die folgenden Musterfälle zu Beginn im Überblick dargestellt. Am Ende dieser Praxisbeispiele aus dem Alltag können Sie eine Gesamtauswertung der Ergebnisse lesen.[1]

Wenn Sie die folgenden Praxisfälle lesen, so werden Sie schnell verstehen, dass der so genannte »Durchschnittsrentner«, der immer wieder zur Legitimation der vermeintlichen Leistungsfähigkeit der gesetzlichen Rentenversicherung herangezogen wird, eine bloße Fiktion ist. Denn eine Rentenberechnung ist und bleibt eine individuelle Sache, da auch einzelne Lebensabläufe nie ganz gleich sind, und deshalb nicht direkt miteinander verglichen werden können. In diesem Land gibt es Millionen von Menschen, die eine individuelle Rentenberechnung erhalten und die so gut wie gar nichts mit dem »Durchschnittsrentner« zu tun haben. Die 20 Beispielfälle in Teil II entlarven somit den im Alter als gutsituiert dargestellten Durchschnittsrentner. Ich liefere Ihnen hier stattdessen ein Spektrum an Zahlen und Fakten, wobei einzelne Beispiele auf Sie, Ihre Verwandten, Freunde und Bekannten so oder zumindest annähernd zutreffen werden. Bereits zu Beginn will ich Ihnen sagen: Die auf den folgenden Seiten dargestellten Zahlen und Fakten sind erschreckender, als Sie möglicherweise je gedacht haben. Sie werden beim Lesen der auf den folgenden Seiten genannten Beispiele immer wieder den Kopf schütteln. Sie werden Dinge denken oder sagen wie »Das glaube ich alles nicht« oder »Das kann doch alles nicht wahr sein« oder »Das kann ja nicht so schlimm weitergehen«. Ich rate Ihnen zur Vorsicht: Glauben Sie es! Es sind die wahren Zahlen, die man Ihnen vorenthält. Und ich sage Ihnen auch: Es wird so schlimm weitergehen, wie es derzeit aussieht.

Inhaltsübersicht

Beispielfall 1: 30 Jahre, ledig, 1500 Euro netto
Beispielfall 2: 31 Jahre, Verheiratet, 2 Kinder, 2100 Euro netto
Beispielfall 3: 31 Jahre, ledig, 1600 Euro netto
Beispielfall 4: 33 Jahre, ledig, 1913 Euro netto
Beispielfall 5: 33 Jahre, verheiratet, 1 Kind, 1300 Euro netto
Beispielfall 6: 35 Jahre, verheiratet, 1 Kind, 4100 Euro netto
Beispielfall 7: 35 Jahre, verheiratet, 1 Kind, 1300 Euro netto
Beispielfall 8: 36 Jahre, verheiratet, 2 Kinder, 7100 Euro netto
Beispielfall 9: 37 Jahre, verheiratet, 2 Kinder, 3270 Euro netto
Beispielfall 10: 38 Jahre, ledig, keine Kinder, 1300 Euro netto
Beispielfall 11: 39 Jahre, verheiratet, 4900 Euro netto
Beispielfall 12: 40 Jahre, verheiratet, 2 Kinder, 4500 Euro netto
Beispielfall 13: 40 Jahre, ledig, 3500 Euro netto
Beispielfall 14: 41 Jahre, verheiratet, 2 Kinder, 3035 Euro netto
Beispielfall 15: 42 Jahre, geschieden, 2500 Euro netto
Beispielfall 16: 45 Jahre, ledig, 1400 Euro netto
Beispielfall 17: 48 Jahre, ledig, 1700 Euro netto
Beispielfall 18: 50 Jahre, geschieden, 2 Kinder, 800 Euro netto
Beispielfall 19 und 20: 53 und 55 Jahre, verheiratet, 2 Kinder,
3000 und 800 Euro netto

So sind die Fallbeispiele aufgebaut

1. Persönliche Angaben

Hier finden Sie die persönlichen Angaben, auf die sich die Renteninformation bezieht.

2. Die Renteninformation

Hier stelle ich Ihnen die Renteninformation für die betreffende Person vor. Manche dieser Bescheide stammen noch aus dem Jahr 2002 und 2003, als eine Rentenanpassung von 1,5 Prozent und 3,5 Prozent angenommen wurde. Im weiteren Verlauf wird jedoch mit den Werten 1,5 und 2,5 Prozent gerechnet, da die Renteninformationen zukünftig mit diesen Werten herausgeschickt werden.

3. Renten-Check bei Renteneintrittsalter 65

Hier wird geprüft, wie hoch die von der BfA angegebene Rente ist, wenn man ihren Kaufkraftverlust über die Jahre bis zum Lebensalter von 65 berücksichtigt. Es wird mit 2 und 3 Prozent. Inflation gerechnet. Hier werden Sie auch sehen, dass es in den letzten Jahren eine Rentenanpassung von rund einem Prozent gegeben hat. Im Jahre 2004 war es sogar letztendlich ein Minus, da es keine Erhöhung gab, aber der volle Beitrag zur Pflegeversicherung geleistet werden musste. Eine Steigerung also um 1,5 oder 2,5 Prozent wird wohl kaum Realität werden.

4. Renten-Check bei Renteneintrittsalter 62

Wie in Abschnitt 3, jedoch für ein Renteneintrittsalter von 62 Jahren berechnet.

5. Renten-Check nach Rentenkürzungen

Die Renteninformationen, die an die Versicherten der BfA und LVA verschickt werden, gehen im schlechtesten Fall von einem Anpassungssatz von 0 Prozent aus. Es ist jedoch auch zu erwarten – wie mit den Fakten und Details in einigen der vorangegangenen Kapiteln auf den Punkt gebracht – dass es in Zukunft Rentenanpassungen im Minus-Bereich gibt. Wie wirkt sich das eigentlich auf die zukünftige Rente aus? Was passiert, wenn der Rentenanpassungssatz nicht mehr steigt, sondern sinkt?

6. Zusammenfassung

Eine kleine Zusammenfassung bringt noch einmal Klarheit über die einzelnen Punkte und berücksichtigt noch einige wichtige Punkte wie Mietsteigerungen und Steuern.

7. Lösung

Wie sollte sich jemand auf die obige Situation einstellen? Hier wird ein klarer Lösungsvorschlag gegeben. Die Anlage, in die für die Altersvorsorge investiert wird, hat einen Zins in der Ansparphase von 6 Prozent und einen Zins in der Rentenzeit von 4,5 Prozent.

Beispielfall 1

Michael F.
30 Jahre
ledig
keine Kinder
1500 Euro netto

Persönliche Angaben

Michael ist ledig und arbeitet als Informatiker. Er hat ein monatliches Nettoeinkommen von rund 1500 Euro. In den nächsten Jahren plant er die Eheschließung mit seiner Freundin. Zurzeit lebt er noch in einer Mietwohnung und wird sich auch in nächster Zeit keine Immobilie zulegen. Er weiß von der Altersarmut, hat jedoch noch nicht viel Geld zur Seite legen können, da er vorher eine Ausbildung, den Wehrdienst und ein Studium absolviert hat. Sein Vermögen beträgt somit rund 5000 Euro.

In die Rentenkasse hat er schon sieben Jahre lang eingezahlt und somit kann er auch, wie in der Renteninformation zu sehen, eine gute Rente aus dieser Kasse bekommen. Sollte er also weiterhin soviel Entgeltpunkte bekommen wie er im Durchschnitt der letzten fünf Jahre erhalten hat, so bekäme er eine monatliche Rente von rund 1350 Euro. Eine weitere Sammlung der Entgeltpunkte ist hier natürlich gut möglich, sogar eine Steigerung der Punkte ist hier denkbar, da weitere Gehaltserhöhungen zu erwarten sind.

Die Renteninformation

Rente wegen voller Erwerbsminderung Nach dem derzeitigen Kontostand sind die versicherungsrechtlichen Voraussetzungen für eine Rente wegen Erwerbsminderung nicht erfüllt	
Hochrechnungen Ihrer künftigen Altersrente	
Ihre bislang erreichten Rentenanwartschaften würden nach heutigem Stand einer monatlichen Altersrente von 77,82 EUR entsprechen. Sollten Sie bis zur Vollendung des 65. Lebensjahres jährlich X Entgeltpunkte (wie im Durchschnitt der letzten fünf Kalenderjahre) erwerben, bekämen Sie ohne Berücksichtigung von Rentenanpassungen eine monatliche Altersrente von:	1 346,00 EUR
Ihre Rente wird aber aufgrund künftiger Rentenanpassungen tatsächlich höher ausfallen. Leider können auch wir die Entwicklung nicht vorhersehen. Deshalb haben wir zwei Varianten für Sie gewählt: Beträgt der jährliche Anpassungssatz 1,5 Prozent, so beliefe sich Ihre Rente zu Rentenbeginn auf:	2 265,71 EUR
Beträgt der jährliche Anpassungssatz 3,5 Prozent, so beliefe sich Ihre Rente zu Rentenbeginn auf:	4 488,74 EUR
Diese Beträge werden jährlich weiter angepasst.	

Abbildung 9.1 Auszug aus der Renteninformation von Michael F. aus dem Jahr 2002. So wurden die Rentenformationen bis 2003 verschickt. Seit 2004 wird mit den Anpassungssätzen 1,5 Prozent und 2,5 Prozent gerechnet.

Renten-Check bei Renteneintrittsalter 65

Kommen wir nun zum Renten-Check für Michael bei einem Renteneintrittsalter von 65 Jahren. Wir werden dazu die einzelnen Steigerungen der BfA mit der Inflationsrate vergleichen. Hier nehmen wir nun an, dass eine Inflationsrate von jeweils 2 und 3 Prozent gegeben ist.

Die »heutige Kaufkraft« der Rente berücksichtigt die Inflation, die über die Jahre den Betrag kleiner macht, da die Kaufkraft des Geldes abnimmt. Sie gibt an, wie hoch die Rente zum heutigen Zeitpunkt sein würde. Michaels Rentenlücke berechnen wir deshalb, indem wir vom heutigen Einkommen die BfA-Rente mit ihrer heutigen Kaufkraft abziehen.

Ein Hinweis zu diesem und vielen anderen Fällen: Im Rentenbescheid wurde ein staatlicher Rentenanpassungssatz von 3,5 Prozent angenommen. Dieser war – auch von Seiten der BfA – nicht korrekt und wurde auf 2,5 Prozent gesenkt. Auch in diesem Fall nehmen wir deshalb einen Anpassungssatz von 2,5 Prozent an.

Rentenanpassungssatz (in Prozent)	Rente lt. BfA (in Euro)	BfA-Rente mit der heutigen Kaufkraft (in Euro)	Rentenlücke (in Euro)
0	1 346	478	1 022
1,5	2 266	806	694
2,5	3 194	1 135	365

Tabelle 9.1 Renteneintrittsalter 65. Lebensjahr, Inflationsrate 3 Prozent, monatliches Einkommen 1500 Euro

Quelle: © Beratungsrechner von Dr. Kriebel und Bernd W. Klöckner, Verwendung in Vorträgen, Büchern oder Artikeln nur mit Genehmigung des Autors.

Bei einer solchen Berechnung ist es wichtig zu wissen, dass sich der Rentenanpassungssatz in den vergangenen Jahren um ein Prozent bewegte. Auch die folgenden Jahre zeigen, dass mit weniger Steigerung zu rechnen ist, denn »Nullrunden für Rentner« sind ja bekanntlich in der Politik ein Gesprächsthema.

Rentenanpassungssatz (in Prozent)	Rente lt. BfA (in Euro)	BfA-Rente mit der heutigen Kaufkraft (in Euro)	Rentenlücke (in Euro)
0	1 346	673	827
1,5	2 266	1 134	366
2,5	3 194	1 597	keine

Tabelle 9.2 Renteneintrittsalter 65. Lebensjahr, Inflationsrate 2 Prozent, monatliches Einkommen 1500 Euro

Quelle: © Beratungsrechner von Dr. Kriebel und Bernd W. Klöckner, Verwendung in Vorträgen, Büchern oder Artikeln nur mit Genehmigung des Autors.

Zusammengefasst bedeutet dies hier für Michael, dass er unter diesen Voraussetzungen mit einer Rentenlücke von 827 Euro mit dem 65. Lebensjahr in Rente geht. Es ist zu befürchten, dass es keine Rentensteigerungen mehr geben wird, somit sollte er von einem Rentenanpassungssatz von Null Prozent ausgehen.

Renten-Check bei Renteneintrittsalter 62

Geht Michael in Frührente, also schon mit dem 62. Lebensjahr, so hat er die folgenden Ansprüche, mit den jeweiligen Kaufkraftverlusten. Doch Sie werden sehen: die Frührente droht mit starken Abschlägen.

Hinweis: Die Rentenhöhe der Frührente ist nicht in der BfA-Renteninformation angegeben. Diese wurde mithilfe des Beratungsrechners (www.beratungsrechner.de) berechnet.

Rentenanpassungssatz (in Prozent)	Rente lt. BfA (in Euro)	BfA-Rente mit der heutigen Kaufkraft (in Euro)	Rentenlücke (in Euro)
0	1 111	356	1 144
1,5	1 871	599	901
2,5	2 635	844	656

Tabelle 9.3 Renteneintrittsalter 62. Lebensjahr, Inflationsrate 3 Prozent, monatliches Einkommen 1 500 Euro

Quelle: © Beratungsrechner von Dr. Kriebel und Bernd W. Klöckner, Verwendung in Vorträgen, Büchern oder Artikeln nur mit Genehmigung des Autors.

Oben sehen Sie, wie sich seine Rentenlücke bei einer Inflationsrate von 3 Prozent vergrößern würde, ginge Michael in Frührente. Im Folgenden die Tabelle mit 2 Prozent Inflation.

Rentenanpassungssatz (in Prozent)	Rente lt. BfA (in Euro)	BfA-Rente mit der heutigen Kaufkraft (in Euro)	Rentenlücke (in Euro)
0	966	486	1 014
1,5	1 627	819	681
2,5	2 292	1 154	346

Tabelle 9.4 Renteneintrittsalter 62. Lebensjahr, Inflationsrate 2 Prozent, monatliches Einkommen 1 500 Euro

Quelle: © Beratungsrechner von Dr. Kriebel und Bernd W. Klöckner, Verwendung in Vorträgen, Büchern oder Artikeln nur mit Genehmigung des Autors.

Bei der Frührente mit dem 62. Lebensjahr bekäme Michael bei einer heutigen Kaufkraft rund 200 Euro weniger Rente. Doch auch hier sind Rentenlücken in Höhe von etwa 1000 Euro gegeben.

Renten-Check nach Rentenkürzungen

Die Renteninformationen, die an die Versicherten der BfA und LVA verschickt werden, gehen von einem »Anpassungssatz« bei den Renten von mindestens 0 Prozent aus. Es ist jedoch zu erwarten, dass es in Zukunft Rentenanpassungen im Minus-Bereich gibt. Im Folgenden gehen wir also davon aus, dass zwei negative Faktoren bei der zukünftigen Rente mitspielen – einmal die Inflation und zum anderen ein negativer Rentenanpassungssatz.

Rentenanpassung (in Prozent)	Inflation (in Prozent)					
	1,0	1,5	2,0	2,5	3,0	3,5
– 1,0	668,39	562,30	473,45	398,97	336,49	284,03
– 1,5	559,84	470,98	396,56	334,18	281,84	237,90
– 2,0	468,50	394,14	331,86	279,65	235,86	199,09
– 2,5	391,70	329,53	**277,46**	233,81	197,20	166,45
– 3,0	327,20	275,26	231,77	195,31	164,72	139,04
– 3,5	273,06	229,72	193,42	162,99	137,47	116,03
– 4,0	227,66	191,53	161,26	135,89	114,61	96,74

Tabelle 9.5 Renten-Check nach der Rentenkürzung durch die Inflationsrate und eine negative Rentenanpassung

© Bernd W. Klöckner, Verwendung in Vorträgen, Büchern oder Artikeln nur mit Genehmigung des Autors.

Michael geht nun von einer Inflation von 2 Prozent und von einer negativen Rentenanpassung von 2,5 Prozent aus. Seine eigentlich versprochene Rente mit dem 65. Lebensjahr von 1346 Euro beträgt nach heutiger Kaufkraft nur noch 277,46 Euro. Seine Rentenlücke steigt also (Hinweis: Stand heute! Dies gilt für diese und alle folgenden Berechnungen) auf rund 1225 Euro, für die er nun privat vorsorgen müsste.

Zusammenfassung

Zusammenfassend kann gesagt werden, dass Michael eine Rentenlücke besitzt. Wird aufgrund der Inflation der heutige Wert seiner Rente berechnet, so wird er privat für sein Alter vorsorgen müssen.

Auch die eigentlichen Kosten, die im Alter anfallen, wie Miete, Strom, Lebensmittel, Fahrtkosten, werden natürlich steigen. Die gesamtwirtschaftliche Inflation, die vom Statistischen Bundesamt aufgrund des Warenkorbes ermittelt wird, fällt meist geringer aus. Die wirkliche Inflation, gerade für Rentnerhaushalte, sollte deshalb weitaus höher angesetzt werden.

Setzt er also auf eine hohe Inflation, wird er viel für seine private Vorsorge tun müssen. Doch wer hebt schon viel Geld für sein späteres Leben auf? Vielen jungen Leuten ist das gar nicht bewusst. Zins und Zinseszins wird oft nicht mehr wahrgenommen. Hierzu ein Spruch, der die Vorsorge plakativ auf den Punkt bringt:

> »Viel Zeit mal wenig Geld – wenig Zeit mal viel Geld!«

Dies soll heißen: Wer noch viel Zeit zum Sparen hat, muss nur wenig aufwenden, um das Sparziel zu erreichen. Andersherum sieht es schlechter aus. Auch die folgende Tabelle 9.6 zeigt, wie wichtig die Zeit ist. Hier soll mit einer monatlichen Sparrate ein Sparziel von 100 000 Euro erreicht werden:

Zins (in Prozent) / Sparjahre	4	5	6	7	8	9	10	11	12
2	4012	3975	3938	3902	3867	3832	3797	3763	3730
4	1927	1890	1854	1819	1785	1751	1718	1686	1654
6	1234	1198	1163	1129	1096	1064	1034	1003	974
8	888	8536	820	787	756	726	697	670	643
10	682	648	615	585	555	527	500	475	451
12	545	512	481	452	424	398	373	350	328
14	447	416	386	358	332	308	285	264	244

Zins (in Prozent) Sparjahre	4	5	6	7	8	9	10	11	12
16	375	344	316	290	265	243	222	203	185
18	319	290	262	238	215	194	175	158	142
20	275	246	221	197	176	157	139	124	110
22	239	212	187	165	145	127	112	98	85
24	209	183	160	139	**120**	104	90	78	67
26	185	159	137	118	101	86	73	62	53
28	164	140	118	100	84	71	59	50	41
30	146	123	103	86	71	59	48	40	33
32	131	108	89	73	60	49	40	32	26
34	117	96	78	63	51	41	32	26	21
36	105	85	68	54	43	34	27	21	16
38	95	76	60	47	37	28	22	17	13
40	86	67	52	40	31	24	18	14	10

Tabelle 9.6 Beispielrechnung monatliche Sparrate mit dem Sparziel 100 000 Euro

© Bernd W. Klöckner, Verwendung in Vorträgen, Büchern oder Artikeln nur mit Genehmigung des Autors.

Für Michael ist es also wichtig, sofort mit dem Sparen zu beginnen. Um beispielsweise einen Betrag von 100 000 Euro zu erreichen, wie oben in der Tabelle 9.6 berechnet, muss er über 24 Jahre bei einem Zins von 8 Prozent 120 Euro pro Monat zur Seite legen.

Lösung

Sie konnten hier sehen, dass Michael etwas tun muss. Er hat ein Nettovermögen von rund 5 000 Euro und noch keine Immobilie, die er sich auch in Zukunft nicht zulegen möchte. Daher gehen wir davon aus, dass er weiterhin zur Miete wohnt und wohl auch die Kosten und Mietsteigerungen mittragen muss.

Wir gehen weiter davon aus, dass keine Rentenanpassungen stattfinden und eine Inflation von 3 Prozent erfolgt. Zudem möchte

Michael mit 65 in den Ruhestand gehen. Aus den vorigen Tabellen konnten wir eine Rentenlücke von rund 1000 Euro ermitteln. Das heißt: Er hat also später monatlich nach heutiger Kaufkraft rund 1000 Euro zu wenig. Somit muss er diesen Betrag noch ansparen.

Um das zu erreichen, könnte er in Form einer Anlage sparen, die in der Ansparzeit einen Zins von 6 Prozent und in der Rentenauszahlungsphase 4,5 Prozent abwirft. Möchte er die Rente bis zum 92. Lebensjahr beziehen, muss er ab dem heutigen Tag monatlich rund 500 Euro zur Seite legen. Baut er eine Dynamik in den Vertrag ein, so muss er mit monatlich nur 260 Euro zu sparen beginnen. Zu Beginn verfügt er jedoch auch noch über die 5000 Euro, die er in die Anlage investieren könnte – dann müsste er ohne Dynamik rund 470 Euro monatlich sparen.

Jemand, der als 30-Jähriger eine Renteninformation bekommt, in der geschrieben steht, dass er später mit rund 1350 Euro von staatlicher Seite rechnen kann, denkt mit Sicherheit nicht daran, monatlich zusätzlich rund 500 Euro zu sparen. Sind Sie gerade 30 Jahre jung und denken, dass dies eigentlich nicht sein kann, so sollten Sie einen Berater aufsuchen, der Ihre Vermögensplanung einmal durchcheckt.

Beispielfall 2

Thomas K.
31 Jahre
verheiratet
2 Kinder
2100 Euro netto

Persönliche Angaben

Thomas ist 31 Jahre alt und erhält ein Nettoeinkommen von 2100 Euro. Er ist verheiratet mit Daniela, die 28 Jahre alt ist. Sie haben zusammen zwei Kinder und führen ein glückliches Leben in einem Einfamilienhaus mit einem Wert von 250000 Euro. Monatlich wird hier für die Annuitäten des Darlehens sehr viel Geld aufgebracht. Doch bis zum Rentenalter soll das Darlehen vollständig bezahlt sein.

Daniela arbeitet seit etwa drei Jahren nicht mehr. Damals hatte sie noch ein Nettoeinkommen von rund 900 Euro und zahlte auch fleißig in die Rentenkasse ein. Heute ist sie Hausfrau und hat auch eine Renteninformation erhalten, die wir uns später noch einmal anschauen.

Wie Sie dem Rentenbescheid entnehmen können, hat Thomas schon einen Anspruch auf eine Rente bei voller Erwerbsminderung. Er ist hierbei noch zusätzlich gegen Erwerbsminderung geschützt. Dies ist natürlich anders zu interpretieren, da sie ja nicht wie die Rente, sondern sofort bei Eintritt der Erwerbsminderung gegeben ist. Die Altersrente wird ja erst später ausgezahlt.

Doch auch hier ist Vorsicht geboten: Nur bei voller Erwerbsminderung ist ein Rentenanspruch gegeben. Wenn Sie noch einige wenige Stunden arbeiten können, haben Sie nur Anspruch auf die anteilige Erwerbsminderungsrente. Ein Berufsunfähigkeitsschutz ist also auch in Thomas Fall zwingend notwendig.

Die Renteninformation von Thomas K.

Rente wegen voller Erwerbsminderung Wären Sie heute voll erwerbsgemindert, bekämen Sie eine monatliche Rente von: 927,69 EUR	
Hochrechnungen Ihrer künftigen Altersrente Ihre bislang erreichten Rentenanwartschaften würden nach heutigem Stand einer monatlichen Altersrente von 301,12 EUR entsprechen. Sollten Sie bis zur Vollendung des 65. Lebensjahres jährlich X Entgeltpunkte (wie im Durchschnitt der letzten fünf Kalenderjahre) erwerben, bekämen Sie ohne Berücksichtigung von Rentenanpassungen eine monatliche Altersrente von:	1 406,38 EUR
Ihre Rente wird aber aufgrund künftiger Rentenanpassungen tatsächlich höher ausfallen. Leider können auch wir die Entwicklung nicht vorhersehen. Deshalb haben wir zwei Varianten für Sie gewählt: Beträgt der jährliche Anpassungssatz 1,5 Prozent, so beliefe sich Ihre Rente zu Rentenbeginn auf:	2 332,54 EUR
Beträgt der jährliche Anpassungssatz 3,5 Prozent, so beliefe sich Ihre Rente zu Rentenbeginn auf:	4 531,29 EUR
Diese Beträge werden jährlich weiter angepasst.	

Abbildung 9.2 Auszug aus der Renteninformation für Thomas K. aus dem Jahr 2002. So wurden die Rentenformationen bis 2003 verschickt. Seit 2004 wird mit den Anpassungssätzen 1,5 Prozent und 2,5 Prozent gerechnet.

Die Renteninformation von Daniela K.

Rente wegen voller Erwerbsminderung Nach dem derzeitigen Kontostand sind die versicherungsrechtlichen Voraussetzungen für eine Rente wegen Erwerbsminderung nicht erfüllt	
Hochrechnungen Ihrer künftigen Altersrente Ihre bislang erreichten Rentenanwartschaften würden nach heutigem Stand einer monatlichen Altersrente von 82,63 EUR entsprechen. Sollten Sie bis zur Vollendung des 65. Lebensjahres jährlich X Entgeltpunkte (wie im Durchschnitt der letzten fünf Kalenderjahre) erwerben, bekämen Sie ohne Berücksichtigung von Rentenanpassungen eine monatliche Altersrente von:	559,27 EUR
Ihre Rente wird aber aufgrund künftiger Rentenanpassungen tatsächlich höher ausfallen. Leider können auch wir die Entwicklung nicht vorhersehen. Deshalb haben wir zwei Varianten für Sie gewählt:	
Beträgt der jährliche Anpassungssatz 1,5 Prozent, so beliefe sich Ihre Rente zu Rentenbeginn auf:	969,75 EUR
Beträgt der jährliche Anpassungssatz 3,5 Prozent, so beliefe sich Ihre Rente zu Rentenbeginn auf:	1 997,90 EUR
Diese Beträge werden jährlich weiter angepasst.	

Abbildung 9.3 Auszug aus der Renteninformation für Daniela K. aus dem Jahr 2002. So wurden die Rentenformationen bis 2003 verschickt. Seit 2004 wird mit den Anpassungssätzen 1,5 Prozent und 2,5 Prozent gerechnet.

Erläuterung zu diesem Bescheid

Da Daniela schon seit drei Jahren nicht mehr arbeitet, zahlt sie auch nichts mehr in die Rentenkasse ein. Vorher hatte sie jedoch ein Einkommen von rund 900 Euro. Bislang beträgt ihre Altersrente 82,63 Euro, wenn sie in Zukunft nicht mehr arbeiten geht. Wird sie in den nächsten Jahren so viele Entgeltpunkte erwerben wie im Durchschnitt der vergangenen fünf Jahre, hätte sie einen Anspruch auf eine Rente von 559,27 Euro.

Doch wer den Text der Renteninformation nicht genau liest, dem fällt nicht auf, dass in den nächsten Jahren genauso viel verdient werden muss wie in den letzten fünf Jahren. Die Information vermittelt den Eindruck, als würde sie schon rund 560 Euro Altersrenteanspruch haben. Doch in Wirklichkeit hat sie nur einen jetzigen und späteren Anspruch auf rund 80 Euro, die sich noch, berücksichtigt man die Inflation, auf ein paar Euros senken werden.

Aus diesen Gründen nehmen wir die Rente von Daniela nicht in die Berechnung mit hinein.

Renten-Check bei Renteneintrittsalter 65

Kommen wir nun zu der Frage, ob Thomas Rente für Daniela und Thomas in der Zukunft, also ab dem 65. Lebensjahr, reichen wird.

In der obigen Renteninformation liegt der jährliche Anpassungssatz noch bei 3,5 Prozent liegt. Dieses ist aus den bekannten Gründen hier schon als 2,5 Prozent übernommen worden.

Rentenanpassungssatz (in Prozent)	Rente lt. BfA (in Euro)	BfA-Rente mit der heutigen Kaufkraft (in Euro)	Rentenlücke (in Euro)
0	1406	515	1585
1,5	2333	854	1246
2,5	3255	1191	909

Tabelle 9.7 Renteneintrittsalter 65. Lebensjahr, Inflationsrate 3 Prozent, monatliches Einkommen 2100 Euro

Quelle: © Beratungsrechner von Dr. Kriebel und Bernd W. Klöckner, Verwendung in Vorträgen, Büchern oder Artikeln nur mit Genehmigung des Autors.

Rentenanpassungssatz (in Prozent)	Rente lt. BfA (in Euro)	BfA-Rente mit der heutigen Kaufkraft (in Euro)	Rentenlücke (in Euro)
0	1406	717	1383
1,5	2333	1190	910
2,5	3255	1660	440

Tabelle 9.8 Renteneintrittsalter 65. Lebensjahr, Inflationsrate 2 Prozent, monatliches Einkommen 2100 Euro

Quelle: © Beratungsrechner von Dr. Kriebel und Bernd W. Klöckner, Verwendung in Vorträgen, Büchern oder Artikeln nur mit Genehmigung des Autors.

Bei einer Inflation von 2 Prozent und 0 Prozent Rentenanpassung erhält Thomas eine Rente von 1406 Euro, die einem heutigen Wert von 717 Euro entspricht. Verglichen mit dem Nettoeinkommen von 2100 Euro ergibt das eine Rentenlücke von 1383 Euro, die er nun schließen muss.

Selbst bei einer Rentenanpassung von 2,5 Prozent und einer Inflation von 2 Prozent hätte er eine Rentenlücke von 440 Euro.

Ich rate Ihnen: Blicken Sie hinter die Renteninformation und beachten Sie auch die Inflation! Sie werden leicht erkennen, dass Sie privat vorsorgen müssen.

Renten-Check bei Renteneintrittsalter 62

Nehmen wir nun den Fall, dass Thomas schon mit 62 in Frührente gehen würde und hier schon einige Abschläge seitens der Rentenkasse hinnehmen müsste:

Rentenanpassungssatz (in Prozent)	Rente lt. BfA (in Euro)	BfA-Rente mit der heutigen Kaufkraft (in Euro)	Rentenlücke (in Euro)
0	1160	383	1717
1,5	1925	685	1465
2,5	2686	886	1214

Tabelle 9.9 Renteneintrittsalter 62. Lebensjahr, Inflationsrate 3 Prozent, monatliches Einkommen 2100 Euro

Quelle: © Beratungsrechner von Dr. Kriebel und Bernd W. Klöckner, Verwendung in Vorträgen, Büchern oder Artikeln nur mit Genehmigung des Autors.

Rentenanpassungssatz (in Prozent)	Rente lt. BfA (in Euro)	BfA-Rente mit der heutigen Kaufkraft (in Euro)	Rentenlücke (in Euro)
0	1160	518	1582
1,5	1925	860	1240
2,5	2686	1200	900

Tabelle 9.10 Renteneintrittsalter 62. Lebensjahr, Inflationsrate 2 Prozent, monatliches Einkommen 2100 Euro
Quelle: © Beratungsrechner von Dr. Kriebel und Bernd W. Klöckner

Geht Thomas in Frührente, so sind zwei Dinge direkt negativ:

1. Er zahlt nichts mehr in die Rentenkasse ein.
2. Er nimmt schon früher etwas aus der Rentenkasse heraus.

Diese zwei Faktoren senken die Rente um einen größeren Geldbetrag. Bei 0 Prozent Rentenanpassung erreicht er Renten in Höhe von 383 und 518 Euro (heutige Kaufkraft).

Hieran können Sie sehen, dass eine Frührente gut überlegt werden muss. Schon an diesen Beträgen können Sie außerdem erkennen, dass die Rentenkasse leer ist.

Renten-Check nach Rentenkürzungen

Betrachten wir nun den zwar negativen, aber wohl wahrscheinlichen Fall – es werden die Renten gekürzt. Einmal werden die Rentenanpassungen negativ vom Staat vorgenommen und auch die Volkswirtschaft bietet mit der Inflation beim »negativen Poker« mit.

Rentenanpassung (in Prozent)	Inflation (in Prozent)					
	1,0	1,5	2,0	2,5	3,0	3,5
− 1,0	712,29	602,19	509,54	431,49	365,69	310,18
− 1,5	599,64	506,96	428,95	363,25	307,86	261,12
− 2,0	504,37	426,41	360,80	305,53	258,94	219,63
− 2,5	423,85	358,34	**303,21**	256,76	217,61	184,57
− 3,0	355,88	300,87	254,58	215,58	182,71	154,97
− 3,5	298,53	252,39	213,55	180,84	153,27	130,00
− 4,0	250,20	211,53	178,98	151,56	128,45	108,95

Tabelle 9.11 Renten-Check nach der Rentenkürzung durch die Inflationsrate und eine negative Rentenanpassung

© Bernd W. Klöckner, Verwendung in Vorträgen, Büchern oder Artikeln nur mit Genehmigung des Autors.

Geht Thomas von einer Inflation von 2 Prozent und einer Rentenanpassung von durchschnittlich minus 2,5 Prozent aus, so kann er mit einer Rente von 303 Euro (heutige Kaufkraft) rechnen.

Wir sehen hier: Die Rentenkasse bietet dem Ehepaar selbst zum Überleben zu wenig.

Zusammenfassung

Fassen wir noch einmal kurz zusammen: Miete, Strom und Lebenshaltungskosten werden weiterhin steigen. Die Rentenkasse wird aufgrund der Bevölkerungsentwicklung nicht mehr wenigen Alten viel zahlen können, sondern nur noch vielen Alten wenig zahlen.

Daher kann Thomas mit einer Rente von ein paar hundert Euros – heutige Kaufkraft natürlich – rechnen. Er muss also, wie viele Andere auch, privat vorsorgen.

Private Vorsorge, wie auch gesetzliche Vorsorge werden wiederum vom Staat besteuert, so dass noch mehr als mehr vorgesorgt werden muss.

Thomas kann sich definitiv, wie obige Berechnungen zeigen, nicht mehr auf die LVA-Renteninformation verlassen. Selbst im besten Fall hat er eine Rentenlücke, die er schließen muss. Nun könnte er durch die Immobilie einen Vorteil erlangt haben. Zum einen muss die Familie keine Miete mehr zahlen und zum anderen hat das Haus einen gewissen Kapitalwert.

Lösung

Um eine Rentenlücke zu schließen, die im schlimmsten Fall 1 800 Euro hoch sein kann, muss von Beginn an sehr viel zur Seite gelegt werden.

Mit dem 65. Lebensjahr muss ein Vermögen von 991 200 Euro zur Verfügung stehen, um Auszahlungen bis zum 92. Lebensjahr zu genießen. Diese Summe könnte bei einem Zins von 6 Prozent mit rund 660 Euro monatlich angespart werden. Wird eine Dynamik von 5 Prozent eingebaut, so muss ein Betrag von rund 350 Euro monatlich gespart werden.

Thomas erzielt jedoch »nur« ein Nettoeinkommen von 2100 Euro und muss noch die Annuitäten für das Haus zahlen. Hier wird es schon schwierig 660, beziehungsweise 350 Euro zur Seite zu legen.

Selbst im besten Fall muss eine Rentenlücke von 440 Euro geschlossen werden. Diese Rentenlücke könnte jedoch durch die Immobilie abgedeckt werden, solange sie für 250000 Euro verkauft würde. Wird diese jedoch verkauft, fällt wiederum Miete an.

Das Fazit in diesem Fall lautet auch: Es muss etwas für das Alter getan werden. Der LVA-Bescheid ist für den Privatverbraucher viel zu undurchsichtig und optimistisch.

Beispielfall 3

Martina T.
31 Jahre
ledig
keine Kinder
1600 Euro netto

Persönliche Angaben

Martina ist kaufmännische Angestellte in einem kleinen Unternehmen. Hier ist sie schon seit einigen Jahren beschäftigt und leistet sehr gute Arbeit. Netto verdient Sie 1600 Euro. Sie ist nicht verheiratet und Kinder hat sie auch noch keine.

Sie wohnt in einer kleinen Mietswohnung, schön gelegen an einem Waldrand. Sie zahlt seit ihrem 22. Lebensjahr in den Rententopf ein und erwartet hier noch sehr viel. Erst letztens hat sie die Renteninformation erhalten und wunderte sich schon über die Höhe der Rente.

Sie traute ihren Augen kaum, als sie Rentensteigerungen von 1,5 und 3,5 Prozent sah. Vor allem die Beträge in ihrem Rentenbescheid haben sie beeindruckt. Daraufhin rief sie die BfA in Berlin an und erkundigte sich. Hier jedoch sagte man ihr, dass mit einer Rentensteigerung von 3,5 Prozent nicht zu rechnen sei. Aufgrund der aktuellen Lage solle sie besser die Rente ohne Rentensteigerung annehmen. Hätte ihr das jemand eher gesagt, hätte sie schon längst einen Vertrag über ein Altersvorsorgeprodukt abgeschlossen, so dachte sie.

Sie geht aber trotzdem noch von der Rente aus, die bei keiner Rentensteigerung angegeben wird. Auch die BfA sagte am Telefon nichts von Kaufkraftverlusten. Sie solle lediglich nicht von einer Rentensteigerung ausgehen. Liegt Sie nun völlig falsch mit ihrer Rentenannahme? Schauen wir uns erst einmal die Renteninformation an, um danach eine Berechnung durchzuführen.

Die Renteninformation

Rente wegen voller Erwerbsminderung Würden Sie heute voll erwerbsgemindert sein, bekämen Sie eine monatliche Rente von:	528,76 EUR
Hochrechnungen Ihrer künftigen Altersrente Ihre bislang erreichten Rentenanwartschaften würden nach heutigem Stand einer monatlichen Altersrente von 159,54 EUR entsprechen. Sollten Sie bis zur Vollendung des 65. Lebensjahres jährlich X Entgeltpunkte (wie im Durchschnitt der letzten fünf Kalenderjahre) erwerben, bekämen Sie ohne Berücksichtigung von Rentenanpassungen eine monatliche Altersrente von:	904,94 EUR
Ihre Rente wird aber aufgrund künftiger Rentenanpassungen tatsächlich höher ausfallen. Leider können auch wir die Entwicklung nicht vorhersehen. Deshalb haben wir zwei Varianten für Sie gewählt:	
Beträgt der jährliche Anpassungssatz 1,5 Prozent, so beliefe sich Ihre Rente zu Rentenbeginn auf:	1 500,88 EUR
Beträgt der jährliche Anpassungssatz 3,5 Prozent, so beliefe sich Ihre Rente zu Rentenbeginn auf:	2 915,68 EUR
Diese Beträge werden jährlich weiter angepasst.	

Abbildung 9.4 Auszug aus der Renteninformation für Martina T. aus dem Jahr 2002. So wurden die Rentenformationen bis 2003 verschickt. Seit 2004 wird mit den Anpassungssätzen 1,5 Prozent und 2,5 Prozent gerechnet.

Renten-Check bei Renteneintrittsalter 65

Im Folgenden sehen Sie nun den Renten-Check für Martina Hier nehmen wir wiederum an, dass in der Zeit bis zum 65. Lebensjahr einige Jahre mit Kaufkraftverlusten kommen werden. Die Inflationsrate nehmen wir einmal mit 3 und zum anderen mit 2 Prozent an. Schauen wir nun, welche Kaufkraft die Rente später hat.

Rentenanpassungs-satz (in Prozent)	Rente lt. BfA (in Euro)	BfA-Rente mit der heutigen Kaufkraft (in Euro)	Rentenlücke (in Euro)
0	905	331	1269
1,5	1501	549	1051
2,5	2095	767	833

Tabelle 9.12 Renteneintrittsalter 65. Lebensjahr, Inflationsrate 3 Prozent, monatliches Einkommen 1600 Euro

Quelle: © Beratungsrechner von Dr. Kriebel und Bernd W. Klöckner, Verwendung in Vorträgen, Büchern oder Artikeln nur mit Genehmigung des Autors.

Nimmt sie wirklich die von der BfA hochgerechnete Rente von rund 900 Euro an, so wird diese bei 3 Prozent Inflation nur noch einen Wert von 330 Euro haben. Ihre Rentenlücke liegt hier schon bei 1270 Euro.

Rentenanpassungs-satz (in Prozent)	Rente lt. BfA (in Euro)	BfA-Rente mit der heutigen Kaufkraft (in Euro)	Rentenlücke (in Euro)
0	905	462	1138
1,5	1501	766	834
2,5	2095	1069	531

Tabelle 9.13 Renteneintrittsalter 65. Lebensjahr, Inflationsrate 2 Prozent, monatliches Einkommen 1600 Euro

Quelle: © Beratungsrechner von Dr. Kriebel und Bernd W. Klöckner, Verwendung in Vorträgen, Büchern oder Artikeln nur mit Genehmigung des Autors.

Martina wird mit Sicherheit nicht glücklich darüber sein, dass die Rente sich nach Kaufkraftverlusten nochmals halbieren wird. Es entsteht eine Rentenlücke, die im besten Fall noch bei rund 530 Euro liegt. Die Rentenlücke ist der Unterschied zwischen der Rente, bei heutiger Kaufkraft betrachtet, und dem Nettoeinkommen.

Renten-Check bei Renteneintrittsalter 62

Vielleicht fällt diese Möglichkeit des früheren Renteneintritts bis zum Rentenalter von Martina weg. Heute ist es jedoch noch möglich, mit dem 62. Lebensjahr in Frührente zu gehen. Vor einigen Jahren konnten das noch Rentner ab dem 60. Lebensjahr. Schauen wir also nun, wenn Martina in Frührente geht, welche Kaufkraft ihre Rente dann hätte. Natürlich fallen die Rentenbeträge von vorneherein geringer aus, da die Rente ja früher aus dem Rententopf genommen wird und nicht mehr in die Rentenkasse eingezahlt wird.

Rentenanpassungssatz (in Prozent)	Rente lt. BfA (in Euro)	BfA-Rente mit der heutigen Kaufkraft (in Euro)	Rentenlücke (in Euro)
0	747	247	1 353
1,5	1 238	409	1 191
2,5	1 729	571	1 029

Tabelle 9.14 Renteneintrittsalter 62. Lebensjahr, Inflationsrate 3 Prozent, monatliches Einkommen 1 600 Euro

Quelle: © Beratungsrechner von Dr. Kriebel und Bernd W. Klöckner, Verwendung in Vorträgen, Büchern oder Artikeln nur mit Genehmigung des Autors.

Rentenanpassungssatz (in Prozent)	Rente lt. BfA (in Euro)	BfA-Rente mit der heutigen Kaufkraft (in Euro)	Rentenlücke (in Euro)
0	747	334	1 266
1,5	1 238	553	1 047
2,5	1 729	772	828

Tabelle 9.15 Renteneintrittsalter 62. Lebensjahr, Inflationsrate 2 Prozent, monatliches Einkommen 1 600 Euro

Quelle: © Beratungsrechner von Dr. Kriebel und Bernd W. Klöckner, Verwendung in Vorträgen, Büchern oder Artikeln nur mit Genehmigung des Autors.

Hier sehen Sie, dass die Rentenlücke nun noch höher geworden ist. Sie liegt nun beim besten Wert bei 828 Euro und beim schlechtesten bei 1 353 Euro. Auch die Frührente wurde von vorneherein schon um etwa 150 bis 350 Euro gekürzt.

Renten-Check nach Rentenkürzungen

In den vorigen Tabellen haben wir noch mit Rentensteigerungen gerechnet. Wie sähe allerdings die Rente bei Martina nach heutiger Kaufkraft aus, wenn sie von staatlicher Seite aus noch gekürzt würde? Dadurch werden die Renten von vorneherein geringer, etwa wie bei der Frührente, und die Kaufkraftverluste zerren die Rentenanwartschaften zusätzlich nach unten.

Rentenanpassung (in Prozent)	Inflation (in Prozent)					
	1,0	1,5	2,0	2,5	3,0	3,5
– 1,0	458,48	387,61	327,97	277,74	235,39	199,65
– 1,5	385,97	326,31	276,11	233,81	198,16	168,08
– 2,0	324,64	274,47	232,24	196,66	166,67	141,37
– 2,5	272,82	230,65	195,16	165,27	140,07	118,80
– 3,0	229,07	193,66	**163,86**	138,76	117,60	99,75
– 3,5	192,15	162,45	137,46	116,40	98,65	83,68
– 4,0	161,04	136,15	115,20	97,56	82,68	70,13

Tabelle 9.16 Renten-Check nach der Rentenkürzung durch die Inflationsrate und eine negative Rentenanpassung

© Bernd W. Klöckner, Verwendung in Vorträgen, Büchern oder Artikeln nur mit Genehmigung des Autors.

In der Tabelle sehen Sie nun, dass bei einer Inflation von 2 Prozent und einer Rentenkürzung von minus 3 Prozent nur eine Rente von rund 164 Euro ausgezahlt wird. Hier ist die Rentenlücke von Martina T. natürlich am höchsten, sie liegt bei etwa 1 400 Euro.

In diesem Szenario können Sie genau erkennen, wovor die meisten Rentenspezialisten gewarnt hatten. Wenn der Rententopf kippt, ist hier nicht mehr viel herauszuholen. Und alleine schon durch die demografische Entwicklung wird, das ist ja schon bewiesen, der Rententopf gekippt.

Zusammenfassung

Zusammenfassend lässt sich sagen, dass Martina noch nicht gut für die Rentenzeit aufgestellt ist. In der vorhergehenden

Tabelle konnte sogar eine Rentenlücke von rund 1400 Euro ermittelt werden, wenn das Szenario, 2 Prozent Inflation, 3 Prozent Rentenkürzung, zutrifft. Wenn Martina hier noch keine Altersvorsorgeprodukte hat, so wird es nun Zeit, etwas zu tun.

Da sie noch zur Miete wohnt, werden außerdem Mietsteigerungen auf sie zukommen, sowie auch jegliche Kaufkraftverluste. Auch obige Tabellen zeigen, dass sie bitter enttäuscht werden wird, wenn sie auf die Hochrechnungen der BfA baut. Sie wird in ihrer Rentenzeit am absoluten Existenzminimum leben.

Lösung

Martina kann damit rechnen, dass eine Rentenlücke von mindestens 1000 Euro entsteht. Diese muss sie schließen, damit sie nicht im Alter in große Schwierigkeiten gerät. Vielleicht sind unsere Sozialsysteme mit der Zeit auch nicht mehr so stabil, sodass hier jemand schnell durch das System fällt.

Möchte Martina die Lücke von 1000 Euro schließen, braucht sie eine Rente von 2200 Euro, um inflationsbereinigt eine Rente von 1000 Euro zu erhalten. Ein Vermögen von 550000 Euro muss zum 65. Lebensjahr bereitstehen, damit sie die Rentenauszahlungen tätigen kann. Um das Vermögen zu erreichen, muss sie monatlich bei einem Zins von 6 Prozent rund 490 Euro sparen.

Beispielfall 4

Tanja O.
33 Jahre
ledig
keine Kinder
1913 Euro netto

Persönliche Angaben

Tanja ist 33 Jahre jung und kaufmännische Angestellte. Sie arbeitet in einem großen Industrieunternehmen. Dort verdient sie netto 1913 Euro. Sie wohnt in einer Großstadt in einer Mietwohnung und ist ledig.

Auch sie freute sich über die Renteninformation und verstand nicht direkt, warum noch so eine hohe Rente zu bekommen ist, da doch eigentlich alle Stimmen gegen die gesetzliche Rente sprechen. Ein bisschen konnte sie schon für die Privatvorsorge ansparen. Mit rund 30 000 Euro ist sie hier gut aufgestellt.

Die Renteninformation

Rente wegen voller Erwerbsminderung Würden Sie heute voll erwerbsgemindert sein, bekämen Sie eine monatliche Rente von:	697,35 EUR
Hochrechnungen Ihrer künftigen Altersrente Ihre bislang erreichten Rentenanwartschaften würden nach heutigem Stand einer monatlichen Altersrente von 214,84 EUR entsprechen. Sollten Sie bis zur Vollendung des 65. Lebensjahres jährlich X Entgeltpunkte (wie im Durchschnitt der letzten fünf Kalenderjahre) erwerben, bekämen Sie ohne Berücksichtigung von Rentenanpassungen eine monatliche Altersrente von:	1 356,03 EUR
Ihre Rente wird aber aufgrund künftiger Rentenanpassungen tatsächlich höher ausfallen. Leider können auch wir die Entwicklung nicht vorhersehen. Deshalb haben wir zwei Varianten für Sie gewählt:	
Beträgt der jährliche Anpassungssatz 1,5 Prozent, so beliefe sich Ihre Rente zu Rentenbeginn auf:	2 249,04 EUR
Beträgt der jährliche Anpassungssatz 3,5 Prozent, so beliefe sich Ihre Rente zu Rentenbeginn auf:	4 369,08 EUR
Diese Beträge werden jährlich weiter angepasst.	

Abbildung 9.5   Auszug aus der Renteninformation für Tanja O. aus dem Jahr 2002. So wurden die Rentenformationen bis 2003 verschickt. Seit 2004 wird mit den Anpassungssätzen 1,5 Prozent und 2,5 Prozent gerechnet.

Renten-Check bei Renteneintrittsalter 65

Voraussichtlich, so plant Tanja, wird sie mit 65 Lebensjahren in den Ruhestand eintreten. Dann soll nun die gesetzliche Rente, wie in der Renteninformation angegeben, ausgezahlt werden – mit rund 1 350 Euro. Doch schauen wir uns nun einmal mit dem Renten-Check an, was diese Rente mit 65 Jahren eigentlich noch bringt.

Rentenanpassungs-satz (in Prozent)	Rente lt. BfA (in Euro)	BfA-Rente mit der heutigen Kaufkraft (in Euro)	Rentenlücke (in Euro)
0	1 356	496	1 417
1,5	2 249	824	1 089
2,5	3 140	1 149	764

Tabelle 9.17 Renteneintrittsalter 65. Lebensjahr, Inflationsrate 3 Prozent, monatliches Einkommen 1 913 Euro

Quelle: © Beratungsrechner von Dr. Kriebel und Bernd W. Klöckner, Verwendung in Vorträgen, Büchern oder Artikeln nur mit Genehmigung des Autors.

Rentenanpassungs-satz (in Prozent)	Rente lt. BfA (in Euro)	BfA-Rente mit der heutigen Kaufkraft (in Euro)	Rentenlücke (in Euro)
0	1 356	692	1 221
1,5	2 249	1 148	765
2,5	3 140	1 601	312

Tabelle 9.18 Renteneintrittsalter 65. Lebensjahr, Inflationsrate 2 Prozent, monatliches Einkommen 1 913 Euro

Quelle: © Beratungsrechner von Dr. Kriebel und Bernd W. Klöckner, Verwendung in Vorträgen, Büchern oder Artikeln nur mit Genehmigung des Autors.

Auch hier tauchen große Rentenlücken auf. Im besten Fall liegt die Rentenlücke von Tanja bei 312 Euro und im schlechtesten Fall bei 1 417 Euro.

Auch hier gilt: Versicherte sind der BfA/LVA schutzlos ausgesetzt, wenn sie sich auf diese Rentenaussagen stützen.

Renten-Check bei Renteneintrittsalter 62

Tanja könnte mit 62 Jahren schon in Frührente gehen. Die Abschläge der Renten sind hier zwar sehr hoch, doch der Gesetzgeber bietet Arbeitnehmern an, mit 62 Lebensjahren in Rente zu gehen. Gerade Arbeitnehmer, die kurz vor dem 65. Lebensjahr arbeitslos werden, bietet die Frührente eine gute Möglichkeit, da es fast aussichtslos ist, in diesem Alter noch einen neuen Arbeitsplatz zu finden.

Rentenanpassungs-satz (in Prozent)	Rente lt. BfA (in Euro)	BfA-Rente mit der heutigen Kaufkraft (in Euro)	Rentenlücke (in Euro)
0	1 119	369	1 544
1,5	1 856	613	1 300
2,5	2 591	855	1 058

Tabelle 9.19 Renteneintrittsalter 62. Lebensjahr, Inflationsrate 3 Prozent, monatliches Einkommen 1 913 Euro

Quelle: © Beratungsrechner von Dr. Kriebel und Bernd W. Klöckner, Verwendung in Vorträgen, Büchern oder Artikeln nur mit Genehmigung des Autors.

Rentenanpassungs-satz (in Prozent)	Rente lt. BfA (in Euro)	BfA-Rente mit der heutigen Kaufkraft (in Euro)	Rentenlücke (in Euro)
0	1 119	500	1 413
1,5	1 856	829	1 084
2,5	2 591	1 157	756

Tabelle 9.20 Renteneintrittsalter 62. Lebensjahr, Inflationsrate 2 Prozent, monatliches Einkommen 1 913 Euro

Quelle: © Beratungsrechner von Dr. Kriebel und Bernd W. Klöckner, Verwendung in Vorträgen, Büchern oder Artikeln nur mit Genehmigung des Autors.

Die Frührente ist allerdings ein großer Verlustbringer für die Rentner. Hier sind die Abschläge sehr hoch. Hat Tanja beispielsweise Eckdaten von 0 Prozent Rentenanpassung und einer Inflation von 3 Prozent, so würde sie eine Rente von 1 119 Euro bekommen. Doch der Kaufkraftverlust nimmt hier einen Großteil ein und somit ist diese Rente mit dem 62. Lebensjahr nur noch 369 Euro wert – ihre Rentenlücke beträgt also 1 544 Euro.

Renten-Check nach Rentenkürzungen

In den nächsten Jahren kann mit Rentenkürzungen gerechnet werden. Auch Tanja könnte betroffen sein. Hier sehen Sie wiederum die Tabelle, aus der Sie eine Inflationsrate und eine entsprechende durchschnittliche Rentenkürzung entnehmen und somit ihre Rente berechnen können.

Rentenanpassung (in Prozent)	Inflation (in Prozent)					
	1,0	1,5	2,0	2,5	3,0	3,5
– 1,0	686,96	580,78	491,42	416,15	352,69	299,15
– 1,5	578,32	488,93	413,70	350,33	296,91	251,84
– 2,0	486,43	411,25	347,97	294,67	249,74	211,82
– 2,5	408,78	345,60	**292,42**	247,63	209,87	178,01
– 3,0	343,22	290,17	245,52	207,92	176,21	149,46
– 3,5	287,91	243,41	205,96	174,41	147,82	125,38
– 4,0	241,30	204,00	172,61	146,17	123,88	105,08

Tabelle 9.21 Renten-Check nach der Rentenkürzung durch die Inflationsrate und eine negative Rentenanpassung

© Bernd W. Klöckner, Verwendung in Vorträgen, Büchern oder Artikeln nur mit Genehmigung des Autors.

Nimmt Tanja eine Rentenkürzung von 2,5 Prozent und eine Inflation von 2 Prozent an, so kann sie nur noch mit einer Rente von rund 292 Euro zu rechnen. Das würde eine Rentenlücke von 1 621 Euro ergeben, wobei schon gesehen werden kann, dass mit 292 Euro nur schwierig zu überleben ist.

Zusammenfassung

Auch Tanja kann sich nicht mit der BfA-Renteninformation zufrieden geben. Selbst wenn sie die 1356 Euro als Rente bekommt, entsteht allein durch die Kaufkraftverluste eine Rentenlücke. Im besten Fall sind es noch 312 Euro, im schlimmsten Fall hätte sie allein durch Kaufkraftverluste eine Lücke von 1 544 Euro.

Um auch weiterhin mit dem jetzigen Einkommen auszukommen, das dann auch später als Rente zur Verfügung stehen soll, muss sie diese Lücke schließen. Sonst wird die Lebensunterhaltung zu einer schweren Situation.

Lösung

Tanja braucht also rundweg einen Plan, wie sie eine Rentenlücke von etwa 1200 Euro schließen kann. Nun hat sie einen Vorteil, da sie schon 30000 Euro erspart hat. Um mit 65 Jahren die Rentenlücke zu schließen, braucht sie privat zu Beginn der Rentenphase ein Vermögen von 733100 Euro.

Legt sie nun schon die ersparten 30000 Euro heute zu Beginn an, muss sie noch monatlich 440 Euro zur Seite legen. Möchte sie noch eine Dynamik mit einbauen, so muss sie bei einer Inflationsrate von 3 Prozent 305 Euro und bei einer Inflationsrate von 5 Prozent 230 Euro pro Monat zu Beginn anlegen.

Diese Anlageform, die auch Tanja empfohlen wird, erzielt in der Rentenphase einen Zins von 4,5 Prozent und in der Ansparphase einen Zins von 6 Prozent.

Beispielfall 5

Georg M.
33 Jahre
verheiratet
1 Kind
1300 Euro netto

Persönliche Angaben

Georg ist verheiratet und hat mit seiner Frau Petra ein Kind. Sie wohnen in einer Eigentumswohnung in der Nähe von Stuttgart. Georg arbeitet zurzeit bei einem Bauunternehmen. Aufgrund der wirtschaftlichen Lage ist er sehr froh, dass ihm sein Arbeitgeber seinen Arbeitsplatz zugesichert hat. Das Unternehmen macht auch in dieser Situation sehr gute Gewinne. Georg verdient dort 1300 Euro netto.

Seine Frau Petra war noch bis vor kurzem arbeitslos, doch nach der Geburt des ersten Kindes ist sie entschlossene Hausfrau. Sie hat eine Renteninformation erhalten, jedoch kommt hier nicht viel heraus.

Auch Georg hat den Rentenbescheid erhalten. Er freute sich, da die Hochrechnung schon über 1300 Euro auswies. Das läge dann knapp über seinem jetzigen Nettoeinkommen. Zudem hat er schon eine stolze Erwerbsminderungsrente aus der gesetzlichen Rentenversicherung zugesichert bekommen.

Georg bekommt zwar in letzter Zeit sehr oft Anrufe eines Finanzberaters eines großen Maklerunternehmens, er interessiert sich jedoch nicht besonders dafür, etwas für die Altersliquidität zu tun. Er glaubt, durch die gesetzliche Rente genug Absicherung zu haben. Zudem hat er noch ein Altersvorsorgeprodukt abgeschlossen, welches ihm eine lebenslange Rente über 1500 Euro ab dem 65. Lebensjahr zusichert.

Die Renteninformation

Rente wegen voller Erwerbsminderung Wären Sie heute voll erwerbsgemindert, bekämen Sie eine monatliche Rente von:	934,59 EUR
Hochrechnungen Ihrer künftigen Altersrente Ihre bislang erreichten Rentenanwartschaften würden nach heutigem Stand einer monatlichen Altersrente von 363,00 EUR entsprechen. Sollten Sie bis zur Vollendung des 65. Lebensjahres jährlich X Entgeltpunkte (wie im Durchschnitt der letzten fünf Kalenderjahre) erwerben, bekämen Sie ohne Berücksichtigung von Rentenanpassungen eine monatliche Altersrente von:	1324,31 EUR
Ihre Rente wird aber aufgrund künftiger Rentenanpassungen tatsächlich höher ausfallen. Leider können auch wir die Entwicklung nicht vorhersehen. Deshalb haben wir zwei Varianten für Sie gewählt: Beträgt der jährliche Anpassungssatz 1,5 Prozent, so beliefe sich Ihre Rente zu Rentenbeginn auf:	2100,67 EUR
Beträgt der jährliche Anpassungssatz 3,5 Prozent, so beliefe sich Ihre Rente zu Rentenbeginn auf:	3848,49 EUR
Diese Beträge werden jährlich weiter angepasst.	

Abbildung 9.6 Auszug aus der Renteninformation für Georg M. aus dem Jahr 2002. So wurden die Rentenformationen bis 2003 verschickt. Seit 2004 wird mit den Anpassungssätzen 1,5 Prozent und 2,5 Prozent gerechnet.

Renten-Check bei Renteneintrittsalter 65

Schauen wir nun, was diese Renteninformation an wirklicher Aussage hat. Was steckt eigentlich dahinter? Wiederum berechnen wir die spätere Rente nach heutiger Kaufkraft und ermitteln eine eventuelle Rentenlücke. Die Inflation ist mit jeweils 3 und 2 Prozent angegeben.

Rentenanpassungssatz (in Prozent)	Rente lt. BfA (in Euro)	BfA-Rente mit der heutigen Kaufkraft (in Euro)	Rentenlücke (in Euro)
0	1 324	530	770
1,5	2 101	840	460
2,5	2 847	1 139	161

Tabelle 9.22 Renteneintrittsalter 65. Lebensjahr, Inflationsrate 3 Prozent, monatliches Einkommen 1 300 Euro

Quelle: © Beratungsrechner von Dr. Kriebel und Bernd W. Klöckner, Verwendung in Vorträgen, Büchern oder Artikeln nur mit Genehmigung des Autors.

Rentenanpassungssatz (in Prozent)	Rente lt. BfA (in Euro)	BfA-Rente mit der heutigen Kaufkraft (in Euro)	Rentenlücke (in Euro)
0	1 324	717	583
1,5	2 101	1 137	163
2,5	2 847	1 541	keine

Tabelle 9.23 Renteneintrittsalter 65. Lebensjahr, Inflationsrate 2 Prozent, monatliches Einkommen 1 300 Euro

Quelle: © Beratungsrechner von Dr. Kriebel und Bernd W. Klöckner, www.beratungsrechner.de

Auf den Punkt gebracht: Nur wenn in den nächsten 32 Jahren jährlich eine Rentenanpassung von 2,5 Prozent nach oben genehmigt wird und lediglich eine Inflation von zwei Prozent besteht, entsteht keine Rentenlücke. Ansonsten liegt die Höhe der Rentenlücke der Familie circa zwischen 160 Euro und 770 Euro, was vermutlich der Fall wäre. Auch die Kaufkraft der Rente wird mit Sicherheit nicht so hoch sein, wie Georg es berücksichtigt hat.

Renten-Check bei Renteneintrittsalter 62

Da Georg im Baugewerbe arbeitet, kann es sehr wahrscheinlich sein, dass entweder eine Erwerbsminderung eintritt oder dass er mit 62 Lebensjahren in Frührente geht. Damit hätte er ohnehin schon Abschläge. Was die Frührente dann noch nach Kaufkraftverlust wert ist, schauen wir uns im Folgenden an:

Rentenanpassungssatz (in Prozent)	Rente lt. BfA (in Euro)	BfA-Rente mit der heutigen Kaufkraft (in Euro)	Rentenlücke (in Euro)
0	1 092	394	906
1,5	1 734	625	675
2,5	2 349	847	453

Tabelle 9.24 Renteneintrittsalter 62. Lebensjahr, Inflationsrate 3 Prozent, monatliches Einkommen 1 300 Euro

Quelle: © Beratungsrechner von Dr. Kriebel und Bernd W. Klöckner, Verwendung in Vorträgen, Büchern oder Artikeln nur mit Genehmigung des Autors.

Rentenanpassungssatz (in Prozent)	Rente lt. BfA (in Euro)	BfA-Rente mit der heutigen Kaufkraft (in Euro)	Rentenlücke (in Euro)
0	1 092	518	782
1,5	1 734	822	478
2,5	2 349	1 113	187

Tabelle 9.25 Renteneintrittsalter 62. Lebensjahr, Inflationsrate 2 Prozent, monatliches Einkommen 1 300 Euro

Quelle: © Beratungsrechner von Dr. Kriebel und Bernd W. Klöckner, Verwendung in Vorträgen, Büchern oder Artikeln nur mit Genehmigung des Autors.

In diesem Fall kann die Rentenlücke selbst durch einen hohen Rentenanpassungssatz nicht geschlossen werden. Sie liegt mindestens bei rund 190 Euro und im Fall einer Rentenanpassung von 0 Prozent bei rund 900 Euro. Auch die Kaufkraft liegt weit unter dem, was sich Georg vorgestellt hat.

Renten-Check nach Rentenkürzungen

Im Folgenden sehen Sie dann noch die Fälle, die wohlmöglich in Zukunft folgen können. Zwei Negativfaktoren

1. Kaufkraftverlust und
2. negative Rentenanpassungssätze

lassen die zukünftige Rente sinken. Wählen Sie einen Inflationssatz und einen Minus-Rentenanpassungssatz und schauen Sie sich die Rente an, die nach heutiger Kaufkraft gegeben ist.

Rentenanpassung (in Prozent)	Inflation (in Prozent)					
	1,0	1,5	2,0	2,5	3,0	3,5
– 1,0	698,12	596,07	509,34	435,56	372,75	349,24
– 1,5	593,70	506,91	433,15	370,41	317,00	271,49
– 2,0	504,47	430,73	368,06	314,74	269,36	230,69
– 2,5	428,30	365,70	312,49	267,22	228,69	195,86
– 3,0	363,33	310,22	265,08	226,68	194,00	166,15
– 3,5	307,95	**262,94**	224,68	192,13	164,43	140,82
– 4,0	260,79	222,67	190,27	162,71	139,24	119,25

Tabelle 9.26 Renten-Check nach der Rentenkürzung durch die Inflationsrate und eine negative Rentenanpassung

© Bernd W. Klöckner, Verwendung in Vorträgen, Büchern oder Artikeln nur mit Genehmigung des Autors.

Auch diese Werte werden Georg zu einer anderen Meinung über seine gesetzliche Rentenversicherung bringen. Ist beispielsweise eine Inflation von 1,5 Prozent und eine Rentenanpassung von durchschnittlich minus 3,5 Prozent gegeben, so liegt die Rente nur bei 263 Euro. Das wäre eine bittere Pille für Georg.

Diese Zahlen müssen jemanden einfach dazu bringen, das Gespräch mit einem Finanzprofi – der rechnen kann, also keinem »Finanzrater©« – zu suchen. Ein Finanzrater© ist derjenige, der nicht mit Ihnen eine solche Situation von Rente und Inflation durchrechnet. Achten Sie also darauf, dass derjenige, der Sie berät, auch eine individuelle, auf Sie zugeschnittene Berechnung durchführt.

Zusammenfassung

Georg sollte sich also genau die obigen Zahlen anschauen. Um nicht in der Zukunft von der gesetzlichen Rente enttäuscht zu werden, sollte er seine Finanzen noch einmal genau mit einem Finanzberater durchsprechen. Hierzu gehört es, nicht nur irgendeinen Altersvorsorgevertrag abzuschließen oder nur die gesetzliche Rente zu berechnen. Auch das andere, schon abgeschlossene Altersvorsorgeprodukt sollte unter die Lupe genommen werden. Mit der garantierten Rente von 1500 Euro ist nämlich auch nur der Betrag zum Auszahlungszeitpunkt gemeint. Eine Inflation beispielsweise ist hier noch nicht berücksichtigt. Man kann es sich also schlecht vorstellen, welchen Wert dieser Betrag in der Zukunft haben wird.

Es sollte also in jedem Fall die Inflation beachtet werden. Durch die Eigentumswohnung hat die kleine Familie in jedem Fall einen Vorteil, denn sie kann dadurch einmal Kosten sparen und zum anderen muss sie keine Angst vor drohenden Mieterhöhungen haben. Andere Kostenpunkte, wie Lebenshaltungskosten, Auto, Fahrtkosten sollten jedoch im Hinblick auf eine Inflation beachtet werden. Diese Faktoren treffen Georg, seine Frau und das Kind in jedem Fall.

Auch die steuerliche Seite sollte berücksichtigt sein. Die gesetzlichen Renten sind nämlich Bruttorenten und werden noch besteuert. Tritt Georg mit dem 65. Lebensjahr im Jahr 2035 in den Ruhestand ein, so wird seine Rente zu einem Anteil von 95 Prozent besteuert.

Lösung

Durch die Eigentumswohnung kann die Familie schon einmal auf bleibendes Kapital zurückgreifen, denn sie könnte eventuell mit dem Eintritt in den Ruhestand verkauft werden. Das sollte wiederum mit Blick auf die Mietpreise entschieden werden.

Zum anderen muss eine Rentenlücke von etwa 750 Euro geschlossen werden. Das könnte durch das Altersvorsorgeprodukt mit einer Rentenauszahlung von 1500 Euro gegeben sein. Diese Auszahlung sollte jedoch noch mit einem Kaufkraftverlust für den heutigen Wert berechnet werden. Erst dann kann eine Entscheidung getroffen werden, ob noch ein Produkt und vor allem welches abgeschlossen werden soll.

Sollte Georg mit 65 in Rente gehen und die Rente bis zum 92. Lebensjahr beziehen, so braucht er mit dem 65. Lebensjahr ein Vermögen von 393 000 Euro, um sich die Zusatzrente von 750 Euro (heutiger Kaufkraft) auszahlen zu lassen. Mit 65 würden danach 1573 Euro monatlich als Betrag ausgezahlt. Da nun noch die 1500 Euro ausgezahlt werden, müssen lediglich noch 73 Euro abgesichert werden, also knapp 100 Euro. Dafür müsste er bei einem Zins von 6 Prozent noch etwa 25 Euro monatlich in einem Anlageprodukt sparen.

Beispielfall 6

Alexander B.
35 Jahre
verheiratet
1 Kind
4100 Euro netto

Persönliche Angaben

Alexander ist verheiratet und hat mit seiner Frau ein Kind. Die kleine Familie lebt in einem gerade gekauften Einfamilienhaus. Das Haus hat einen Wert von rund 300 000 Euro. Es wurde aus einem Darlehen mit 150 000 Euro finanziert. In rund 25 Jahren soll das Darlehen mit monatlich 1000 Euro getilgt werden. Alexanders Frau ist nicht berufstätig und wird es auch in den nächsten Jahren nicht werden – sie möchte gerne Hausfrau bleiben und noch ein weiteres Kind bekommen.

Alexander, 35 Jahre, ist in einem Unternehmen beschäftigt – sein Nettoverdienst beläuft sich auf 4100 Euro.

Familie B. ist bei der Altersvorsorge sehr gut aufgestellt. Sie besitzen Bankprodukte, die mit dem 65. Lebensjahr rund 110 000 Euro Auszahlung bieten. Zusätzlich wurde noch eine Beteiligung an einem geschlossenen Immobilienfonds gekauft – deren Wert beträgt mit 65 Jahren 70 000 Euro. Außerdem wird noch durch eine Pensionskasse ab dem 65. Lebensjahr eine Rente von 600 Euro monatlich ausgezahlt.

Alexander weiß, dass die Renteninformation der gesetzlichen Rentenversicherung nicht viel bringt. Er hat schon in Fachzeitschriften gelesen, dass diese falsch und die gesetzliche Rente am Ende ist. Doch er hat bisher noch keine konkrete Zahl gesehen, die ihm zeigt, was er nun genau davon halten kann. Aufgrund der Unsicherheit hat er in letzter Zeit wenig Urlaub gemacht, viel gearbeitet und konnte dadurch viel für die Altersliquidität sparen. Auch durch Geld aus Erbschaften konnte er einige teure Anlagen tätigen.

Die Renteninformation

Rente wegen voller Erwerbsminderung Würden Sie heute voll erwerbsgemindert sein, bekämen Sie eine monatliche Rente von:	927,25 EUR
Hochrechnungen Ihrer künftigen Altersrente Ihre bislang erreichten Rentenanwartschaften würden nach heutigem Stand einer monatlichen Altersrente von 408,06 EUR entsprechen. Sollten Sie bis zur Vollendung des 65. Lebensjahres jährlich X Entgeltpunkte (wie im Durchschnitt der letzten fünf Kalenderjahre) erwerben, bekämen Sie ohne Berücksichtigung von Rentenanpassungen eine monatliche Altersrente von:	1 810,44 EUR
Ihre Rente wird aber aufgrund künftiger Rentenanpassungen tatsächlich höher ausfallen. Leider können auch wir die Entwicklung nicht vorhersehen. Wir haben zwei Varianten für Sie gerechnet: Beträgt der jährliche Anpassungssatz 1,5 Prozent, so ergäbe sich zum 65. Lebensjahr eine Rente von monatlich 2 829,64 EUR, bei 3,5 Prozent eine solche von 5.080,74 EUR. Die Beträge sind – insbesondere wegen eines Anstiegs der Lebenshaltungskosten – in ihrer Kaufkraft nicht mit heutigen Einkommen vergleichbar.	

Abbildung 9.7 Auszug aus der Renteninformation für Alexander B. aus dem Jahr 2003. So wurden die Rentenformationen bis 2003 verschickt. Seit 2004 wird mit den Anpassungssätzen 1,5 Prozent und 2,5 Prozent gerechnet.

Renten-Check bei Renteneintrittsalter 65

Schauen wir uns nun wieder im Folgenden an, was die Renteninformation von Alexander in Wirklichkeit aussagt. Hier verwenden wir wiederum einen Inflationssatz von 3 und 2 Prozent. Schon im Voraus kann von einer hohen Rentenlücke ausgegangen werden, da schon die Rentenanwartschaften unter dem Nettoeinkommen liegen.

Rentenanpassungssatz (in Prozent)	Rente lt. BfA (in Euro)	BfA-Rente mit der heutigen Kaufkraft (in Euro)	Rentenlücke (in Euro)
0	1810	746	3354
1,5	2930	1166	2934
2,5	3860	1564	2536

Tabelle 9.27 Renteneintrittsalter 65. Lebensjahr, Inflationsrate 3 Prozent, monatliches Einkommen 4100 Euro

Quelle: © Beratungsrechner von Dr. Kriebel und Bernd W. Klöckner, Verwendung in Vorträgen, Büchern oder Artikeln nur mit Genehmigung des Autors.

Rentenanpassungssatz (in Prozent)	Rente lt. BfA (in Euro)	BfA-Rente mit der heutigen Kaufkraft (in Euro)	Rentenlücke (in Euro)
0	1810	999	3101
1,5	2930	1562	2538
2,5	3860	2096	2004

Tabelle 9.28 Renteneintrittsalter 65. Lebensjahr, Inflationsrate 2 Prozent, monatliches Einkommen 4100 Euro

Quelle: © Beratungsrechner von Dr. Kriebel und Bernd W. Klöckner, Verwendung in Vorträgen, Büchern oder Artikeln nur mit Genehmigung des Autors.

Auch hier sehen wir, dass Alexanders Rentenlücke zwischen 2004 und 3354 Euro liegt. Im geringsten Fall liegt die Rente nach dem Kaufkraftverlust bei etwa 750 Euro.

Renten-Check bei Renteneintrittsalter 62

Ab dem 62. Lebensjahr kann Alexander nach heutigem Recht die Frührente beantragen. Im Folgenden sehen Sie wiederum, wie sich hier die Rente ändert und auch, welche Kaufkraft eine Rente dann hat.

Rentenanpassungs-satz (in Prozent)	Rente lt. BfA (in Euro)	BfA-Rente mit der heutigen Kaufkraft (in Euro)	Rentenlücke (in Euro)
0	1493	555	3545
1,5	2334	867	3233
2,5	3133	1164	2936

Tabelle 9.29 Renteneintrittsalter 62. Lebensjahr, Inflationsrate 3 Prozent, monatliches Einkommen 4100 Euro

Quelle: © Beratungsrechner von Dr. Kriebel und Bernd W. Klöckner, Verwendung in Vorträgen, Büchern oder Artikeln nur mit Genehmigung des Autors.

Bei 3 Prozent Inflation ist die Rente nach heutiger Kaufkraft knapp dreimal so gering, wie noch in der Renteninformation angegeben. Somit ist auch eine hohe Rentenlücke da.

Rentenanpassungs-satz (in Prozent)	Rente lt. BfA (in Euro)	BfA-Rente mit der heutigen Kaufkraft (in Euro)	Rentenlücke (in Euro)
0	1493	722	3378
1,5	2334	1128	2972
2,5	3133	1514	2586

Tabelle 9.30 Renteneintrittsalter 62. Lebensjahr, Inflationsrate 2 Prozent, monatliches Einkommen 4100 Euro

Quelle: © Beratungsrechner von Dr. Kriebel und Bernd W. Klöckner, Verwendung in Vorträgen, Büchern oder Artikeln nur mit Genehmigung des Autors.

Auch hier sehen wir, dass die Rente nach dem Kaufkraftverlust um einiges geringer sein wird, als noch in der Renteninformation angegeben. Auch die Rentenlücke ist um einiges größer geworden, als bei einem Renteneintritt im 65. Lebensjahr.

Renten-Check nach Rentenkürzungen

Nun schauen wir noch auf den Fall, wenn die Bundesregierung aufgrund von leeren Rentenkassen die Rentenanpassungssätze nach unten setzt. Aufgrund der demografischen Entwicklung wird das auf kurz oder lang erfolgen. Eigentlich sollte die Bundesregierung, wenn die Einnahmen geringer sind als die Ausgaben, die Rentenkasse durch sonstige Einnahmen ausgleichen. Doch die sonstigen Einnahmen sind nichts anderes, als Steuergelder, die zweckentfremdet werden. Etwa die Mehrwertsteuererhöhung von 15 auf 16 Prozent oder die Einführung der Ökosteuer sind Einnahmen, die zum Ausgleich in die Rentenkasse fließen. Doch irgendwann wird wahrscheinlich der Erfindungsreichtum der Bundesregierung ausgehen, mit der Folge dass einfach die Rentenanpassungssätze gekürzt werden. Hier nun die Berechnung für die Rente von 1810 Euro, die durch Inflation und Rentenanpassung gekürzt wird.

Rentenanpassung (in Prozent)	Inflation (in Prozent)					
	1,0	1,5	2,0	2,5	3,0	3,5
– 1,0	993,33	856,55	739,14	638,29	551,59	477,01
– 1,5	853,34	735,84	634,98	548,34	473,86	409,78
– 2,0	732,52	631,65	545,07	470,70	406,77	**351,76**
– 2,5	628,31	541,80	467,53	403,74	348,90	301,72
– 3,0	538,50	464,35	400,71	346,03	299,03	258,59
– 3,5	461,17	397,66	343,16	296,33	256,08	221,46
– 4,0	394,62	340,28	293,64	253,57	219,13	189,50

Tabelle 9.31 Renten-Check nach der Rentenkürzung durch die Inflationsrate und eine negative Rentenanpassung

© Bernd W. Klöckner, Verwendung in Vorträgen, Büchern oder Artikeln nur mit Genehmigung des Autors.

Nimmt Alexander also für die Rente eine Inflation von 3,5 Prozent und eine Rentenanpassung von minus 2 Prozent, so kann er mit einer Rente von 352 Euro rechnen. Der Wert in der Renteninformation war fünfmal so hoch angegeben.

Zusammenfassung

Alexander hat für sich und die Familie sehr viel richtig gemacht. Er hat vorgesorgt. Ein Einfamilienhaus, viele Altersvorsorgeprodukte, einige Geldbestände, so sind er und seine Familie auf die Zukunft gut eingestellt.

Es fragt sich nur, ob dies auch für die Schließung der Rentenlücke reicht. Diese ist ja, wie wir oben sehen, alleine von gesetzlicher Seite her sehr hoch. Sie liegt zwischen 3000 und 3500 Euro. Wenn nun der Finanzberater oder Alexander B. alleine damit rechnen, dass die gesetzliche Rentenversicherung wirklich rund 1800 Euro als Rente zahlt, so ist noch zu wenig gespart worden.

Von der Steuersituation her sind einige gute Produkte im Portfolio: von der Pensionskasse, über den geschlossenen Immobilienfonds bis hin zu dem Bankprodukt, welches sich durch Steuervorteile von alleine trägt. Das alles lässt entweder auf einen guten Finanzberater oder einen guten Steuerberater schließen.

Von Seiten der Kosten und deren Steigerung ist hier genauso gut gehandelt worden. Ein Einfamilienhaus lässt schon einmal die Sorge um Mieterhöhungen schwinden. Die Kosten für Lebenshaltung werden jedoch nicht geringer, im Zweifel werden diese Kosten weiter steigen, was dann auch einen entsprechenden Vorsorgebedarf beziehungsweise ein bestimmtes Einkommen im Alter bedeutet!

Lösung

Eine Lösung ist nur dann optimal zu finden, wenn alle Angaben der Finanzsituation in eine Berechnung einfließen. Dazu zählen, wie schon erwähnt, geschlossener Immobilienfonds, Pensionskasse, Altersvorsorgeprodukte und natürlich auch die gesetzliche Rente. Die gesetzliche Rente sollte jedoch nur als kleiner Baustein angesehen werden. Gerade hier sollte schon fast das negativste Ergebnis in die Berechnung aufgenommen werden. Wenn später im Alter noch mehr Geld vorhanden ist, als erwartet wurde, wird Alexander sicher nicht meckern. Hier greift auch wieder der Spruch: »Zuviel gespart hat noch niemand«.

Nehmen wir also eine Rentenlücke von etwa 3500 Euro an. Müssten diese bis zum 65. Lebensjahr angespart werden, so muss dann ein Vermögen von etwa 1,8 Millionen Euro zur Verfügung stehen. Von dem Vermögen und auch von der Rente müssen noch die Auszahlung aus der Pensionskasse und die einmaligen Vermögen abgezogen werden. Somit benötigt er nur etwa 1,5 Millionen Euro. Um diese zu ersparen, ist eine monatliche Sparrate von 1600 Euro notwendig.

Da die Familie sehr hohe Ausgaben für die Anlagen und Annuitäten hat, ist es sehr fraglich, ob diese 1600 Euro zusätzlich aufgewendet werden können.

Beispielfall 7

Arthur P.
35 Jahre
verheiratet
1 Kind
1300 Euro netto

Persönliche Angaben

Arthur ist 35 Jahre alt und verheiratet. Er hat ein Kind und wohnt zur Miete in einem kleinen Dorf. Er ist Angestellter in einem kleinen Unternehmen. Dort arbeitet er schon fünf Jahre und bezieht ein Gehalt von netto 1300 Euro. Seine Frau ist seit der Geburt des ersten Kindes nicht mehr berufstätig. Sie hat etwa sieben Jahre in die Rentenkasse eingezahlt, von daher sind hier noch keine hohen Anwartschaften da. Sie wird auch in nächster Zeit nicht wieder arbeiten gehen, da sie das zweite Kind erwartet.

Beide haben vor, in nächster Zeit ein Haus zu bauen. Darum sparen die beiden fast alles, um das Haus zu finanzieren. Für die Altersvorsorge konnten sie deshalb noch nicht viel tun. Es besteht zwar eine Lebensversicherung mit Ablaufleistung von 80000 Euro mit dem 65. Lebensjahr und ein Fondssparplan, der dann aber für die Finanzierung des Hauses aufgebraucht werden wird. Arthur freute sich über die Renteninformation, denn er hat nicht mit einer so hohen Rente gerechnet.

Um auch für Arthur Klarheit zu schaffen, werden wir hier ebenfalls einen Renten-Check durchführen.

Die Renteninformation

Rente wegen voller Erwerbsminderung Würden Sie heute voll erwerbsgemindert sein, bekämen Sie eine monatliche Rente von:	973,34 EUR
Hochrechnungen Ihrer künftigen Altersrente Ihre bislang erreichten Rentenanwartschaften würden nach heutigem Stand einer monatlichen Altersrente von 412,67 EUR entsprechen. Sollten Sie bis zur Vollendung des 65. Lebensjahres jährlich X Entgeltpunkte (wie im Durchschnitt der letzten fünf Kalenderjahre) erwerben, bekämen Sie ohne Berücksichtigung von Rentenanpassungen eine monatliche Altersrente von:	1 352,30 EUR
Ihre Rente wird aber aufgrund künftiger Rentenanpassungen tatsächlich höher ausfallen. Leider können auch wir die Entwicklung nicht vorhersehen. Wir haben zwei Varianten für Sie gerechnet: Beträgt der jährliche Anpassungssatz 1,5 Prozent, so ergäbe sich zum 65. Lebensjahr eine Rente von monatlich 2 113,58 EUR, bei 3,5 Prozent eine solche von 3 795,03 EUR. Die Beträge sind – insbesondere wegen eines Anstiegs der Lebenshaltungskosten – in ihrer Kaufkraft nicht mit heutigen Einkommen vergleichbar.	

Abbildung 9.8 Auszug aus der Renteninformation für Arthur P. aus dem Jahr 2003. So wurden die Rentenformationen bis 2003 verschickt. Seit 2004 wird mit den Anpassungssätzen 1,5 Prozent und 2,5 Prozent gerechnet.

Renten-Check bei Renteneintrittsalter 65

Im Folgenden wiederum der Renten-Check für Arthur, wenn er mit dem 65. Lebensjahr den Renteneintritt plant. Hier gehen wir ebenfalls von einer Inflationsrate von jeweils 3 und 2 Prozent aus:

Rentenanpassungssatz (in Prozent)	Rente lt. BfA (in Euro)	BfA-Rente mit der heutigen Kaufkraft (in Euro)	Rentenlücke (in Euro)
0	1 352	557	743
1,5	2 113	871	429
2,5	2 836	1 168	132

Tabelle 9.32 Renteneintrittsalter 65. Lebensjahr, Inflationsrate 3 Prozent, monatliches Einkommen 1 300 Euro
Quelle: © Beratungsrechner von Dr. Kriebel und Bernd W. Klöckner. Verwendung in Vorträgen, Büchern oder Artikeln nur mit Genehmigung des Autors.

Arthur rechnet nun mit einer Rente von 1352 Euro. Die Kaufkraftverluste von 3 Prozent beachtet er jedoch gar nicht und weiß somit nicht, dass seine Rente nach heutiger Kaufkraft nur 560 Euro wert ist.

Rentenanpassungssatz (in Prozent)	Rente lt. BfA (in Euro)	BfA-Rente mit der heutigen Kaufkraft (in Euro)	Rentenlücke (in Euro)
0	1352	746	554
1,5	2113	1167	133
2,5	2836	1566	keine

Tabelle 9.33 Renteneintrittsalter 65. Lebensjahr, Inflationsrate 2 Prozent, monatliches Einkommen 1300 Euro

Quelle: © Beratungsrechner von Dr. Kriebel und Bernd W. Klöckner, Verwendung in Vorträgen, Büchern oder Artikeln nur mit Genehmigung des Autors.

Auch hier ist leicht zu sehen, dass Arthur im wahrscheinlichsten Fall nicht mit der BfA-Rente auskommen wird. Erst bei einem Rentenanpassungssatz von 2,5 Prozent und einer Inflation von 2 Prozent hat er keine Rentenlücke. Doch in den wahrscheinlicheren Fällen würde er allein durch den Kaufkraftverlust mit einer Rentenlücke von 743 Euro rechnen müssen.

Renten-Check bei Renteneintrittsalter 62

Im Folgenden der Renten-Check für ein Renteneintrittsalter von 62 Jahren.

Rentenanpassungssatz (in Prozent)	Rente lt. BfA (in Euro)	BfA-Rente mit der heutigen Kaufkraft (in Euro)	Rentenlücke (in Euro)
0	1116	415	885
1,5	1743	647	653
2,5	2340	869	431

Tabelle 9.34 Renteneintrittsalter 62. Lebensjahr, Inflationsrate 3 Prozent, monatliches Einkommen 1300 Euro

Quelle: © Beratungsrechner von Dr. Kriebel und Bernd W. Klöckner, Verwendung in Vorträgen, Büchern oder Artikeln nur mit Genehmigung des Autors.

Rentenanpassungs-satz (in Prozent)	Rente lt. BfA (in Euro)	BfA-Rente mit der heutigen Kaufkraft (in Euro)	Rentenlücke (in Euro)
0	1116	539	761
1,5	1743	843	457
2,5	2340	1131	169

Tabelle 9.35 Renteneintrittsalter 62. Lebensjahr, Inflationsrate 2 Prozent, monatliches Einkommen 1300 Euro

Quelle: © Beratungsrechner von Dr. Kriebel und Bernd W. Klöckner, Verwendung in Vorträgen, Büchern oder Artikeln nur mit Genehmigung des Autors.

Auch hier kann gesagt werden, dass bei einer Frührente schon bei einem Rentenanpassungssatz von 0 Prozent die ausgerechnete BfA-Rente unter dem jetzigen Einkommen liegt. Ziehen Sie den Kaufkraftverlust noch hinzu, werden Rentenlücken zwischen 169 und 885 Euro sichtbar.

Renten-Check nach Rentenkürzungen

Bei einem Renten-Check im schlechtesten Fall, also mit Rentenkürzungen, werden noch viel größere Rentenlücken sichtbar. Schauen Sie selbst:

Rentenanpassung (in Prozent)	Inflation (in Prozent)					
	1,0	1,5	2,0	2,5	3,0	3,5
−1,0	741,98	639,81	552,11	476,78	412,02	356,31
−1,5	637,42	549,65	474,31	409,59	353,95	306,09
−2,0	547,16	**471,82**	407,15	351,60	303,84	262,75
−2,5	469,33	404,70	349,23	301,58	260,61	225,37
−3,0	402,24	346,85	299,31	258,47	223,36	193,16
−3,5	344,47	297,04	256,32	221,35	191,28	165,42
−4,0	294,76	254,17	219,34	189,41	163,68	141,55

Tabelle 9.36 Renten-Check nach der Rentenkürzung durch die Inflationsrate und eine negative Rentenanpassung

© Bernd W. Klöckner, Verwendung in Vorträgen, Büchern oder Artikeln nur mit Genehmigung des Autors.

Nehmen Sie nun an, dass in den nächsten 30 Jahren eine Inflation von 1,5 Prozent anfällt und der Rentenanpassungssatz jährlich um 2 Prozent im Minus liegt, so bekommt Arthur lediglich eine Rente von 472 Euro. Seine Rentenlücke liegt also hier bei 828 Euro.

Sie sollten dies zusätzlich wissen: Schon im Jahr 2004 gab es eine Rentenkürzung von 0,85 Prozent. Der Rentenanpassungssatz wurde zwar nicht geändert, dafür wurde jedoch nun der volle Pflegeversicherungssatz auch für Rentner fällig, was auch schon als Minus verbucht werden kann. Auch in den kommenden Jahren muss mit höheren Minus-Werten gerechnet werden.

Zusammenfassung

Fassen wir noch einmal den Beispielfall von Arthur zusammen: Er plant, in den kommenden Jahren ein Haus zu bauen und legt zurzeit viel Geld dafür zur Seite. Das Haus könnte nun als Altersvorsorge gesehen werden, da dadurch natürlich Miete in der Zukunft wegfällt. Zahlt er jedoch 600 Euro Kaltmiete zurzeit, so kann er diesen Betrag von der Rentenlücke abziehen. Hier muss jedoch auch beachtet werden, dass Miete zwar sehr stark mit der Inflation steigt, bei einer eigenen Immobilie muss der Eigentümer jedoch natürlich die Instandhaltungskosten selber übernehmen.

In Arthurs Fall kann er auch nach dem Hausbau nicht für die Altersvorsorge sparen, da dann wahrscheinlich Annuitäten für die Darlehensfinanzierung anfallen.

Ein Vorteil ist natürlich seine Lebensversicherung mit Ablaufleistung von 80 000 Euro zum 65. Lebensjahr.

Lösung

Ein Lösungsvorschlag für Arthurs Problem kann nur schwer gefunden werden. Da er natürlich als Hauptwunsch den Hausbau hat, sollte er dafür auch das meiste sparen. Danach fallen die Annuitäten an.

Mit der Immobilie könnte er in der Rentenzeit entweder durch den Verkauf zusätzliches Geld bekommen oder weiterhin Miete sparen.

Gehen wir davon aus, dass Arthur das Darlehen für das Haus bis zum 65. Lebensjahr vollständig abbezahlt hat. Die Miete liegt danach so hoch, dass ein Verkauf der Immobilie keinen Sinn macht.

Gehen wir nun von Rentenkürzungen von 2 Prozent aus und von einer Inflation von 1,5 Prozent, so entsteht eine Rentenlücke von 828 Euro, die zu schließen ist.

Möchte er sich also eine Rente von 828 Euro inflationsbereinigt zusätzlich bis zum 92. Lebensjahr auszahlen lassen, benötigt er zu Beginn ein Vermögen von 423 300 Euro. Abzüglich der Ablaufleistung der Lebensversicherung muss er dann noch 343 300 Euro erreichen.

Bei einem Zins von 6 Prozent müsste er 376 Euro monatlich zur Seite legen.

Beispielfall 8

Thomas S.
36 Jahre
verheiratet
2 Kinder
Spitzenverdiener: 7100 Euro netto

Persönliche Angaben

Kommen wir nun zu einem gut verdienenden Ehepaar, Thomas und Tanja. Er ist in einer großen Gesellschaft in leitender Position tätig, sie ist Hausfrau und gelernte Krankenschwester. Er hat ein Nettoeinkommen von etwa 7100 Euro pro Monat. Sie haben zwei Kinder und wohnen in einem Einfamilienhaus, das vollständig ihr Eigentum ist. Er ist 36 Jahre alt, Tanja ist 35 Jahre alt.

In ihrem Besitz sind nun noch eine Eigentumswohnung, Wert circa 100 000 Euro und ein Bankguthaben von circa 50 000 Euro.

Für die Altersvorsorge bestehen auch schon einige Verträge – viele Lebensversicherungen, die mit dem 65. Lebensjahr zu einer Gesamtauszahlung von rund 200 000 Euro führen.

Beide sind gut in ihren Finanzen aufgestellt. Tanja hat zwar auch einen Rentenbescheid erhalten, geht aber nicht mehr arbeiten und fällt als bleibende Hausfrau aus der Berechnung heraus. Thomas ist noch in der Rentenversicherung und liegt natürlich über der Beitragsbemessungsgrenze. Er wird auch weiterhin noch in den Rententopf einzahlen.

Die Renteninformation

Rente wegen voller Erwerbsminderung Wären Sie heute wegen gesundheitlicher Einschränkungen voll erwerbsgemindert, bekämen Sie eine monatliche Rente von:	1 267,50 EUR
Hochrechnungen Ihrer künftigen Altersrente Ihre bislang erreichten Rentenanwartschaften würden nach heutigem Stand einer monatlichen Altersrente von 623,36 EUR entsprechen. Sollten Sie bis zur Vollendung des 65. Lebensjahres jährlich X Entgeltpunkte (wie im Durchschnitt der letzten fünf Kalenderjahre) erwerben, bekämen Sie ohne Berücksichtigung von Rentenanpassungen eine monatliche Altersrente von:	1 935,41 EUR
Ihre Rente wird aber aufgrund künftiger Rentenanpassungen tatsächlich höher ausfallen. Leider können auch wir die Entwicklung nicht vorhersehen. Unter Berücksichtigung der von der Bundesregierung unterstellten Lohnannahmen haben wir beispielhaft zwei Varianten gerechnet: Beträgt der jährliche Anpassungssatz 1,5 Prozent, so ergäbe sich zum 65. Lebensjahr eine Rente von monatlich 2 930 EUR, bei 2,5 Prozent eine solche von 3 860 EUR. Die Beträge sind wegen des zu erwartenden Anstiegs der Lebenshaltungskosten und der damit verbundenen Geldentwertung (Inflation) in ihrer Kaufkraft nicht mit einem heutigen Einkommen in dieser Höhe vergleichbar. Es ist aber zu erwarten, dass der Kaufkraftverlust Ihrer Rente durch die Rentenanpassungen langfristig zumindest ausgeglichen wird.	

Abbildung 9.9 Auszug aus der Renteninformation für Thomas S. aus dem Jahr 2004

Renten-Check bei Renteneintrittsalter 65

Auch in diesem Fall ist ein Renten-Check für die Renteninformation wichtig. Wir nehmen jedoch nicht das jetzige Nettoeinkommen von monatlich 7 100 Euro an, sondern lediglich 5 000 Euro, da beispielsweise die Kosten für die jetzige Lebensversicherung wegfallen.

Rentenanpassungs-satz (in Prozent)	Rente lt. BfA (in Euro)	BfA-Rente mit der heutigen Kaufkraft (in Euro)	Rentenlücke (in Euro)
0	1935	846	4154
1,5	2930	1283	3717
2,5	3860	1688	3312

Tabelle 9.37 Renteneintrittsalter 65. Lebensjahr, Inflationsrate 3 Prozent, monatliches Einkommen 5000 Euro
Quelle: © Beratungsrechner von Dr. Kriebel und Bernd W. Klöckner, Verwendung in Vorträgen, Büchern oder Artikeln nur mit Genehmigung des Autors.

Rentenanpassungs-satz (in Prozent)	Rente lt. BfA (in Euro)	BfA-Rente mit der heutigen Kaufkraft (in Euro)	Rentenlücke (in Euro)
0	1935	1111	3889
1,5	2930	1686	3314
2,5	3860	2219	2781

Tabelle 9.38 Renteneintrittsalter 65. Lebensjahr, Inflationsrate 2 Prozent, monatliches Einkommen 5000 Euro
Quelle: © Beratungsrechner von Dr. Kriebel und Bernd W. Klöckner, Verwendung in Vorträgen, Büchern oder Artikeln nur mit Genehmigung des Autors.

Die großen Rentenlücken sind natürlich auf das hohe Einkommen zurückzuführen. Der Wohlhabende zahlt zwar viel in die Rentenkasse ein, bekommt aber letztendlich nach Kaufkraftverlust nicht viel heraus.

Renten-Check bei Renteneintrittsalter 62

Prüfen wir nun die Renteninformation bei einem drei Jahre früheren Renteneintritt.

Rentenanpassungs-satz (in Prozent)	Rente lt. BfA (in Euro)	BfA-Rente mit der heutigen Kaufkraft (in Euro)	Rentenlücke (in Euro)
0	1597	629	4371
1,5	2422	954	4046
2,5	3187	1256	3744

Tabelle 9.39 Renteneintrittsalter 62. Lebensjahr, Inflationsrate 3 Prozent, monatliches Einkommen 5000 Euro
Quelle: © Beratungsrechner von Dr. Kriebel und Bernd W. Klöckner, Verwendung in Vorträgen, Büchern oder Artikeln nur mit Genehmigung des Autors.

Bei einer 3-prozentigen Inflation wird zwar voraussichtlich eine Rente von 1600 Euro ausgezahlt werden, diese 1600 Euro haben jedoch nur noch eine heutige Kaufkraft von 630 Euro. Somit ist auch die Rentenlücke von Thomas sehr hoch. Aufgrund der Frührente werden alleine schon die Renten um knapp 350 Euro gesenkt. Die Inflation kommt hier noch erschwerend hinzu.

Rentenanpassungssatz (in Prozent)	Rente lt. BfA (in Euro)	BfA-Rente mit der heutigen Kaufkraft (in Euro)	Rentenlücke (in Euro)
0	1597	803	4197
1,5	2422	1218	3782
2,5	3187	1603	3397

Tabelle 9.40 Renteneintrittsalter 62. Lebensjahr, Inflationsrate 2 Prozent, monatliches Einkommen 5000 Euro

Quelle: © Beratungsrechner von Dr. Kriebel und Bernd W. Klöckner, Verwendung in Vorträgen, Büchern oder Artikeln nur mit Genehmigung des Autors.

Auch hier ist zu sehen, dass bei einem Rentenanpassungssatz von 0 Prozent und einer Inflation von 3 Prozent lediglich eine lebenslange Rente von rund 630 Euro – Kaufkraft heute – gezahlt werden wird.

Renten-Check nach Rentenkürzungen

Nehmen wir nun wieder den schlechtesten Fall an, dass also die Rentenanpassungssätze im Minus liegen.

Rentenanpassung (in Prozent)	Inflation (in Prozent)					
	1,0	1,5	2,0	2,5	3,0	3,5
– 1,0	1083,38	938,83	814,14	706,50	613,51	533,13
– 1,5	935,43	810,62	702,95	610,01	529,73	460,32
– 2,0	807,08	699,39	606,50	526,31	457,04	397,16
– 2,5	695,82	602,98	522,89	**453,76**	394,04	342,41
– 3,0	599,43	519,45	450,46	390,90	339,45	294,98
– 3,5	516,00	447,15	387,76	336,50	292,21	253,92
– 4,0	443,84	384,62	333,54	289,44	251,34	218,41

Tabelle 9.41 Renten-Check nach der Rentenkürzung durch die Inflationsrate und eine negative Rentenanpassung

© Bernd W. Klöckner, Verwendung in Vorträgen, Büchern oder Artikeln nur mit Genehmigung des Autors.

Nimmt Thomas eine Inflation und den Rentenanpassungssatz von minus 2,5 Prozent an, so würde er nur eine Rente von 454 Euro erhalten.

Auch hier ist wieder im Vergleich zu sehen, dass die Bundesversicherungsanstalt für Angestellte über das Vierfache in der Renteninformation angenommen hat. Fatal wäre es, an die Zahlen zu glauben.

Zusammenfassung

Thomas und Tanja werden nach dieser Berechnung wahrscheinlich lieber mehr auf ihre Privatvorsorge achten und weniger auf die gesetzliche Rente bauen.

In den persönlichen Angaben konnten wir jedoch lesen, dass für das Alter schon gut vorgesorgt wurde. Ein Eigenheim, eine Eigentumswohnung, viele Altersvorsorgeprodukte, ein gut gefülltes Bankkonto – das lässt darauf schließen, dass sich Thomas und Tanja über die Situation und die Gefahr einer Altersarmut Gedanken gemacht haben.

Zusammenfassend ist jedoch über die Rentenkasse und auch über die Renteninformation zu sagen, dass diese meist zu optimistisch sind. Es wird rund das Vierfache oder selbst schon das doppelte angegeben. In der Renteninformation steht als Warnung lediglich der Satz, dass diese Beträge aufgrund der Geldentwertung nicht mehr mit heutigem Einkommen vergleichbar sind. Dies ist viel zu wenig Information, denn die Geldentwertung wird erst mit klaren Beispielen und Zahlen klar.

Lösung

Schauen wir uns nun den Lösungsvorschlag für Thomas und Tanja an.

Gehen wir einmal von einer Rentenlücke von 4500 Euro aus. Was müsste Thomas noch zusätzlich sparen? Oder reichen die jetzigen Anlagen aus, um mit dem 65. Lebensjahr bis zum 92. Lebensjahr eine angemessene Rente zu bekommen?

Mit dem 65. Lebensjahr braucht er ein Vermögen von rund 2,25 Millionen Euro, um auch die Kaufkraft von 4500 Euro Zusatzrente zu haben.

Nach Abzug der Lebensversicherungen (200 000 Euro) und der Eigentumswohnung (100 000 Euro) müssen die beiden noch rund 1,95 Millionen Euro ansparen.

Wird noch das Bankguthaben von 50 000 Euro zu Beginn angelegt, so müssen ab dem heutigen Tag noch zusätzlich 2 000 Euro zu einem Zins von 6 Prozent gespart werden, um die rund 1,95 Millionen Euro mit dem 65. Lebensjahr zu erreichen.

Beispielfall 9

Jürgen L.
37 Jahre
verheiratet
2 Kinder
3 270 Euro netto

Persönliche Angaben

Jürgen, 37 Jahre, ist mit seiner Frau schon seit 15 Jahren verheiratet. Sie haben zwei Kinder – der Sohn geht noch in den Kindergarten, die Tochter schon in die Schule. Die Ehefrau Carmen arbeitet halbtags. Sie ist Beamtin.

Jürgen arbeitet in einem großen Handwerksunternehmen und hat Nettoeinnahmen von 3 270 Euro. Die Frau erhält als Beamtin netto rund 1 200 Euro. Zusammen haben die beiden also ein sehr gutes Einkommen.

Die Familie wohnt in einem schönen Einfamilienhaus in einem Neubaugebiet. Das Darlehen für das Haus wird bis zum 65. Lebensjahr abbezahlt sein.

Die Frau wird voraussichtlich Pensionsansprüche von 1 200 Euro in der Zukunft haben. Jürgen hat von der LVA die Renteninformation erhalten und möchte nun wissen, ob er wirklich mit der Rente rechnen kann, die dort ausgewiesen ist.

Zusätzlich haben sich die Eheleute eine vermietete Eigentumswohnung zugelegt, Wert etwa 100 000 Euro. Außerdem soll als Steuersparobjekt ein geschlossener Immobilienfonds dienen, der Ausschüttungen im Alter in der Höhe von etwa 400 Euro bietet.

Als Sicherheit haben die zwei noch eine Kapitallebensversicherung, Auszahlung mit 65 rund 80 000 Euro und eine Direktversicherung, Rente ab 65 rund 2 000 Euro. Nebenbei sparen beide noch in einen Investmentfonds, der voraussichtlich mit dem 65. Lebensjahr ein Vermögen von 110 000 Euro enthält.
Die Frage ist nun, ob verglichen mit den Angaben der Renteninformation eine Rentenlücke besteht.

Die Renteninformation

Rente wegen voller Erwerbsminderung Wären Sie heute voll erwerbsgemindert, bekämen Sie eine monatliche Rente von:	1 112,81 EUR
Hochrechnungen Ihrer künftigen Altersrente Ihre bislang erreichten Rentenanwartschaften würden nach heutigem Stand einer monatlichen Altersrente von 524,57 EUR entsprechen. Sollten Sie bis zur Vollendung des 65. Lebensjahres jährlich X Entgeltpunkte (wie im Durchschnitt der letzten fünf Kalenderjahre) erwerben, bekämen Sie ohne Berücksichtigung von Rentenanpassungen eine monatliche Altersrente von:	1 759,57 EUR
Ihre Rente wird aber aufgrund künftiger Rentenanpassungen tatsächlich höher ausfallen. Leider können auch wir die Entwicklung nicht vorhersehen. Wir haben zwei Varianten für Sie gerechnet: Beträgt der jährliche Anpassungssatz 1,5 Prozent, so ergäbe sich zum 65. Lebensjahr eine Rente von monatlich 2 709,73 EUR, bei 3,5 Prozent eine solche von 4 770,98 EUR. Die Beträge sind – insbesondere wegen eines Anstiegs der Lebenshaltungskosten – in ihrer Kaufkraft nicht mit heutigen Einkommen vergleichbar.	

Abbildung 9.10 Auszug aus der Renteninformation von Jürgen L. aus dem Jahr 2003. So wurden die Rentenformationen bis 2003 verschickt. Seit 2004 wird mit den Anpassungssätzen 1,5 Prozent und 2,5 Prozent gerechnet.

Renten-Check bei Renteneintrittsalter 65

Im Folgenden sehen Sie wiederum unseren üblichen Renten-Check der Renteninformation. Das Einkommen der Ehefrau Carmen wird nicht in die Berechnung einbezogen, da es größtenteils von der Pension abgedeckt ist. In der obigen Renteninformation sehen Sie, dass eine Rente von 1 759,57 Euro gezahlt werden soll. Liegen die Anpassungssätze bei 1,5 Prozent, wird eine Rente von 2 709,73 avisiert. Zusätzlich ist ein Anpassungssatz von 3,5 Prozent angegeben, der jedoch nicht mehr gültig ist. Die LVA und auch BfA haben diesen durch 2,5 Prozent ersetzt, da der vorige einfach zu hoch war. Schauen wir uns also die einzelnen Renten nach Kaufkraft an:

Rentenanpassungssatz (in Prozent)	Rente lt. BfA (in Euro)	BfA-Rente mit der heutigen Kaufkraft (in Euro)	Rentenlücke (in Euro)
0	1760	747	2523
1,5	2710	1150	2120
2,5	3602	1528	1742

Tabelle 9.42 Renteneintrittsalter 65. Lebensjahr, Inflationsrate 3 Prozent, monatliches Einkommen 3270 Euro

Quelle: © Beratungsrechner von Dr. Kriebel und Bernd W. Klöckner, Verwendung in Vorträgen, Büchern oder Artikeln nur mit Genehmigung des Autors.

Rentenanpassungssatz (in Prozent)	Rente lt. BfA (in Euro)	BfA-Rente mit der heutigen Kaufkraft (in Euro)	Rentenlücke (in Euro)
0	1760	991	2279
1,5	2710	1526	1744
2,5	3602	2028	1242

Tabelle 9.43 Renteneintrittsalter 65. Lebensjahr, Inflationsrate 2 Prozent, monatliches Einkommen 3270 Euro

Quelle: © Beratungsrechner von Dr. Kriebel und Bernd W. Klöckner, Verwendung in Vorträgen, Büchern oder Artikeln nur mit Genehmigung des Autors.

Hier sehen Sie schon, dass Jürgen eine hohe Rentenlücke zu schließen hat.

Renten-Check bei Renteneintrittsalter 62

Jürgen könnte auch in Frührente gehen. Sollte das Gesetz, beziehungsweise die Möglichkeit noch bis zu Jürgens 62. Lebensjahr bestehen, so könnte er einen Antrag auf Frührente stellen und schon mit 62 in den Ruhestand eintreten. Nach den politischen Zeichen hat es jedoch eher den Anschein, dass es zu einer Verlängerung der Arbeitszeit und zu einer Aufhebung dieser Möglichkeit kommt. Schauen wir trotzdem auf die Kaufkraft einer solchen Rentenmöglichkeit. Wie hoch wäre damit die Rentenlücke, wenn wir einmal von einer Inflation von 3 Prozent und als zweites von einer Inflation von 2 Prozent ausgehen?

Rentenanpassungssatz (in Prozent)	Rente lt. BfA (in Euro)	BfA-Rente mit der heutigen Kaufkraft (in Euro)	Rentenlücke (in Euro)
0	1452	556	2714
1,5	2236	855	2415
2,5	2972	1137	2133

Tabelle 9.44 Renteneintrittsalter 62. Lebensjahr, Inflationsrate 3 Prozent, monatliches Einkommen 3270 Euro

Quelle: © Beratungsrechner von Dr. Kriebel und Bernd W. Klöckner, Verwendung in Vorträgen, Büchern oder Artikeln nur mit Genehmigung des Autors.

Rentenanpassungssatz (in Prozent)	Rente lt. BfA (in Euro)	BfA-Rente mit der heutigen Kaufkraft (in Euro)	Rentenlücke (in Euro)
0	1452	716	2554
1,5	2236	1102	2168
2,5	2972	1465	1805

Tabelle 9.45 Renteneintrittsalter 62. Lebensjahr, Inflationsrate 2 Prozent, monatliches Einkommen 3270 Euro

Quelle: © Beratungsrechner von Dr. Kriebel und Bernd W. Klöckner, Verwendung in Vorträgen, Büchern oder Artikeln nur mit Genehmigung des Autors.

Hier liegt eine Rentenlücke von mindestens 1800 Euro vor. Im schlechtesten Fall sinkt die Rente auf eine heutige Kaufkraft von rund 550 Euro. Hier kann gesagt werden: Gut, dass Jürgen vorgesorgt hat. Inwieweit er damit auskommt, schauen wir uns später bei der Lösung an.

Renten-Check nach Rentenkürzungen

Aufgrund der aktuellen Lage betrachten wir auch hier wiederum Jürgens Rente von 1760 Euro, wenn die Rentenanpassungssätze sinken. Aus der folgenden Tabelle können Sie bei verschiedenen Sätzen bei Inflation und Rentenanpassung auswählen.

Rentenanpassung (in Prozent)	Inflation (in Prozent)					
	1,0	1,5	2,0	2,5	3,0	3,5
−1,0	1 005,31	875,49	762,95	665,32	580,57	506,95
−1,5	872,43	759,76	662,10	577,38	503,83	439,94
−2,0	756,56	658,86	574,17	500,70	436,92	381,52
−2,5	655,61	570,94	497,55	**433,88**	378,62	330,61
−3,0	567,71	494,39	430,84	375,71	327,85	286,28
−3,5	491,22	427,79	372,80	325,09	283,68	247,71
−4,0	424,73	369,88	322,33	281,09	245,28	214,18

Tabelle 9.46 Renten-Check nach der Rentenkürzung durch die Inflationsrate und eine negative Rentenanpassung

© Bernd W. Klöckner, Verwendung in Vorträgen, Büchern oder Artikeln nur mit Genehmigung des Autors.

In der Tabelle ist der Wert 433,88 Euro fett hervorgehoben. Sollte die Bundesregierung die Rentenanpassungssätze im Durchschnitt in den nächsten 28 Jahren bis zu seiner Rente um 2,5 Prozent senken und zusätzlich eine Inflation von 2,5 Prozent herrschen, wird Jürgens Rente also nach heutigem Wert nur 433,88 Euro betragen. Somit müßte er eine Rentenlücke von 2 836 Euro ausgleichen.

Auf den Punkt gebracht bringt die Renteninformation ein wenig Verwirrung, da eine Rente zwar angegeben ist, jedoch leicht zu positiv auf die Bürger wirkt. Diese Angabe ist zwar nur zur Information da, die obigen Zahlen in einer solchen Information würden jedoch sehr wahrscheinlich um einiges erschreckender wirken.

Zusammenfassung

Zusammengefasst kann die Renteninformation für Jürgen nur ein deutliches Signal sein, nochmals seine Situation zu prüfen. Von der gesetzlichen Rentenversicherung kann er etwa eine Rente erwarten, die im realistischen Fall zwischen 500 und 1000 Euro heutiger Kaufkraft liegt. Dass er durch private Vorsorge eine Lücke von etwa 1200 Euro und 3000 Euro schließen muss, damit hat er wahrscheinlich nicht gerechnet. Aber vielleicht ist er ja gut genug aufgestellt, um der so genannten »gesetzlichen Rentenfalle« zu entgehen.

Schauen wir uns im Folgenden noch einmal die Vermögenspositionen mit dem 65. Lebensjahr an:

– vermietete Eigentumswohnung, Wert 100 000 Euro oder monatliche Mieteinnahmen von netto etwa 400 Euro,
– geschlossener Immobilienfonds, Ausschüttungen 400 Euro,
– Direktversicherung, monatliche Rente 2000 Euro,
– Kapitallebensversicherung, einmalige Ausschüttung 80 000 Euro.
– Investmentfondssparplan mit 65 etwa ein Wert von 110 000 Euro.

Jürgen ist also nach obigen Positionen aufgestellt. Mit Hinblick auf die Inflation muss natürlich gesagt werden, dass die obigen Positionen, bis auf die vermietete Immobilie, noch nicht auf den heutigen Wert, also mit ihrer heutigen Kaufkraft berechnet wurden.

Durch das Eigenheim kann sich die Familie beruhigt zurücklehnen und braucht Mieterhöhungen schon mal nicht zu befürchten. Es sind lediglich bei gewöhnlichen Lebenshaltungskosten, Strom, Auto, Benzin etc. Preissteigerungen anzunehmen.

Lösung

Die Lösung in Jürgens und Carmens Fall muss gut berechnet werden.

Für die Berechnung nehmen wir die negativste Rentenlücke, also 3000 Euro an. Davon können direkt die Mieteinnahmen der vermieteten Eigentumswohnung abgezogen werden, da diese durch Mietsteigerungen an die Inflation angepasst werden. Damit besteht noch eine Lücke von 2600 Euro.

Es muss ein Betrag von monatlich 5000 Euro ausgezahlt werden, um 2600 Euro heutiger Kaufkraft zu entsprechen. Von diesem Betrag können Ausschüttungen und Renten der Direktversicherung – insgesamt 2400 Euro – abgezogen werden. Es verbleiben also wiederum 2600 Euro.

Um diese Renten bis zum 92. Lebensjahr auszahlen zu können, sollten die beiden mit 65 über ein Vermögen von 650 000 Euro verfügen. Von diesem Betrag können die einmaligen Ausschüttungen aus Investmentfondssparplan und Kapitallebensversicherung – insgesamt 190 000 Euro – abgezogen werden.

460 000 Euro sind also das Vermögen, welches noch angespart werden muss. Es wäre also noch ein Betrag von rund 550 Euro monatlich zu sparen.

Beispielfall 10

Berthold G.
38 Jahre
ledig
keine Kinder
1300 Euro netto

Persönliche Angaben

Berthold ist ledig, hat kein Kind und ist 38 Jahre alt. Er arbeitet als Arbeiter in einem mittelständischen Unternehmen in Baden-Württemberg. Da er Arbeiter ist, bekommt er die Renteninformation von der LVA, der Landesversicherungsanstalt.

Er lebt in einer Mietwohnung in einer Kleinstadt. Berthold hat ein Nettoeinkommen von 1300 Euro. Auch in den kommenden Jahren rechnet er nur mit geringen Lohnsteigerungen. Er wird jedoch voraussichtlich seinen Arbeitsplatz halten können.

Er hat nun seine Renteninformation bekommen und weiß nicht genau, wie er sie einschätzen soll. Schließlich beläuft sich die Hochrechnung fast auf sein jetziges Nettoeinkommen.

Bisher war er auch sehr sparsam und hat sich nun schon ein Nettovermögen von rund 80 000 Euro erspart. Er ist ein »Gegner« von Versicherungen, da er sich selbst mit Börse und Finanzen beschäftigt. Anstatt sein Geld in die Hände der Versicherungsgesellschaften zu legen, legt er selber das Geld beiseite. Durch eine

Hochrechnung seines Vermögens geht er davon aus, dass er zum 65. Lebensjahr ein Vermögen von 1,5 Millionen Euro erreicht.

Der 38-Jährige weiß nun nicht, ob er die in der Renteninformation enthaltenen Zahlen und prognostizierten Ansprüche als gegeben annehmen soll und ob sich durch diese Ansprüche seine Rentenlücke ein wenig schließt. Hier ist er sehr unsicher. Zu oft hört er im Fernsehen und Rundfunk zumeist schlechtes über die gesetzliche Rentenversicherung und deren (künftige) Leistungsfähigkeit.

Die Renteninformation

Rente wegen voller Erwerbsminderung Wären Sie heute voll erwerbsgemindert, bekämen Sie eine monatliche Rente von:	835,38 EUR
Hochrechnungen Ihrer künftigen Altersrente Ihre bislang erreichten Rentenanwartschaften würden nach heutigem Stand einer monatlichen Altersrente von 440,42 EUR entsprechen. Sollten Sie bis zur Vollendung des 65. Lebensjahres jährlich X Entgeltpunkte (wie im Durchschnitt der letzten fünf Kalenderjahre) erwerben, bekämen Sie ohne Berücksichtigung von Rentenanpassungen eine monatliche Altersrente von:	1 117,07 EUR
Ihre Rente wird aber aufgrund künftiger Rentenanpassungen tatsächlich höher ausfallen. Leider können auch wir die Entwicklung nicht vorhersehen. Wir haben zwei Varianten für Sie gerechnet: Beträgt der jährliche Anpassungssatz 1,5 Prozent, so ergäbe sich zum 65. Lebensjahr eine Rente von monatlich 1 645,03 EUR, bei 3,5 Prozent eine solche von 2 731,74 EUR. Die Beträge sind – insbesondere wegen eines Anstiegs der Lebenshaltungskosten – in ihrer Kaufkraft nicht mit heutigen Einkommen vergleichbar.	

Abbildung 9.11 Auszug aus der Renteninformation von Berthold G. aus dem Jahr 2003. So wurden die Rentenformationen bis 2003 verschickt. Seit 2004 wird mit den Anpassungssätzen 1,5 Prozent und 2,5 Prozent gerechnet.

Renten-Check bei Renteneintrittsalter 65

Als erstes betrachten wir die Renteninformation und die darin enthaltene Altersrentehochrechnung von 1 117 Euro. Wird Berthold mit 65 Lebensjahren in Rente gehen, verstreichen noch 27 Jahre, in denen jährlich eine Inflation von vielleicht 3 Prozent oder auch nur 2 Prozent auftreten kann.

Rentenanpassungs-satz (in Prozent)	Rente lt. BfA (in Euro)	BfA-Rente mit der heutigen Kaufkraft (in Euro)	Rentenlücke (in Euro)
0	1117	518	782
1,5	1645	763	537
2,5	2123	984	316

Tabelle 9.47 Renteneintrittsalter 65. Lebensjahr, Inflationsrate 3 Prozent, monatliches Einkommen 1300 Euro

Quelle: © Beratungsrechner von Dr. Kriebel und Bernd W. Klöckner, Verwendung in Vorträgen, Büchern oder Artikeln nur mit Genehmigung des Autors.

Bei einer Inflation von 3 Prozent schrumpft die Rente nach der heutigen Kaufkraft um die Hälfte der Summe, die die LVA angegeben hat.

Rentenanpassungs-satz (in Prozent)	Rente lt. BfA (in Euro)	BfA-Rente mit der heutigen Kaufkraft (in Euro)	Rentenlücke (in Euro)
0	1117	667	633
1,5	1645	983	317
2,5	2123	1269	31

Tabelle 9.48 Renteneintrittsalter 65. Lebensjahr, Inflationsrate 2 Prozent, monatliches Einkommen 1300 Euro

Quelle: © Beratungsrechner von Dr. Kriebel und Bernd W. Klöckner, Verwendung in Vorträgen, Büchern oder Artikeln nur mit Genehmigung des Autors.

Würde ein Rentenanpassungssatz von 2,5 Prozent in den nächsten Jahren zu verzeichnen sein und dazu eine Inflation von 2 Prozent, so hätte Berthold lediglich eine Rente von 31 Euro. Im schlechtesten Fall der obigen zwei Tabellen würde eine Rente von 518 Euro nach heutiger Kaufkraft ausgezahlt werden. Dies würde eine Rentenlücke von 782 Euro bedeuten.

Renten-Check bei Renteneintrittsalter 62

Auch hier gehen wir wieder davon aus, dass Berthold mit 62 Jahren in den Vorruhestand gehen würde. Welche Auswirkungen hat das auf seine Rente, auf die Kaufkraft dieser Rente und auf die Rentenlücke? Auch hier nehmen wir wiederum eine Inflation von 3 und 2 Prozent an.

Rentenanpassungs-satz (in Prozent)	Rente lt. BfA (in Euro)	BfA-Rente mit der heutigen Kaufkraft (in Euro)	Rentenlücke (in Euro)
0	922	385	915
1,5	1357	567	733
2,5	1752	732	568

Tabelle 9.49 Renteneintrittsalter 62. Lebensjahr, Inflationsrate 3 Prozent, monatliches Einkommen 1300 Euro

Quelle: © Beratungsrechner von Dr. Kriebel und Bernd W. Klöckner, Verwendung in Vorträgen, Büchern oder Artikeln nur mit Genehmigung des Autors.

Rentenanpassungs-satz (in Prozent)	Rente lt. BfA (in Euro)	BfA-Rente mit der heutigen Kaufkraft (in Euro)	Rentenlücke (in Euro)
0	922	482	818
1,5	1357	710	590
2,5	1752	917	383

Tabelle 9.50 Renteneintrittsalter 62. Lebensjahr, Inflationsrate 2 Prozent, monatliches Einkommen 1300 Euro

Quelle: © Beratungsrechner von Dr. Kriebel und Bernd W. Klöckner, Verwendung in Vorträgen, Büchern oder Artikeln nur mit Genehmigung des Autors.

Geht der jetzt 38-Jährige mit 62 in Rente, drohen schon Abschläge von 200 Euro, verglichen mit der Rente zum 65. Lebensjahr. Nach heutiger Kaufkraft sind diese mindestens 385 und maximal 917 Euro wert.

Hat Berthold schon bis zu dem 62. Lebensjahr soviel Vermögen geschaffen, dass er auch mit einer Rentenlücke von rund 900 Euro leben kann, so könnte er auch in diesem Alter bereits in Rente gehen.

Renten-Check nach Rentenkürzungen

Um einen vollständigen Renten-Check durchzuführen, muss auch die gesetzliche Rente nach Kürzungen des Rentenanpassungssatzes betrachtet werden. Im Folgenden also wieder die Tabelle, aus der Sie selber die gewünschten Faktoren herauslesen können.

Rentenanpassung (in Prozent)	Inflation (in Prozent)					
	1,0	1,5	2,0	2,5	3,0	3,5
− 1,0	650,82	569,67	**498,88**	437,18	383,35	336,37
− 1,5	567,75	496,88	435,14	381,32	334,97	293,39
− 2,0	494,86	433,09	379,27	332,36	291,44	255,72
− 2,5	431,02	377,22	330,35	289,49	253,85	222,73
− 3,0	375,16	328,33	287,53	251,97	220,95	193,87
− 3,5	326,30	285,57	250,08	219,15	192,17	168,62
− 4,0	283,60	248,20	217,36	190,47	167,02	146,55

Tabelle 9.51 Renten-Check nach der Rentenkürzung durch die Inflationsrate und eine negative Rentenanpassung

© Bernd W. Klöckner, Verwendung in Vorträgen, Büchern oder Artikeln nur mit Genehmigung des Autors.

Geht Berthold mit 65 in Rente und in den vorhergehenden 27 Jahren lag der Rentenanpassungssatz bei minus 1 Prozent, sowie die Inflation bei 2 Prozent, so kann er mit einer Rente von 499 Euro nach heutiger Kaufkraft rechnen. Damit hätte er eine Rentenlücke von rund 600 Euro.

Schauen Sie nun in Ihre Renteninformation. Haben Sie auch noch 27 Jahre bis zum 65. Lebensjahr und etwa eine Rente von 1100 Euro angegeben – dann berechnen Sie sich Ihr eigenes Szenario nach obiger Tabelle. Jetzt wissen Sie in etwa, was Sie von der gesetzlichen Rentenversicherung erwarten können.

Zusammenfassung

Zusammengefasst kann gesagt werden, dass Berthold durch die Renteninformation einen falschen Eindruck bekommen hat. Er sollte besser die dort angegebene Rente von etwa 1117 Euro halbieren. Damit hat er in etwa die Kaufkraft einer heutigen Rente von 550 Euro. Doch hierbei sind eventuelle Rentenkürzungen noch nicht berücksichtigt, sodass seine Rente in den 27 Jahren durch Kürzungen noch geringer ausfallen wird.

Somit wird die Rentenlücke etwa bei 750 Euro liegen. Um diese zu schließen, wird er ja versuchen, ein Vermögen von 1,5 Millionen Euro aufzubauen.

Berthold wird allerdings durch Kaufkraftverlust bei sämtlichen Lebenshaltungskosten geplagt. Hier muss er definitiv aufpassen und einen Inflationssatz optimal auswählen.

Lösung

Ein Lösungsvorschlag für Berthold beruht nun auf einer angenommenen Rentenlücke von 750 Euro. Um die Kaufkraftverluste aufzufangen, muss ein Betrag von 1390 Euro ausgezahlt werden.

Um diese Rente vom 65. bis zum 92. Lebensjahr auszuzahlen, muss ein Vermögen von 347300 Euro zur Verfügung stehen, was ja auch in diesem Falle wahrscheinlich so sein wird.

Sollte Berthold es wirklich schaffen, bis zum 65. Lebensjahr ein Vermögen von 1,5 Millionen Euro aufzubauen, so wird er sich noch viele Dinge leisten können, da er dann rund 1150000 Euro mehr hat.

Damit könnte er sich statt einer Rente von 750 Euro eine private Zusatzrente von 2500 Euro gönnen. Es gibt also auch Fälle, in denen es sehr positiv verläuft.

Beispielfall 11

Bernd B.
39 Jahre
verheiratet
keine Kinder
4900 Euro netto

Persönliche Angaben

Bernd ist 39 Jahre alt. Er ist seit einigen Jahren mit seiner Frau Claudia verheiratet. Claudia ist Hausfrau und seit längerem nicht mehr berufstätig. Sie hat auch noch nicht sehr viel in die Rentenkasse eingezahlt. Bernd ist leitender Angestellter in einem Industrieunternehmen. Hier ist er Gutverdiener und hat ein Nettoeinkommen von 4900 Euro.

Herr B. und seine Frau wohnen im eigenen Haus, das mit dem 60. Lebensjahr abbezahlt sein soll. Darüber hinaus besitzt er keine weiteren Immobilien, außer einem geschlossenen Immobilienfonds, Beteiligungshöhe 50 000 Euro. Die Ausschüttungen sollen als Wiederanlage dienen. Ab dem 65. Lebensjahr sollen Ausschüttungen von ungefähr 500 Euro monatlich erfolgen.

Zudem haben die beiden für die Altersvorsorge noch eine fondsgebundene Lebensversicherung, Ausschüttung 330 000 Euro. Dann wurde noch ein Investmentfondssparplan abgeschlossen, der im 65. Lebensjahr auch eine Ausschüttung von rund 350 000 Euro bringen wird. Es existieren außerdem noch 50 000 Euro in Private Equity, die voraussichtlich auf 200 000 Euro ansteigen werden. Über die Firma von Bernd wurde eine Direktversicherung abgeschlossen, die eine Rente von 650 Euro monatlich ab dem 65. Lebensjahr garantiert.

Bernd B. ist nun aufgrund der Informationen über die gesetzliche Rentenversicherung verunsichert. Er fragt sich, warum er so viel sparen soll, wenn die Rentenversicherung doch eine solche Rente ausschüttet. Auch hier nehmen wir wiederum den Rentencheck vor!

Die Renteninformation

Rente wegen voller Erwerbsminderung Würden Sie heute voll erwerbsgemindert sein, bekämen Sie eine monatliche Rente von:	772,29 EUR
Hochrechnungen Ihrer künftigen Altersrente Ihre bislang erreichten Rentenanwartschaften würden nach heutigem Stand einer monatlichen Altersrente von 434,79 EUR entsprechen. Sollten Sie bis zur Vollendung des 65. Lebensjahres jährlich X Entgeltpunkte (wie im Durchschnitt der letzten fünf Kalenderjahre) erwerben, bekämen Sie ohne Berücksichtigung von Rentenanpassungen eine monatliche Altersrente von:	1 645,34 EUR
Ihre Rente wird aber aufgrund künftiger Rentenanpassungen tatsächlich höher ausfallen. Leider können auch wir die Entwicklung nicht vorhersehen. Wir haben zwei Varianten für Sie gerechnet: Beträgt der jährliche Anpassungssatz 1,5 Prozent, so ergäbe sich zum 65. Lebensjahr eine Rente von monatlich 2 422,99 EUR, bei 3,5 Prozent eine solche von 4 023,62 EUR. Die Beträge sind – insbesondere wegen eines Anstiegs der Lebenshaltungskosten – in ihrer Kaufkraft nicht mit heutigen Einkommen vergleichbar.	

Abbildung 9.12 Auszug aus der Renteninformation von Bernd B. aus dem Jahr 2003. So wurden die Rentenformationen bis 2003 verschickt. Seit 2004 wird mit den Anpassungssätzen 1,5 Prozent und 2,5 Prozent gerechnet.

Renten-Check bei Renteneintrittsalter 65

Auch bei Bernd führen wir einen Renten-Check durch und berechnen die angegebenen Renten bei einer Kaufkraft von heute. Hier kann er dann feststellen, dass auch diese Renten nicht so hoch sein werden, wie diese dort auf der Renteninformation stehen.

Rentenanpassungssatz (in Prozent)	Rente lt. BfA (in Euro)	BfA-Rente mit der heutigen Kaufkraft (in Euro)	Rentenlücke (in Euro)
0	1 645	763	4 137
1,5	2 423	1 124	3 776
2,5	3 126	1 450	3 450

Tabelle 9.52 Renteneintrittsalter 65. Lebensjahr, Inflationsrate 3 Prozent, monatliches Einkommen 4 900 Euro

Quelle: © Beratungsrechner von Dr. Kriebel und Bernd W. Klöckner, Verwendung in Vorträgen, Büchern oder Artikeln nur mit Genehmigung des Autors.

Rentenanpassungs-satz (in Prozent)	Rente lt. BfA (in Euro)	BfA-Rente mit der heutigen Kaufkraft (in Euro)	Rentenlücke (in Euro)
0	1 645	983	3 917
1,5	2 423	1 448	3 452
2,5	3 126	1 868	3 032

Tabelle 9.53 Renteneintrittsalter 65. Lebensjahr, Inflationsrate 2 Prozent, monatliches Einkommen 4 900 Euro

Quelle: © Beratungsrechner von Dr. Kriebel und Bernd W. Klöckner, Verwendung in Vorträgen, Büchern oder Artikeln nur mit Genehmigung des Autors.

Auch hier liegt die wirkliche Rente, bezieht man einen Kaufkraftverlust von 3 Prozent Inflation mit ein, etwas unter der Hälfte der von der BfA avisierten Rente; bei 2 Prozent Inflation liegt sie etwas über der Hälfte.

Zudem sind die Rentenlücken sehr hoch. Dies ist gerade bei Besserverdienenden oft der Fall. Hier klafft eine Rentenlücke zwischen 3 000 und rund 4 000 Euro. Ohne den Kaufkraftverlust mitzubedenken läge diese aufgrund der Renteninflation zwischen 1 774 Euro und 3 255 Euro. Sie wäre also viel zu positiv eingeschätzt worden.

Renten-Check bei Renteneintrittsalter 62

Im Folgenden berechnen wir wiederum mit einer Inflation von 3 und 2 Prozent, ob eine Frührente für Bernd weitere Nachteile hätte. Die erste Tabelle rechnet mit 3 Prozent Inflation und die zweite mit 2 Prozent, bis zu einem Lebensjahr von 62 Jahren.

Rentenanpassungs-satz (in Prozent)	Rente lt. BfA (in Euro)	BfA-Rente mit der heutigen Kaufkraft (in Euro)	Rentenlücke (in Euro)
0	1 357	567	4 333
1,5	1 999	836	4 064
2,5	2 579	1 078	3 822

Tabelle 9.54 Renteneintrittsalter 62. Lebensjahr, Inflationsrate 3 Prozent, monatliches Einkommen 4 900 Euro

Quelle: © Beratungsrechner von Dr. Kriebel und Bernd W. Klöckner, Verwendung in Vorträgen, Büchern oder Artikeln nur mit Genehmigung des Autors.

Rentenanpassungs-satz (in Prozent)	Rente lt. BfA (in Euro)	BfA-Rente mit der heutigen Kaufkraft (in Euro)	Rentenlücke (in Euro)
0	1357	710	4190
1,5	1999	1046	3854
2,5	2579	1349	3551

Tabelle 9.55 Renteneintrittsalter 62. Lebensjahr, Inflationsrate 2 Prozent, monatliches Einkommen 4900 Euro

Quelle: © Beratungsrechner von Dr. Kriebel und Bernd W. Klöckner, Verwendung in Vorträgen, Büchern oder Artikeln nur mit Genehmigung des Autors.

Auch hier können wir erkennen, dass die Frührente schon rund 300 Euro unter der Rente ab 65 liegt. Nach Berücksichtigung des Kaufkraftverlusts sinkt die Rente auf einen Betrag zwischen 570 und 1350 Euro. Somit ist eine Rentenlücke von bis zu 4300 Euro vorhanden.

Auch dieses Beispiel macht deutlich, dass die von der BfA angegebene Rente viel zu optimistisch eingeschätzt wird. Zudem gehen heutzutage viele Menschen schon vor dem 60. Lebensjahr in den Ruhestand, was dann zu noch mehr Rentenabschlägen führt.

Renten-Check nach Rentenkürzungen

Wie sieht nun die Rente von Bernd nach eventuellen Rentenkürzungen des Rentensatzes aus? Dies zeigt nun die nächste Tabelle. Hier können Sie wieder einen beliebigen Wert auswählen und die Rente ermitteln.

Rentenanpassung (in Prozent)	Inflation (in Prozent)					
	1,0	1,5	2,0	2,5	3,0	3,5
– 1,0	977,97	860,13	**756,97**	666,59	587,37	517,88
– 1,5	857,34	754,03	663,60	584,37	514,92	454,00
– 2,0	751,08	660,58	581,35	511,95	451,10	397,74
– 2,5	657,55	578,32	508,96	448,19	394,93	348,21
– 3,0	575,27	505,96	445,27	392,11	345,51	304,64
– 3,5	502,94	442,34	389,29	342,81	302,07	266,33
– 4,0	439,40	386,46	340,11	299,50	263,91	232,69

Tabelle 9.56 Renten-Check nach der Rentenkürzung durch die Inflationsrate und eine negative Rentenanpassung

© Bernd W. Klöckner, Verwendung in Vorträgen, Büchern oder Artikeln nur mit Genehmigung des Autors.

Aus der Tabelle wird Folgendes ersichtlich: Kommen in den nächsten 26 Jahren, während Bernd noch fleißig in den Rententopf einzahlen wird, noch Rentenkürzungen dazu und außerdem eine recht hohe Inflation, so wird die Rentenlücke wohl doch so hoch sein wie angezeigt. Damit hat Bernd wahrscheinlich nicht gerechnet. Treten etwa eine Inflation von 3,5 Prozent und Rentenkürzungen von 4 Prozent ein, so kann Bernd mit einer Rente von 233 Euro rechnen.

Diese Vermutungen bezüglich möglicher Rentenkürzungen sind nicht aus der Luft gegriffen. Die Rentenzahler werden immer weniger, oder steigen später in den Beruf ein. Auch die Rentenempfänger werden immer mehr und vor allem auch älter. Somit wird der Rententopf immer leerer.

Zusammenfassung

Auch Bernd und seine Frau Claudia können nun erkennen, dass die Rente, die auf der Renteninformation angegeben ist, im Nachhinein nicht viel bringt. Sie sollten sich vielmehr auf die private oder betriebliche Vorsorge beschränken, die sie ja schon im großen Maße nutzen. Schauen wir uns noch einmal ihre Vermögensteile zusammengefasst an:

- geschlossener Immobilienfonds: monatliche Ausschüttung 500 Euro,
- Direktversicherung: monatliche Ausschüttung 650 Euro,
- Fondsgebundene Lebensversicherung: Ausschüttung 330 000 Euro,
- Fondssparplan: Ausschüttung 350 000 Euro,
- Private Equity: Ausschüttung 200 000 Euro.

Fraglich ist nun, ob diese Vermögenspositionen ausreichen. Vor allem: Alle Anlagen verlieren mit der Zeit an Kaufkraft.
Nur eine Anlage, die eigentlich keine Anlage ist, verliert weder an Kaufkraft, noch werden Miet- oder Zinserhöhungen verzeichnet – das Eigenheim.

Die Steuersituation sieht bei Bernd und Claudia auch sehr ausgewogen aus. Ein geschlossener Immobilienfonds, eine Direktversicherung und Private Equity schließen auf eine gute Anlagemischung und Steuersparprodukte.

Dennoch klafft noch in etwa eine Rentenlücke von rund 4000 Euro, die Bernd und Claudia noch schließen müssen.

Lösung

Sehen wir uns Bernds und Claudias Anlagen einmal genauer an. Müssen sie nun noch zusätzlich etwas sparen oder nicht? Hier müssen wir wiederum die Rentenlücke, die ja bei 4000 Euro liegt, genauer betrachten. Reichen die oben genannten Anlagen dazu aus, um diese zu schließen? Diese Frage klären wir nun.

Um ab dem 65. Lebensjahr eine Rente mit der Kaufkraft von 4000 Euro zu haben, benötigen Bernd und Claudia eine Auszahlung von rund 7400 Euro. Von diesem Betrag ziehen wir nun die monatlichen Renten aus geschlossenen Immobilienfonds und Direktversicherung ab – das ergibt zusammen 1150 Euro.

Nun benötigen sie also noch eine Rente von 6250 Euro. Für diesen Rentenbetrag ist mit dem 65. Lebensjahr ein Vermögen von 1,55 Millionen Euro notwendig. Sie bekommen durch die drei Altersvorsorgeprodukte insgesamt 880000 Euro. Es besteht somit noch eine Rentenlücke von 680000 Euro, die geschlossen werden muss. Um diese anzusparen, ist eine monatliche Sparrate von rund 1000 Euro notwendig.

Beispielfall 12

Christian E.
40 Jahre
verheiratet
2 Kinder
4500 Euro netto

Persönliche Angaben

Christian ist leitender Angestellter in einer großen Druckerei. Er ist seit zehn Jahren mit seiner Frau Yvonne verheiratet, zusammen haben sie zwei Kinder. Um ein schönes Familienleben zu führen, leben die beiden in einem Einfamilienhaus.

Yvonne, 37 Jahre alt, ist schon seit der Geburt des ersten Kindes für die Kinder und den Haushalt da, sodass sie auch nicht viel in die Rentenkasse eingezahlt hat. Ihr Rentenbescheid zeigt auch, dass sie kaum Rentenansprüche hat. Sie möchte auch weiterhin nicht wieder arbeiten gehen. Christian bringt als leitender Angestellter auch in Zukunft genug Geld nach Hause, wovon die Familie gut leben kann.

Zurzeit wendet die Familie sehr viel Geld für die Darlehensfinanzierung ihres Hauses auf. Sie möchten das Darlehen des Hauses so schnell wie möglich begleichen, und das Haus als oberstes Ziel ihrer Altersvorsorge nutzen. Christian findet, dass ein Eigenheim zu den besten Altersvorsorgeprodukten gehört, die es gibt.

Als Christian nun seinen Rentenbescheid bekam, hielt er diesen für sehr unverständlich. Einmal glaubte er nicht mehr an die Rentenkasse und zum anderen bekam er diesen Bescheid, der ihm Sicherheit versprach. Bei näherem Hinsehen fiel ihm auf, dass es in diesem Bescheid keinen Hinweis darauf gab, dass eine Rente auch gekürzt werden kann. Zudem fehlten ihm auch genaue Angaben zur Inflation oder einige Szenarien. »Hieraus wird man ja nicht schlau«, schimpfte er.

Die Renteninformation

Rente wegen voller Erwerbsminderung Würden Sie heute voll erwerbsgemindert sein, bekämen Sie eine monatliche Rente von:	1 322,71 EUR
Hochrechnungen Ihrer künftigen Altersrente Ihre bislang erreichten Rentenanwartschaften würden nach heutigem Stand einer Altersrente von 626,18 EUR entsprechen. Sollten Sie bis zur Vollendung des 65. Lebensjahres jährlich X Entgeltpunkte (wie im Durchschnitt der letzten fünf Kalenderjahre) erwerben, bekämen Sie ohne Berücksichtigung von Rentenanpassungen eine Altersrente von:	2 047,92 EUR
Ihre Rente wird aber aufgrund künftiger Rentenanpassungen tatsächlich höher ausfallen. Leider können auch wir die Entwicklung nicht vorhersehen. Deshalb haben wir zwei Varianten für Sie gewählt: Beträgt der jährliche Anpassungssatz 1,5 Prozent, so beliefe sich Ihre Rente zu Rentenbeginn auf:	3 060,01 EUR
Beträgt der jährliche Anpassungssatz 3,5 Prozent, so beliefe sich Ihre Rente zu Rentenbeginn auf:	5 186,33 EUR
Diese Beträge werden jährlich weiter angepasst.	

Abbildung 9.13 Auszug aus der Renteninformation von Christian E. aus dem Jahr 2002. So wurden die Rentenformationen bis 2003 verschickt. Seit 2004 wird mit den Anpassungssätzen 1,5 Prozent und 2,5 Prozent gerechnet.

Renten-Check bei Renteneintrittsalter 65

Damit wir für Christian und seine Familie Klarheit schaffen, berechnen wir nun die angegebene Rente nach bestimmten Szenarien und Angaben. Als erstes berechnen wir die Rente mit einer Kaufkraft von heute bei einem Renteneintrittsalter von 65 Jahren. Hierzu nehmen wir Inflationsraten von jeweils 3 Prozent und 2 Prozent an.

Rentenanpassungssatz (in Prozent)	Rente lt. BfA (in Euro)	BfA-Rente mit der heutigen Kaufkraft (in Euro)	Rentenlücke (in Euro)
0	2 048	922	3 578
1,5	3 060	1 378	3 122
2,5	3 989	1 796	2 704

Tabelle 9.57 Renteneintrittsalter 65. Lebensjahr, Inflationsrate 3 Prozent, monatliches Einkommen 4 500 Euro

Quelle: © Beratungsrechner von Dr. Kriebel und Bernd W. Klöckner, Verwendung in Vorträgen, Büchern oder Artikeln nur mit Genehmigung des Autors.

Rentenanpassungssatz (in Prozent)	Rente lt. BfA (in Euro)	BfA-Rente mit der heutigen Kaufkraft (in Euro)	Rentenlücke (in Euro)
0	2 048	1 200	3 330
1,5	3 060	1 793	2 707
2,5	3 989	2 337	2 163

Tabelle 9.58 Renteneintrittsalter 65. Lebensjahr, Inflationsrate 2 Prozent, monatliches Einkommen 4 500 Euro

Quelle: © Beratungsrechner von Dr. Kriebel und Bernd W. Klöckner, Verwendung in Vorträgen, Büchern oder Artikeln nur mit Genehmigung des Autors.

Für Christian und Yvonne heißt dies nun, dass er ab dem 65. Lebensjahr zwar vielleicht eine Rente von 2 000 Euro erhielte, diese jedoch nur noch einen Wert von 1 200 Euro oder gar 922 Euro hat. Die Rentenlücke der Familie beträgt bei 3 Prozent Kaufkraftverlust nicht nur rund 2 500 Euro, sondern schon 3 300 oder sogar 3 600 Euro.

Betrachtet man diese Zahlen, so könnte die Renteninformation auch als »Rentenlüge« bezeichnet werden.

Renten-Check bei Renteneintrittsalter 62

Christian könnte, wenn die betreffende Gesetzeslage noch 22 Jahre bestehen bleibt, mit dem Alter von 62 Jahren in Frührente gehen. Hierzu müsste er dann bei der Bundesversicherungsanstalt für Angestellte einen Antrag stellen. Je nach Lage würde ihm diese auch genehmigt werden. Doch damit müsste er von vorneherein schon Abschläge bei dem Auszahlungsbetrag der Rente in Kauf nehmen. Dazu kommen noch die Kaufkraftverluste der kommenden 22 Jahre bis zur Auszahlung der Rente. Dies ist nun in den folgenden Tabellen zu sehen.

Rentenanpassungssatz (in Prozent)	Rente lt. BfA (in Euro)	BfA-Rente mit der heutigen Kaufkraft (in Euro)	Rentenlücke (in Euro)
0	1 690	686	3 814
1,5	2 526	1 025	3 475
2,5	3 291	1 336	3 164

Tabelle 9.59 Renteneintrittsalter 62. Lebensjahr, Inflationsrate 3 Prozent, monatliches Einkommen 4 500 Euro

Quelle: © Beratungsrechner von Dr. Kriebel und Bernd W. Klöckner, Verwendung in Vorträgen, Büchern oder Artikeln nur mit Genehmigung des Autors.

Rentenanpassungssatz (in Prozent)	Rente lt. BfA (in Euro)	BfA-Rente mit der heutigen Kaufkraft (in Euro)	Rentenlücke (in Euro)
0	1 690	867	3 633
1,5	2 526	1 296	3 204
2,5	3 291	1 688	2 812

Tabelle 9.60 Renteneintrittsalter 62. Lebensjahr, Inflationsrate 2 Prozent, monatliches Einkommen 4 500 Euro

Quelle: © Beratungsrechner von Dr. Kriebel und Bernd W. Klöckner, Verwendung in Vorträgen, Büchern oder Artikeln nur mit Genehmigung des Autors.

Ginge er in Frührente, so würde Christians Rente bei 0 Prozent Rentenanpassung um rund 350 Euro gekürzt. Mit einer Kaufkraft von heute wäre dann eine Rente von rund 1700 Euro nur noch rund 690 bis 870 Euro wert. Die Rentenlücke klafft dann zwischen 3600 und 3800 Euro. Hier ist jedoch noch nicht berücksichtigt, dass sich über die Jahre der Rentenanpassungssatz verändern kann.

Renten-Check nach Rentenkürzungen

Erleidet die gesetzliche Rentenversicherung mehr Ausgaben als Einnahmen, wird es einen negativen Rentenanpassungssatz geben. Auch für Christian und seine Familie wären das Folgen, die im Rentenbescheid nicht angenommen wurden. Dies hatte Christian auch schon so bemängelt. In der folgenden Tabelle könnte Christian dann nachschauen, wie hoch seine Rente noch nach folgenden Szenarien sein würde.

Rentenanpassung (in Prozent)	Inflation (in Prozent)					
	1,0	1,5	2,0	2,5	3,0	3,5
−1,0	1 242,15	1 097,89	970,97	859,24	**760,82**	674,06
−1,5	1 094,46	967,35	855,52	757,08	670,36	593,92
−2,0	963,71	851,79	753,32	666,63	590,27	522,97
−2,5	848,03	749,54	662,89	586,61	519,42	460,19
−3,0	745,74	659,13	582,93	515,85	456,76	404,68
−3,5	655,36	579,24	512,28	453,33	401,40	355,63
−4,0	575,54	508,70	449,89	398,12	352,52	312,32

Tabelle 9.61 Renten-Check nach der Rentenkürzung durch die Inflationsrate und eine negative Rentenanpassung

© Bernd W. Klöckner, Verwendung in Vorträgen, Büchern oder Artikeln nur mit Genehmigung des Autors.

Nimmt Christian eine Inflation von 3 Prozent an, dazu einen negativen Rentenanpassungssatz von 1 Prozent, ergibt sich eine Rente mit heutiger Kaufkraft von 760 Euro. Seine Rentenlücke läge damit bei rund 3750 Euro.

Nimmt Christian eine Rentenanpassung von durchschnittlich minus 4 Prozent in den nächsten 25 Jahren an und eine Inflation von 2 Prozent, so erhielten er und seine Familie eine Rente von 450 Euro. Die Rentenlücke läge somit also knapp über 4500 Euro.

Würde letzteres Szenario eintreffen und wären Christian und Yvonne nicht darauf vorbereitet, so würden sie wahrscheinlich unter dem Existenzminimum liegen. Meiner Ansicht nach wäre auch ein solches Szenario in einem Bescheid wichtig, der an Millionen von Bürgern in der Bundesrepublik Deutschland verschickt wird.

Zusammenfassung

Doch hier noch einmal eine Zusammenfassung der aktuellen Altersvorsorgesituation der Familie E. In ihren persönlichen Angaben stand nur das Einfamilienhaus als Altersvorsorge da. Wir gehen also davon aus, dass sonst keine weiteren Geldanlagen vorgenommen wurden.

Die Rente wird sich auch in Zukunft nicht bessern: Die Staatskassen sind leer und auch neue Steuereinnahmen zu finden, die die Rentenkasse ausgleichen, wird sehr schwierig. Es kann also laut demografischer Entwicklung von Rentenkürzungen fast sicher ausgegangen werden.

Zudem wird die Inflation das Rentnerehepaar sehr einengen. Lebensmittel, Benzin, Fahrtkosten, Strom werden nicht günstiger. Auch mit der Einführung des Euros haben viele Verbraucher gemerkt, wie schnell die Sachen des täglichen Lebens teurer werden. Viele rechnen noch in die alte Währung um und erinnern sich an die vorherigen günstigen Preise.

Würden obige Fälle eintreten, so hätte die Familie, beziehungsweise nur noch das Rentnerehepaar Christian und Yvonne mit einer Rente von rund 450 bis 1200 Euro mit heutiger Kaufkraft zu rechnen. So bestünde also eine Rentenlücke von 3300 Euro bis 4050 Euro, die geschlossen werden muss.

Lösung

Eine Lösung ist leicht zu finden. Da Christian außer dem Haus noch keine Altersvorsorge hat, wird wohl eine hohe Rentenlücke herauskommen. In der Zusammenfassung haben wir ja festgestellt, dass auch eine Rentenkürzung anzunehmen ist. Nehmen wir also eine Rentenlücke von 3800 Euro an, sollte er diesen Betrag etwa bis zu einer Lebenszeit von 92 Jahren beziehen.

Um bei einem Auszahlungszins von 4,5 Prozent eine Rente von 3800 Euro nach heutiger Kaufkraft zu beziehen, ist ein Vermögen von rund 1,7 Millionen Euro mit dem 65. Lebensjahr notwendig.

Um diesen Betrag anzusparen, ist eine Sparrate von monatlich 2750 Euro bei einem Zins von 6 Prozent notwendig.

Beispielfall 13

Bernd W.
40 Jahre
ledig
keine Kinder
3500 Euro netto

Persönliche Angaben

Bernd, 40 Jahre, ist in einem großen Softwarekonzern tätig. Sein Schwerpunkt liegt auf der Softwareentwicklung. Die Auftragslage in der Wirtschaftskrise hat den Konzern nur leicht getroffen. Durch gute Kundenbetreuung, Fleiß und Wissen bezieht er derzeit durchschnittlich ein Nettoeinkommen von rund 3500 Euro. Bei steigenden Umsätzen konnte ihm das Unternehmen einen festen Arbeitsplatz zusichern.

Bernd ist seit vielen Jahren glücklicher Single und hat deshalb auch keine Kinder. Er wohnt in einer Mietwohnung in der Stadtmitte einer idyllischen Kleinstadt. Für die Mietwohnung zahlt er nicht viel, da ein älterer Herr und guter Bekannter der Vermieter ist. Ihm wurde die Wohnung schon oft zum Kauf angeboten, er möchte aber noch nicht kaufen.

Seine größte Sorge ist die Altersvorsorge. Doch hier macht er sich als Single kaum Gedanken darum, da er bisher schon rund 150 000 Euro gespart hat. Sein Ziel ist es, bis zum 65. Lebensjahr Millionär zu sein, also eine Million Euro aus dem Gesparten zu erreichen, was auch möglich ist.

Erst letztens hat er die Renteninformation von der BfA erhalten. Auch Bernd ist verunsichert, da er nicht mit so einer hohen Rente gerechnet hat. Er überlegt nun doch, die Wohnung von dem ersparten Vermögen zu kaufen. Denn sein Bemühen um die Altersvorsorge hat sich ja somit erledigt, wenn er noch mit soviel Rente aus der gesetzlichen Rentenversicherung rechnen kann.

Die Renteninformation

Rente wegen voller Erwerbsminderung Würden Sie heute voll erwerbsgemindert sein, bekämen Sie eine monatliche Rente von:	1 121,05 EUR
Hochrechnungen Ihrer künftigen Altersrente Ihre bislang erreichten Rentenanwartschaften würden nach heutigem Stand einer Altersrente von 519,52 EUR entsprechen. Sollten Sie bis zur Vollendung des 65. Lebensjahres jährlich X Entgeltpunkte (wie im Durchschnitt der letzten fünf Kalenderjahre) erwerben, bekämen Sie ohne Berücksichtigung von Rentenanpassungen eine Altersrente von:	1 896,76 EUR
Ihre Rente wird aber aufgrund künftiger Rentenanpassungen tatsächlich höher ausfallen. Leider können auch wir die Entwicklung nicht vorhersehen. Deshalb haben wir zwei Varianten für Sie gewählt: Beträgt der jährliche Anpassungssatz 1,5 Prozent, so beliefe sich Ihre Rente zu Rentenbeginn auf:	2 792,32 EUR
Beträgt der jährliche Anpassungssatz 3,5 Prozent, so beliefe sich Ihre Rente zu Rentenbeginn auf: Diese Beträge werden jährlich weiter angepasst.	4 641,40 EUR

Abbildung 9.14 Auszug aus der Renteninformation von Bernd W. aus dem Jahr 2002. So wurden die Rentenformationen bis 2003 verschickt. Seit 2004 wird mit den Anpassungssätzen 1,5 Prozent und 2,5 Prozent gerechnet.

Renten-Check bei Renteneintrittsalter 65

Bernd kann sich nicht so richtig vorstellen, dass die Inflation so extrem auf die Rente wirkt. Im Folgenden werden wir also für Bernd einen Renten-Check durchführen, der ihm genau zeigt, welche Rente er nach Kaufkraftverlusten erhält und welche Rentenlücke er schließen muss.

Rentenanpassungssatz (in Prozent)	Rente lt. BfA (in Euro)	BfA-Rente mit der heutigen Kaufkraft (in Euro)	Rentenlücke (in Euro)
0	1897	880	2620
1,5	2792	1296	2204
2,5	3605	1672	1828

Tabelle 9.62 Renteneintrittsalter 65. Lebensjahr, Inflationsrate 3 Prozent, monatliches Einkommen 3500 Euro

Quelle: © Beratungsrechner von Dr. Kriebel und Bernd W. Klöckner, Verwendung in Vorträgen, Büchern oder Artikeln nur mit Genehmigung des Autors.

Rentenanpassungssatz (in Prozent)	Rente lt. BfA (in Euro)	BfA-Rente mit der heutigen Kaufkraft (in Euro)	Rentenlücke (in Euro)
0	1897	1134	2366
1,5	2792	1670	1830
2,5	3605	2154	1346

Tabelle 9.63 Renteneintrittsalter 65. Lebensjahr, Inflationsrate 2 Prozent, monatliches Einkommen 3500 Euro

Quelle: © Beratungsrechner von Dr. Kriebel und Bernd W. Klöckner, Verwendung in Vorträgen, Büchern oder Artikeln nur mit Genehmigung des Autors.

Sie sehen also schon anhand der Rentenlücke, dass Bernd sich verschätzt hat. Geht er mit 65 in Rente, so hat er neben der Rente aus der gesetzlichen Rentenversicherung eine Rentenlücke von 1350 bis 2620 Euro. Er erhält vielleicht eine Rente von rund 1900 Euro, jedoch sind diese dann nur noch zwischen 900 und 1100 Euro wert.

Auch hier ist folgendes zu beachten: Viele verschätzen sich bei der Wirkung von Zins und Zinseszins genauso, wie bei der Wirkung von Kaufkraftverlusten.

Renten-Check bei Renteneintrittsalter 62

Bernd könnte auch schon mit 62 Jahren in Rente gehen. Hier sind die inflationären Verluste um drei Jahre gekürzt, jedoch genauso auch die Renten. Da er drei Jahre weniger in die Rentenkasse einzahlt und schon drei Jahre früher das Geld aus der Kasse herausnimmt, hat die Rente hohe Abschläge, wie wir in den nächsten Tabellen erkennen:

Rentenanpassungssatz (in Prozent)	Rente lt. BfA (in Euro)	BfA-Rente mit der heutigen Kaufkraft (in Euro)	Rentenlücke (in Euro)
0	1 565	654	2 846
1,5	2 305	964	2 536
2,5	2 974	1 243	2 257

Tabelle 9.64 Renteneintrittsalter 62. Lebensjahr, Inflationsrate 3 Prozent, monatliches Einkommen 3 500 Euro

Quelle: © Beratungsrechner von Dr. Kriebel und Bernd W. Klöckner, Verwendung in Vorträgen, Büchern oder Artikeln nur mit Genehmigung des Autors.

Rentenanpassungssatz (in Prozent)	Rente lt. BfA (in Euro)	BfA-Rente mit der heutigen Kaufkraft (in Euro)	Rentenlücke (in Euro)
0	1 565	819	2 681
1,5	2 305	1 206	2 294
2,5	2 974	1 556	1 944

Tabelle 9.65 Renteneintrittsalter 62. Lebensjahr, Inflationsrate 2 Prozent, monatliches Einkommen 3 500 Euro

Quelle: © Beratungsrechner von Dr. Kriebel und Bernd W. Klöckner, Verwendung in Vorträgen, Büchern oder Artikeln nur mit Genehmigung des Autors.

Geht er in Frührente, so erhält Bernd schon rund 350 Euro weniger. Dazu kommen noch die Kaufkraftverluste, die seine Rente bei 3 Prozent Inflation auf eine heutige Kaufkraft von rund 650 Euro absinken lassen. Somit würde eine Rentenlücke von 2 850 Euro bestehen.

Renten-Check nach Rentenkürzungen

Zu dem Kaufkraftverlust der Rente oder den bei einer Frührente erfolgenden Rentenkürzungen könnte auch eine Rente mit 65 noch gekürzt werden. Diese Kürzungen würden dann von der

Bundesregierung festgelegt. In der folgenden Tabelle könnte Bernd nun seine Rente bei Rentenkürzungen von jeweils X Prozent ablesen.

Rentenanpassung (in Prozent)	Inflation (in Prozent)					
	1,0	1,5	2,0	2,5	3,0	3,5
− 1,0	1150,57	1016,94	899,38	795,89	704,72	624,36
− 1,5	1013,77	896,03	792,44	701,26	620,93	550,13
− 2,0	892,66	788,98	697,77	617,48	546,75	484,41
− 2,5	785,50	694,28	614,01	543,36	481,12	426,26
− 3,0	690,76	610,53	**539,95**	477,82	423,09	374,85
− 3,5	607,04	536,54	474,51	419,91	371,81	329,41
− 4,0	533,11	471,19	416,72	368,77	326,53	289,29

Tabelle 9.66 Renten-Check nach der Rentenkürzung durch die Inflationsrate und eine negative Rentenanpassung

© Bernd W. Klöckner, Verwendung in Vorträgen, Büchern oder Artikeln nur mit Genehmigung des Autors.

Wenn Bernd annimmt, dass eine Rentenkürzung von durchschnittlich 3 Prozent erfolgen wird und eine Inflation von 2 Prozent herrscht, bekommt er lediglich eine Rente von 540 Euro. Diese Rente ist natürlich schon nach heutiger Kaufkraft berechnet.

Würde Bernd den wie hier dargestellt schlechtesten Fall annehmen, also 3,5 Prozent Inflation und 4 Prozent Rentenkürzung, so kämen nach heutiger Kaufkraft nur 290 Euro zur Auszahlung.

Würde Bernd von einer Rente von 1900 Euro ausgehen, wie in der Renteninformation angezeigt, so würde er bitter enttäuscht, beziehungsweise getäuscht sein, wenn er lediglich 290 Euro bekäme. Davon könnte er mit Sicherheit nicht leben.

Zusammenfassung

Fassen wir den Fall von Bernd noch einmal zusammen. Er hat jetzt bereits 150000 Euro gespart. Aufgrund der Renteninformation und der darin angegebenen Rente denkt er: »Die Rente ist sicher, ich werde genug zum Leben haben«. Deshalb möchte er das Gesparte in Sachmittel umwandeln.

Einerseits wäre diese Umwandlung gut. Nach dem Kauf würde er keine Miete mehr zahlen. Das hieße, dass er für die Zukunft keine Mietsteigerungen mehr befürchten müsste. Doch andere Lebenshaltungskosten werden weiter steigen.

Sollte jedoch wirklich der Fall eintreffen, den wir auch später in der Lösung annehmen, dass eine Inflation von 3,5 Prozent auftritt und eine Rentenkürzung von 4 Prozent erfolgt, so wird er wohl kaum von 290 Euro leben können.

Würde er sein bisher Angespartes in die Wohnung investieren, so könnte er mit dem 65. Lebensjahr lediglich mit einem Vermögen von 350 000 Euro rechnen. Doch mit einer Rente aus diesem Betrag wird er wohl auch nicht die 290 Euro ausgleichen können.

Andernfalls hätte er schon mal weniger Belastungen in der Zukunft, da die Mietzahlungen für Ihn wegfallen.

Lösung

Die Frage, ob er die Wohnung kaufen sollte oder nicht, sollte gut überlegt sein. Schauen wir uns beide Szenarien einmal an, bei einer angenommenen Rentenlücke von rund 3 000 Euro:

1. Er kauft die Wohnung und hat somit mit dem 65. Lebensjahr ein Vermögen von 350 000 Euro zur Verfügung. Da die Mietzahlungen nicht mehr berücksichtigt werden müssen, ist nun eine etwas niedrigere Rentenlücke von 2 400 Euro anzunehmen.

   Um diese Rentenlücke auszugleichen, muss ihm mit dem 65. Lebensjahr ein Vermögen von 1,08 Millionen Euro zur Verfügung stehen. Es stehen ihm jedoch de facto nur 350 000 Euro zur Verfügung, sodass er noch ein Vermögen von 730 000 Euro ansparen muss. Bei einem Zins von 6 Prozent müsste Bernd deshalb einen monatlichen Sparbetrag von 1 170 Euro leisten.
2. Er kauft die Wohnung nicht und hat mit dem 65. Lebensjahr eine Million Euro zur Verfügung.

   Mit dem 65. Lebensjahr muss für einer Rente von 3 000 Euro nach heutiger Kaufkraft ein Vermögen von 1,35 Millionen Euro zur Verfügung stehen. Da er nun ein Vermögen von 1 Million Euro hat, muss er nur noch zusätzlich 350 000 Euro ansparen. Somit wäre nur eine Sparrate von 665 Euro notwendig.

Welche Version ist die bessere? In der zweiten Version wäre er nach wie vor Mieter, müsste also zusätzlich zur Sparrate noch die Miete zahlen. Da wir von einer Miete von 600 Euro ausgegangen sind, zahlt er in der zweiten Variante schließlich 1 265 Euro. Bernd sollte sich also für den Wohnungskauf entscheiden.

Beispielfall 14

Karsten B.
41 Jahre
verheiratet
2 Kinder
3 035 Euro netto

Persönliche Angaben

Karsten ist 41 Jahre alt und wohnt mit seiner Familie in einem Haus. Er ist verheiratet mit Anke, 43 Jahre, zusammen haben sie zwei Kinder. Anke ist seit elf Jahren Mutter und seitdem auch Hausfrau. Sie war vorher berufstätig, jetzt möchte sie jedoch Hausfrau bleiben. Ihre Rente aus der Rentenversicherung wird deshalb sehr niedrig ausfallen.

Karsten ist in einem Medienunternehmen beschäftigt. Hier erhält er ein Monatsnettoeinkommen von rund 3 035 Euro. Belastungen für die Altersvorsorge verringern sein Einkommen um 705 Euro. Bis zum 65. Lebensjahr soll das Haus schuldenfrei sein. Bis dahin fallen noch Belastungen von monatlich 450 Euro an. Mehr Belastungen sind für die Familie kaum möglich.

Die Altersvorsorgeprodukte sollen mit dem 65. Lebensjahr etwa ein Vermögen von 850 000 Euro bringen. Zurzeit sind außerdem noch 70 000 Euro in Aktien investiert.

Nun erhalten die beiden Elternteile die Renteninformation. Bei Anke ist wie schon oben erwähnt eine sehr geringe Rente angegeben. Karsten bekommt eine Hochrechnung auf 2050 Euro, was ihn sehr freut, da er so glaubt, gut für die Altersvorsorge aufgestellt zu sein. Dabei hatte ihm der Finanzberater noch gesagt, dass er nicht mit einer Rente aus der gesetzlichen Rentenversicherung rechnen soll. Er ist nun total verunsichert. Wer hat denn nun Recht? Woran Karsten jedoch überhaupt nicht gedacht hat, ist die Inflation – also der Kaufkraftverlust in der nächsten Zeit. Im Nachfolgenden machen wir wiederum einen Renten-Check, fassen die Ergebnisse zusammen und berechnen, ob die Familie gut für die Zukunft aufgestellt ist.

Die Renteninformation

Rente wegen voller Erwerbsminderung Würden Sie heute voll erwerbsgemindert sein, bekämen Sie eine monatliche Rente von:	1372,02 EUR
Hochrechnungen Ihrer künftigen Altersrente Ihre bislang erreichten Rentenanwartschaften würden nach heutigem Stand einer Altersrente von 788,62 EUR entsprechen. Sollten Sie bis zur Vollendung des 65. Lebensjahres jährlich X Entgeltpunkte (wie im Durchschnitt der letzten fünf Kalenderjahre) erwerben, bekämen Sie ohne Berücksichtigung von Rentenanpassungen eine Altersrente von:	2057,23 EUR
Ihre Rente wird aber aufgrund künftiger Rentenanpassungen tatsächlich höher ausfallen. Leider können auch wir die Entwicklung nicht vorhersehen. Deshalb haben wir zwei Varianten für Sie gewählt: Beträgt der jährliche Anpassungssatz 1,5 Prozent, so beliefe sich Ihre Rente zu Rentenbeginn auf:	2940,26 EUR
Beträgt der jährliche Anpassungssatz 3,5 Prozent, so beliefe sich Ihre Rente zu Rentenbeginn auf: Diese Beträge werden jährlich weiter angepasst.	4699,17 EUR

Abbildung 9.15 Auszug aus der Renteninformation von Karsten B. aus dem Jahr 2002. So wurden die Rentenformationen bis 2003 verschickt. Seit 2004 wird mit den Anpassungssätzen 1,5 Prozent und 2,5 Prozent gerechnet.

Renten-Check bei Renteneintrittsalter 65

Karsten wird nun dem Renten-Check unterzogen. Wir berechnen also im Folgenden seine Rente nach den Kaufkraftverlusten, die er durch Preissteigerungen bei den Lebenshaltungskosten erleiden wird. Bis zur Rente hat er noch 24 Jahre, in denen eine Inflation von 3 oder 2 Prozent anfallen könnte. Diese beiden Inflationsraten werden in den beiden folgenden Tabellen angenommen.

Rentenanpassungs-satz (in Prozent)	Rente lt. BfA (in Euro)	BfA-Rente mit der heutigen Kaufkraft (in Euro)	Rentenlücke (in Euro)
0	2 057	1 012	2 023
1,5	2 940	1 446	1 589
2,5	3 721	1 830	1 205

Tabelle 9.67 Renteneintrittsalter 65. Lebensjahr, Inflationsrate 3 Prozent, monatliches Einkommen 3 035 Euro

Quelle: © Beratungsrechner von Dr. Kriebel und Bernd W. Klöckner, Verwendung in Vorträgen, Büchern oder Artikeln nur mit Genehmigung des Autors.

Rentenanpassungs-satz (in Prozent)	Rente lt. BfA (in Euro)	BfA-Rente mit der heutigen Kaufkraft (in Euro)	Rentenlücke (in Euro)
0	2 057	1 279	1 756
1,5	2 940	1 828	1 207
2,5	3 721	2 313	722

Tabelle 9.68 Renteneintrittsalter 65. Lebensjahr, Inflationsrate 2 Prozent, monatliches Einkommen 3 035 Euro

Quelle: © Beratungsrechner von Dr. Kriebel und Bernd W. Klöckner, Verwendung in Vorträgen, Büchern oder Artikeln nur mit Genehmigung des Autors.

Auch hier sehen wir wieder eine Halbierung der Rente bei einer Inflation von 3 Prozent. Liegt der Kaufkraftverlust nur bei 2 Prozent, ist es nicht ganz die Hälfte. Die Rentenlücken liegen jedoch zwischen 722 und 2 023 Euro.

Auch hier ist es wieder offensichtlich: Wer bei der Renteninformation nicht an die Inflation denkt, ist verloren.

Renten-Check bei Renteneintrittsalter 62

Das gleiche Szenario wie beim Renteneintrittsalter von 65 Jahren nehmen wir nun bei einem Frührenteneintritt mit dem 62. Lebensjahr an. Hier sind die Rentenauszahlungen schon von vornherein geringer.

Rentenanpassungs-satz (in Prozent)	Rente lt. BfA (in Euro)	BfA-Rente mit der heutigen Kaufkraft (in Euro)	Rentenlücke (in Euro)
0	1697	756	2282
1,5	2426	1076	1959
2,5	3070	1362	1673

Tabelle 9.69 Renteneintrittsalter 62. Lebensjahr, Inflationsrate 3 Prozent, monatliches Einkommen 3035 Euro

Quelle: © Beratungsrechner von Dr. Kriebel und Bernd W. Klöckner, Verwendung in Vorträgen, Büchern oder Artikeln nur mit Genehmigung des Autors.

Rentenanpassungs-satz (in Prozent)	Rente lt. BfA (in Euro)	BfA-Rente mit der heutigen Kaufkraft (in Euro)	Rentenlücke (in Euro)
0	1697	924	2111
1,5	2426	1321	1714
2,5	3070	1671	1364

Tabelle 9.70 Renteneintrittsalter 62. Lebensjahr, Inflationsrate 2 Prozent, monatliches Einkommen 3035 Euro

Quelle: © Beratungsrechner von Dr. Kriebel und Bernd W. Klöckner, Verwendung in Vorträgen, Büchern oder Artikeln nur mit Genehmigung des Autors.

Auch hier können Sie erkennen, dass sich die Rente schon um 350 Euro nach unten verändert. Zudem halbiert sich die Rente aufgrund des Kaufkraftverlustes, sodass die Rentenlücke in diesem Fall zwischen 1364 und 2282 Euro liegt.

Dies sollten Sie deshalb beachten: Wer eine Frührente nicht unbedingt beantragen muss, sollte vorher erst einmal seine finanzielle Situation prüfen, damit er nicht in die Rentenfalle tappt und später die fehlenden Euros nicht ausgleichen kann.

Renten-Check nach Rentenkürzungen

Der dritte Renten-Check, wie Sie wissen, betrachtet die Rente bei zusätzlichen Rentenkürzungen. Auch hier wird bei einem bestimmten Inflationssatz die Rente auf ihren heutigen Wert heruntergerechnet.

Rentenanpassung (in Prozent)	Inflation (in Prozent)					
	1,0	1,5	2,0	2,5	3,0	3,5
−1,0	1 272,82	1 130,56	1 004,79	893,52	795,03	707,80
−1,5	1 127,17	1 001,20	889,81	791,28	704,06	626,81
−2,0	997,58	**886,08**	787,51	700,31	623,11	554,74
−2,5	882,93	783,72	696,53	619,40	551,13	490,66
−3,0	779,91	692,74	615,68	547,50	487,15	433,70
−3,5	688,93	611,93	543,86	483,63	430,32	383,11
−4,0	608,18	540,21	480,11	426,94	379,88	338,20

Tabelle 9.71 Renten-Check nach der Rentenkürzung durch die Inflationsrate und eine negative Rentenanpassung

© Bernd W. Klöckner, Verwendung in Vorträgen, Büchern oder Artikeln nur mit Genehmigung des Autors.

Nimmt Karsten also eine Inflation von 1,5 Prozent an und eine Rentenanpassung von minus 2 Prozent, so erhält er mit dem 65. Lebensjahr eine Rente von nur 886 Euro.

Nehmen wir eine Inflation von 3 Prozent und eine negative Rentenanpassung von 4 Prozent an, so würde Karsten lediglich mit einer Rente von 380 Euro rechnen können.

Sollten Rentenkürzungen in nächster Zeit anstehen, so werden die meisten der zukünftigen Rentner, diejenigen, die den höchsten Rentenversicherungsbeitrag in der Geschichte gezahlt haben, mit einer sehr geringen Rente abgespeist werden. Da die meisten nicht mit solchen niedrigen Renten aus der gesetzlichen Rentenversicherung rechnen, ist eine Altersarmut in vielen Teilen Deutschlands vorprogrammiert. Es werden dann einige Rentner zu Sozialhilfeempfängern werden, da sie sich vielleicht gerade noch ein »Dach über den Kopf« leisten können.

Zusammenfassung

Fassen wir den Fall der Familie B. noch einmal zusammen. Karsten und seine Frau werden sehr wahrscheinlich mit einer derzeitigen Rentenlücke von monatlich 1 800 Euro rechnen müssen.

Da sein Finanzberater ihm schon geraten hat, er solle nicht mit einer Rente aus der gesetzlichen Kasse rechnen, konnte er schon früh mit der Vorsorge beginnen. Heute hat er in Aktien rund 70 000 Euro investiert. Zusätzlich bekommt er mit dem 65. Lebensjahr Auszahlungen im Wert von rund 850 000 Euro aus Investmentfonds, Lebensversicherungen etc.

Die Familie besitzt schon ein Haus, sodass Mietsteigerungen nicht mehr zu Buche schlagen. Zusätzliche Altersvorsorge kann jedoch nicht mehr bezahlt werden. Die Frage ist nun, ob die jetzige Vorsorgesituation ausreicht, damit die Familie nicht ab dem 65. Lebensjahr in eine Altersarmut fällt.

Preissteigerungen sind in dem Maße zu berücksichtigen, wie sie beim Statistischen Bundesamt jährlich herausgegeben werden. Diese lagen für Zehn-Jahres-Zeiträume seit 1950 zwischen 1,7 und 4,5 Prozent.

Lösung

Die Lösung muss also mit Hilfe der obigen Informationen ermittelt werden. Um eine zusätzliche Rente von 1 800 Euro zu finanzieren nehmen wir folgende Angaben an: Zins bei Auszahlung von 4,5 Prozent, bei Einzahlungen 6 Prozent. Die Rente soll vom 65. bis zum 92. Lebensjahr ausgezahlt werden.

Um mit dem 65. Lebensjahr eine Rente von 1 800 Euro entnehmen zu können, muss ein Vermögen von 813 500 Euro zur Verfügung stehen. Die Familie ist also mit 850 000 Euro Auszahlungssumme bestens abgesichert. Zusätzlich stehen nun noch die 70 000 Euro in Aktien zur freien Verfügung.

Dieses Ergebnis war schon vorauszusehen, da der Finanzberater die Rente aus der gesetzlichen Rentenversicherung nicht mit berücksichtigt hat. Gleiche Ergebnisse hätten auch beim Einsatz der Software »Beratungsrechner« von www.beratungsrechner.de entstehen können.

Beispielfall 15

Peter K.
42 Jahre
geschieden
keine Kinder
2 500 Euro netto

Persönliche Angaben

Peter ist seit 13 Jahren von seiner Frau geschieden. Zusammen hatten die beiden kein Kind. Nun ist Peter 42 Jahre alt und hat eine neue Liebe gefunden. Er lebt mit ihr in einer eheähnlichen Lebensgemeinschaft mit einem Kind. Sie, Bianca, ist derzeit arbeitslos und hat eine Ausbildung zur Reiseverkehrskauffrau.

Peter ist seit einigen Jahren Bilanzbuchhalter in einem mittelgroßen Unternehmen im Rheinland. Sein Nettogehalt beträgt rund 2 500 Euro. Das Unternehmen wurde zwar von der Wirtschaftskrise sehr stark getroffen, der Buchhalter wird jedoch im Unternehmen gebraucht.

Die Familie lebt in einem Mietshaus. Ein eigenes Haus wollen Peter und Bianca noch nicht kaufen. Auch an eine Ehe denken die beiden noch nicht.

Peter hat im letzten Monat seine Renteninformation erhalten, worin seine gesetzliche Rente in Höhe von rund 2 000 Euro angegeben war. Als Buchhalter kann er sich vorstellen, dass die Rentenkasse eigentlich leer ist. Er fragt sich also, ob nun diese Rente der Wirklichkeit entspricht.

Als er an der BfA anruft, sagen sie ihm dort nur, dass die Inflation noch die Kaufkraft verringern wird. Selber hat er für das Alter mit einem Vermögen mit dem 65. Lebensjahr von 358 000 Euro vorgesorgt. Auf den nachfolgenden Seiten prüfen wir, ob dieses Vermögen für die Schließung seiner Rentenlücke ausreicht.

Die Renteninformation

Rente wegen voller Erwerbsminderung Würden Sie heute voll erwerbsgemindert sein, bekämen Sie eine monatliche Rente von:	1 411,96 EUR
Hochrechnungen Ihrer künftigen Altersrente Ihre bislang erreichten Rentenanwartschaften würden nach heutigem Stand einer Altersrente von 818,82 EUR entsprechen. Sollten Sie bis zur Vollendung des 65. Lebensjahres jährlich X Entgeltpunkte (wie im Durchschnitt der letzten fünf Kalenderjahre) erwerben, bekämen Sie ohne Berücksichtigung von Rentenanpassungen eine Altersrente von:	2 015,87 EUR
Ihre Rente wird aber aufgrund künftiger Rentenanpassungen tatsächlich höher ausfallen. Leider können auch wir die Entwicklung nicht vorhersehen. Deshalb haben wir zwei Varianten für Sie gewählt: Beträgt der jährliche Anpassungssatz 1,5 Prozent, so beliefe sich Ihre Rente zu Rentenbeginn auf:	2 838,27 EUR
Beträgt der jährliche Anpassungssatz 3,5 Prozent, so beliefe sich Ihre Rente zu Rentenbeginn auf:	4 448,78 EUR
Diese Beträge werden jährlich weiter angepasst.	

Abbildung 9.16 Auszug aus der Renteninformation von Peter K. aus dem Jahr 2002. So wurden die Rentenformationen bis 2003 verschickt. Seit 2004 wird mit den Anpassungssätzen 1,5 Prozent und 2,5 Prozent gerechnet.

Renten-Check bei Renteneintrittsalter 65

Im Folgenden sehen Sie die Tabellen für die Umrechnung der späteren gesetzlichen Rente auf die Kaufkraft von heute. Die erste Tabelle zeigt die Kaufkraft der Rente mit dem 65. Lebensjahr, wenn in den nächsten 23 Jahren eine Inflation von durchschnittlich 3 Prozent herrscht:

Rentenanpassungs- satz (in Prozent)	Rente lt. BfA (in Euro)	BfA-Rente mit der heutigen Kaufkraft (in Euro)	Rentenlücke (in Euro)
0	2 016	1 021	1 479
1,5	2 838	1 438	1 062
2,5	3 557	1 802	698

Tabelle 9.72 Renteneintrittsalter 65. Lebensjahr, Inflationsrate 3 Prozent, monatliches Einkommen 2 500 Euro

Quelle: © Beratungsrechner von Dr. Kriebel und Bernd W. Klöckner, Verwendung in Vorträgen, Büchern oder Artikeln nur mit Genehmigung des Autors.

Findet keine Rentenanpassung durch den Staat statt, so halbiert sich die Rente und es entsteht eine Rentenlücke von rund 1500 Euro. Im nachfolgenden sehen Sie die gleiche Tabelle mit einem Kaufkraftverlust von jährlich 2 Prozent.

Rentenanpassungs-satz (in Prozent)	Rente lt. BfA (in Euro)	BfA-Rente mit der heutigen Kaufkraft (in Euro)	Rentenlücke (in Euro)
0	2016	1173	1327
1,5	2838	1652	848
2,5	3557	2070	430

Tabelle 9.73 Renteneintrittsalter 65. Lebensjahr, Inflationsrate 2 Prozent, monatliches Einkommen 2500 Euro

Quelle: © Beratungsrechner von Dr. Kriebel und Bernd W. Klöckner, Verwendung in Vorträgen, Büchern oder Artikeln nur mit Genehmigung des Autors.

Bei einem Kaufkraftverlust von durchschnittlich 2 Prozent in den nächsten 23 Jahren ist eine heutige Kaufkraft von rund 1200 Euro gegeben. Die Rentenlücke liegt somit bei circa 1300 Euro. Im optimistischen Fall der BfA liegt die Rentenlücke bei nur 430 Euro.

Renten-Check bei Renteneintrittsalter 62

Genauso wie den Renten-Check mit dem 65. Lebensjahr führen wir den Check für das Renteneintrittsalter 62, also das Frührentenalter durch. Als Erstes sehen wir die Tabelle mit einem Kaufkraftverlust von 3 Prozent an.

Rentenanpassungs-satz (in Prozent)	Rente lt. BfA (in Euro)	BfA-Rente mit der heutigen Kaufkraft (in Euro)	Rentenlücke (in Euro)
0	1526	640	1860
1,5	2149	901	1599
2,5	2693	1129	1371

Tabelle 9.74 Renteneintrittsalter 62. Lebensjahr, Inflationsrate 3 Prozent, monatliches Einkommen 2500 Euro

Quelle: © Beratungsrechner von Dr. Kriebel und Bernd W. Klöckner, Verwendung in Vorträgen, Büchern oder Artikeln nur mit Genehmigung des Autors.

Hier können Sie erkennen, dass sich die Rente allein schon 500 Euro niedriger wird, wenn Peter mit dem 62. Lebensjahr in Rente geht. Die Rente hat bei einem Anpassungssatz von 0 Prozent lediglich eine Kaufkraft von 640 Euro. Die Rentenlücke steigt auf knapp 1 900 Euro. Im Folgenden finden Sie die Tabelle mit einem Kaufkraftverlust von 2 Prozent in den nächsten 23 Jahren.

Rentenanpassungssatz (in Prozent)	Rente lt. BfA (in Euro)	BfA-Rente mit der heutigen Kaufkraft (in Euro)	Rentenlücke (in Euro)
0	1 526	777	1 723
1,5	2 149	1 095	1 405
2,5	2 693	1 372	1 128

Tabelle 9.75 Renteneintrittsalter 62. Lebensjahr, Inflationsrate 2 Prozent, monatliches Einkommen 2500 Euro

Quelle: © Beratungsrechner von Dr. Kriebel und Bernd W. Klöckner, Verwendung in Vorträgen, Büchern oder Artikeln nur mit Genehmigung des Autors.

Auch an dieser Tabelle sehen Sie, dass die Kaufkraft noch bei 777 Euro liegt. Die Rentenlücke beträgt somit 1 723 Euro.

Renten-Check nach Rentenkürzungen

Nun folgt noch der Renten-Check, sollte die Bundesregierung nicht, wie von der BfA angenommen, den Rentenanpassungssatz im positiven Bereich belassen. Das Renteneintrittsalter liegt in diesem Fall bei 65 Jahren. Den Rentenanpassungssatz und die Inflationsrate können Sie selbstständig auswählen.

Rentenanpassung (in Prozent)	Inflation (in Prozent)					
	1,0	1,5	2,0	2,5	3,0	3,5
− 1,0	1 272,65	1 136,01	1 014,60	906,67	810,67	725,22
− 1,5	1 132,75	1 011,13	903,07	807,00	721,55	645,50
− 2,0	1 007,62	899,44	803,32	717,86	641,85	574,20
− 2,5	895,79	799,61	714,16	638,19	570,61	510,47
− 3,0	795,88	710,43	634,51	**567,01**	506,97	453,54
− 3,5	706,69	630,81	563,40	503,47	450,16	402,71
− 4,0	627,10	559,77	499,95	446,77	399,46	357,36

Tabelle 9.76 Renten-Check nach der Rentenkürzung durch die Inflationsrate und eine negative Rentenanpassung

© Bernd W. Klöckner, Verwendung in Vorträgen, Büchern oder Artikeln nur mit Genehmigung des Autors.

Nehmen Sie beispielsweise einen Kaufkraftverlust von 2,5 Prozent an und eine Rentenanpassung von minus 3 Prozent, so bekommt Peter eine Rente von 567 Euro nach heutiger Kaufkraft.

Im schlechtesten Fall, also bei 3,5 Prozent Inflation und einem Rentenanpassungssatz von minus 4 Prozent, würde Peter nur eine Rente von 357 Euro erhalten.

Sie sollten nicht unbedingt vom Schlimmsten ausgehen, sondern von einem eher realistischen Wert. Beispielsweise von einer Inflation von 2,5 Prozent und einer negativen Rentenanpassung von minus 1,5 Prozent. Somit würde Peter eine Rente von 906,67 Euro nach heutiger Kaufkraft ausgezahlt. Er hat also eine Rentenlücke von rund 1 600 Euro.

Zusammenfassung

Hat Peter mit einer Rente von 2 000 Euro gerechnet und nur ein Vermögen von 358 000 Euro für das 65. Lebensjahr angespart, so wird es für ihn schwierig sein, seine Rentenlücke von 1 600 Euro zu schließen.

Er besitzt noch kein Eigenheim, daher muss er mit Mietsteigerungen, sowie mit Kaufkraftverlusten wegen Preissteigerungen rechnen. Ob er jetzt noch etwas zusätzlich für die Altersvorsorge aufwenden kann, ist fraglich.

Lösung

Nun müssen wir berechnen, ob Peter noch einige wenige Euros zusätzlich sparen muss, damit er seine Rentenlücke schließen kann.

Um eine Rentenlücke von monatlich 1600 Euro zu schließen benötigt Peter ein Vermögen von rund 700000 Euro. Da er ein Vermögen von 358000 Euro mit dem 65. Lebensjahr ausbezahlt bekommt, muss er nur noch einen Betrag von rund 350000 Euro ansparen. Bei einem Sparzins von 6 Prozent wäre das mit monatlichen Raten von 600 Euro möglich.

Beispielfall 16

Maria B.
45 Jahre
ledig
keine Kinder
1400 Euro netto

Persönliche Angaben

Maria ist 45 Jahre alt und ledig. Sie hat auch keine Kinder, sodass sie alleine in einer Mietwohnung einer großen Stadt lebt. Für die Wohnung zahlt sie nicht viel, da es nur eine Zwei-Zimmer-Wohnung ist.

Maria arbeitet in einem Marketing-Institut in derselben Stadt. Dort arbeitet sie schon seit einigen Jahren, und erhält ein Nettoeinkommen von 1400 Euro. Ihre Firma hat ihr zugesichert, sie noch für einige Jahre zu behalten.

Maria genießt ihr Leben, spart jedoch auch einige größere Beträge für die Altersvorsorge. Auf diese Weise hat sie schon heute ein Vermögen von 100000 Euro erreicht. Sie spart in einige Altersvorsorgeprodukte wie in eine fondsgebundene Lebensversicherung, Sparbriefe, Investmentfonds und besitzt auch einige Aktien. Sie rechnet damit, dass sie mit dem 65. Lebensjahr ein Vermögen von rund 500 000 Euro erreichen wird.

Den Rentenbescheid hat sie zur Kenntnis genommen und wundert sich über voraussichtliche Anwartschaften von rund 1 233 Euro. In dieser Höhe, so sagt sie, hat sie ihre Wunschrente in etwa eingeschätzt. Sie fragt sich jedoch, warum die ganze Gesellschaft zum Sparen aufruft, wenn doch so eine hohe Rente gezahlt wird. Immer sagten ihr Leute und ihr Finanzberater, dass sie mehr sparen solle, was sie dann meist auch getan hat.

Doch jetzt, nach Empfang der Renteninformation, wird sie ihre Spareinstellung ändern und nur noch das Nötigste sparen. Ihr voraussichtliches Vermögen von 500 000 Euro wird dann zwar nicht erreicht, sondern nur 300 000 Euro, doch das ist ihrer Meinung nach genug, um im Alter genug Liquidität zu haben.

Die Renteninformation

Rente wegen voller Erwerbsminderung Würden Sie heute voll erwerbsgemindert sein, bekämen Sie eine monatliche Rente von:	915,05 EUR
Hochrechnungen Ihrer künftigen Altersrente Ihre bislang erreichten Rentenanwartschaften würden nach heutigem Stand einer monatlichen Altersrente von 653,58 EUR entsprechen. Sollten Sie bis zur Vollendung des 65. Lebensjahres jährlich X Entgeltpunkte (wie im Durchschnitt der letzten fünf Kalenderjahre) erwerben, bekämen Sie ohne Berücksichtigung von Rentenanpassungen eine monatliche Altersrente von:	1 233,11 EUR
Ihre Rente wird aber aufgrund künftiger Rentenanpassungen tatsächlich höher ausfallen. Leider können auch wir die Entwicklung nicht vorhersehen. Wir haben zwei Varianten für Sie gerechnet: Beträgt der jährliche Anpassungssatz 1,5 Prozent, so ergäbe sich zum 65. Lebensjahr eine Rente von monatlich 1 636,12 EUR, bei 3,5 Prozent eine solche von 2 369,95 EUR. Die Beträge sind – insbesondere wegen eines Anstiegs der Lebenshaltungskosten – in ihrer Kaufkraft nicht mit heutigen Einkommen vergleichbar.	

Abbildung 9.17 Auszug aus der Renteninformation von Maria B. aus dem Jahr 2003. So wurden die Rentenformationen bis 2003 verschickt. Seit 2004 wird mit den Anpassungssätzen 1,5 Prozent und 2,5 Prozent gerechnet.

Renten-Check bei Renteneintrittsalter 65

Nun prüfen wir, ob Maria Recht hat, und ob ihre Wunschrente erreicht wird. Maria hat nämlich nicht beachtet, dass es in 20 Jahren einen Kaufkraftverlust gibt. Im Folgenden werden wir in der Tabelle darstellen, wie hoch ihre Rente nach Inflationsverlusten von jährlich 3 Prozent sein wird.

Rentenanpassungssatz (in Prozent)	Rente lt. BfA (in Euro)	BfA-Rente mit der heutigen Kaufkraft (in Euro)	Rentenlücke (in Euro)
0	1233	645	755
1,5	1636	856	544
2,5	1971	1031	369

Tabelle 9.77 Renteneintrittsalter 65. Lebensjahr, Inflationsrate 3 Prozent, monatliches Einkommen 1400 Euro

Quelle: © Beratungsrechner von Dr. Kriebel und Bernd W. Klöckner, Verwendung in Vorträgen, Büchern oder Artikeln nur mit Genehmigung des Autors.

Bei einer Inflation von 3 Prozent halbiert sich die Rente von Maria. Es klafft also eine Rentenlücke von rund 750 Euro, bei einem staatlichen Rentenanpassungssatz von 0 Prozent. Schauen wir uns nun im Folgenden die Tabelle bei einem Kaufkraftverlust von 2 Prozent an.

Rentenanpassungssatz (in Prozent)	Rente lt. BfA (in Euro)	BfA-Rente mit der heutigen Kaufkraft (in Euro)	Rentenlücke (in Euro)
0	1233	777	623
1,5	1636	1030	370
2,5	1971	1241	159

Tabelle 9.78 Renteneintrittsalter 65. Lebensjahr, Inflationsrate 2 Prozent, monatliches Einkommen 1400 Euro

Quelle: © Beratungsrechner von Dr. Kriebel und Bernd W. Klöckner, Verwendung in Vorträgen, Büchern oder Artikeln nur mit Genehmigung des Autors.

Auch hier ist nach Kaufkraftverlust fast eine Halbierung der Rente zu verzeichnen. Bei einem Anpassungssatz von 2,5 Prozent würde jedoch nur eine Rentenlücke von 160 Euro zu schließen sein.

Renten-Check bei Renteneintrittsalter 62

Der Renten-Check fällt allerdings fataler aus, wenn Maria mit 62 Lebensjahren in Frührente geht. Hier erwarten sie Rentenabschläge. Aber auch hier sind noch 17 Jahre Kaufkraftverluste gegeben. Schauen wir uns als erstes die Tabelle mit einem Inflationssatz von 3 Prozent an.

Rentenanpassungs-satz (in Prozent)	Rente lt. BfA (in Euro)	BfA-Rente mit der heutigen Kaufkraft (in Euro)	Rentenlücke (in Euro)
0	933	440	960
1,5	1238	584	816
2,5	1492	704	696

Tabelle 9.79 Renteneintrittsalter 62. Lebensjahr, Inflationsrate 3 Prozent, monatliches Einkommen 1400 Euro

Quelle: © Beratungsrechner von Dr. Kriebel und Bernd W. Klöckner, Verwendung in Vorträgen, Büchern oder Artikeln nur mit Genehmigung des Autors.

Hier sehen Sie schon Rentenabschläge von 300 Euro im Vergleich zu einem Eintrittsalter von 65 Jahren. Marias Rente hätte dann lediglich noch eine Kaufkraft von 440 Euro. Die Rentenlücke kratzt hier schon an der Tausender-Marke. Nun die Tabelle bei einem Inflationssatz von 2 Prozent:

Rentenanpassungs-satz (in Prozent)	Rente lt. BfA (in Euro)	BfA-Rente mit der heutigen Kaufkraft (in Euro)	Rentenlücke (in Euro)
0	933	515	885
1,5	1238	638	717
2,5	1492	823	577

Tabelle 9.80 Renteneintrittsalter 62. Lebensjahr, Inflationsrate 2 Prozent, monatliches Einkommen 1400 Euro

Quelle: © Beratungsrechner von Dr. Kriebel und Bernd W. Klöckner, Verwendung in Vorträgen, Büchern oder Artikeln nur mit Genehmigung des Autors.

Auch hier sieht man mit 885 Euro eine hohe Rentenlücke, denn die Rente liegt bei lediglich 515 Euro heutiger Kaufkraft.

Renten-Check nach Rentenkürzungen

Im Folgenden finden Sie den Renten-Check für eine Rentenzahlung nach Rentenkürzungen.

Rentenanpassung (in Prozent)	Inflation (in Prozent)					
	1,0	1,5	2,0	2,5	3,0	3,5
− 1,0	826,49	748,77	678,68	615,45	558,37	506,83
− 1,5	746,90	676,65	613,32	556,17	504,60	458,02
− 2,0	674,62	611,17	553,96	502,35	455,78	413,69
− 2,5	609,01	551,74	**500,09**	453,50	411,44	373,46
− 3,0	549,50	497,83	451,23	409,19	371,24	336,97
− 3,5	495,54	448,94	406,92	369,00	334,78	303,88
− 4,0	446,64	404,64	366,76	332,59	301,75	273,89

Tabelle 9.81 Renten-Check nach der Rentenkürzung durch die Inflationsrate und eine negative Rentenanpassung

© Bernd W. Klöckner, Verwendung in Vorträgen, Büchern oder Artikeln nur mit Genehmigung des Autors.

Nimmt Maria an, dass in nächster Zeit eine Inflation von 2 Prozent berücksichtigt werden muss und eine Rentenkürzung von 2,5 Prozent, so kann sie mit einer Rente von rund 500 Euro rechnen.

Beträgt die Inflation 3 Prozent, und findet jedoch nur eine Rentenkürzung von einem Prozent statt, so kann sie mit einer Rente von 560 Euro rechnen.

Im schlimmsten Fall müsste man von einer Inflation von 3,5 Prozent in den nächsten 20 Jahren und von einer Rentenanpassung von minus 4 Prozent ausgehen. Somit würde lediglich ein Betrag von 274 Euro nach heutiger Kaufkraft ausgezahlt werden.

Sollte es in der nächsten Zeit zu einem Rentenanpassungssatz von 0 Prozent kommen, so liegt Marias Rentenlücke bei mindestens 750 Euro, wird es Rentenkürzungen, also einen negativen Rentenanpassungssatz geben, so könnte es zu einer Rentenlücke in der Höhe von um die 1000 Euro kommen.

Zusammenfassung

Zusammengefasst kann gesagt werden, dass Maria heute noch viele Möglichkeiten hat. Sie verfügt schon einmal über ein Vermögen von 100 000 Euro, möchte jedoch in den nächsten Jahren die Sparraten senken.

Durch die BfA-Renteninformation wurde sie definitiv zu optimistisch informiert. Nach Berücksichtigung des Kaufkraftverlusts zeigt sich wiederum, dass die Rente um die Hälfte sinkt. Da Maria jedoch noch 20 Jahre Zeit hat, kann sie noch über dieses Defizit informiert werden.

Die Frage ist nun, ob Maria die Sparrate senkt oder nicht? Besser gesagt, kann Maria die Sparrate senken oder nicht? Es kommt ja definitiv auf ihr Vermögen mit dem 65. Lebensjahr an.

Durch die Mietwohnung und auch die Preissteigerungen bei den Lebenshaltungskosten wird Maria sehr Kaufkraftverlustanfällig sein. Hier muss sie darauf achten, dass sie die Inflation nicht zu sehr unterschätzt.

Gleichgültig ist, wie hoch der Rentenanpassungssatz der BfA angegeben ist. Nach der BfA hätte Maria bei 1,5 und 2,5 Prozent keine Rentenlücke, jedoch nach Berücksichtigung des Kaufkraftverlusts hat sie in jedem der obigen Fälle eine Rentenlücke – nur wie hoch nehmen wir diese für die Berechnung an?

Nehmen wir diejenige, bei der kein Rentenanpassungssatz gegeben ist, jedoch eine Inflation von 3 Prozent. Damit wäre Maria auf der sicheren Seite. Somit müsste sie eine Rentenlücke von 750 Euro schließen.

Lösung

Marias Rentenlücke hat die Höhe von 750 Euro. Ihre Rente bezieht sie voraussichtlich vom 65. bis zum 92. Lebensjahr. Das 92. Lebensjahr wird als Enderlebensalter angenommen.

Um diese Rentenlücke zu schließen, benötigt sie mit dem 65. Lebensjahr ein Vermögen von 307 000 Euro. Sie würde also selbst mit dem verringerten Sparbetrag auskommen, um eine Zusatzrente von 750 Euro zu erhalten.

Beispielfall 17

Frank F.
48 Jahre
ledig
keine Kinder
1700 Euro netto

Persönliche Angaben

Frank ist noch ledig und 48 Jahre alt. Er hat deshalb auch keine Kinder. Frank lebt noch im Elternhaus, welches schon Eigentum der Eltern ist. Dieses Haus wird er voraussichtlich erben. Somit zahlt er keine Miete und hat damit einen klaren finanziellen Vorteil.

Frank arbeitet in einer Fabrik im Lager. Seit seiner Ausbildung arbeitet er schon dort, wo er auch bis zum Rentenalter bleiben wird. Er erhält ein Nettoeinkommen von 1700 Euro, und strebt auch keinen höheren Arbeitslohn an, da er zufrieden ist und vor allem glücklich, in einer solchen Arbeitsmarktlage einen guten Job zu haben.

Frank verfügt zurzeit über ein Sparguthaben von 150 000 Euro, welches er weiterhin mit rund 600 Euro im Monat bespart. Bis zum 65. Lebensjahr wird er hier ein Vermögen von 600 000 Euro erreichen. Ihm war es schon von vorneherein klar, dass es kaum gesetzliche Unterstützung bei der Rente gibt. Deshalb hat er immer viel zur Seite gelegt. Sein großer Vorteil ist natürlich, dass er im Elternhaus wohnt und damit keine Wohnkosten hat.

Auch Frank hat letztes Jahr seine Renteninformation erhalten. Er ist hier sehr unsicher, da er weiß, dass die Kassen der gesetzlichen Rentenversicherung eigentlich leer sind. Deshalb hat er ja soviel gespart. Er würde gerne wissen, was der Satz »Diese Beträge sind in ihrer Kaufkraft nicht mit heutigem Einkommen vergleichbar« in der Renteninformation zu sagen hat.

Die Renteninformation

Rente wegen voller Erwerbsminderung Wären Sie heute wegen gesundheitlicher Einschränkungen voll erwerbsgemindert, bekämen Sie eine monatliche Rente von:	1080,79 EUR
Hochrechnungen Ihrer künftigen Altersrente Ihre bislang erreichten Rentenanwartschaften würden nach heutigem Stand einer monatlichen Altersrente von 881,70 EUR entsprechen. Sollten Sie bis zur Vollendung des 65. Lebensjahres jährlich X Entgeltpunkte (wie im Durchschnitt der letzten fünf Kalenderjahre) erwerben, bekämen Sie ohne Berücksichtigung von Rentenanpassungen eine monatliche Altersrente von:	1432,74 EUR
Ihre Rente wird aber aufgrund künftiger Rentenanpassungen tatsächlich höher ausfallen. Leider können auch wir die Entwicklung nicht vorhersehen. Wir haben zwei Varianten für Sie gerechnet: Beträgt der jährliche Anpassungssatz 1,5 Prozent, so ergäbe sich zum 65. Lebensjahr eine Rente von monatlich 1818,20 EUR, bei 3,5 Prozent eine solche von 2483,31 EUR. Die Beträge sind – insbesondere wegen eines Anstiegs der Lebenshaltungskosten – in ihrer Kaufkraft nicht mit heutigen Einkommen vergleichbar.	

Abbildung 9.18 Auszug aus der Renteninformation von Frank F. aus dem Jahr 2003. So wurden die Rentenformationen bis 2003 verschickt. Seit 2004 wird mit den Anpassungssätzen 1,5 Prozent und 2,5 Prozent gerechnet.

Renten-Check bei Renteneintrittsalter 65

Nun führen wir den Renten-Check auch für Frank durch. In der ersten Tabelle gehen wir von einem Inflationssatz von 3 Prozent aus. Wir rechnen die in der Renteninformation angegebenen Renten auf die heutige Kaufkraft herunter.

Rentenanpassungssatz (in Prozent)	Rente lt. BfA (in Euro)	BfA-Rente mit der heutigen Kaufkraft (in Euro)	Rentenlücke (in Euro)
0	1433	819	881
1,5	1818	1039	661
2,5	2127	1216	484

Tabelle 9.82 Renteneintrittsalter 65. Lebensjahr, Inflationsrate 3 Prozent, monatliches Einkommen 1700 Euro

Quelle: © Beratungsrechner von Dr. Kriebel und Bernd W. Klöckner, Verwendung in Vorträgen, Büchern oder Artikeln nur mit Genehmigung des Autors.

Die Wert der Rente ist von 1400 Euro auf 800 Euro gesunken. Schauen wir uns nun diese Tabelle bei einem Kaufkraftverlust von 2 Prozent an.

Rentenanpassungs-satz (in Prozent)	Rente lt. BfA (in Euro)	BfA-Rente mit der heutigen Kaufkraft (in Euro)	Rentenlücke (in Euro)
0	1433	958	742
1,5	1818	1215	485
2,5	2127	1422	278

Tabelle 9.83 Renteneintrittsalter 65. Lebensjahr, Inflationsrate 2 Prozent, monatliches Einkommen 1700 Euro

Quelle: © Beratungsrechner von Dr. Kriebel und Bernd W. Klöckner, Verwendung in Vorträgen, Büchern oder Artikeln nur mit Genehmigung des Autors.

Bei einer Inflation von 2 Prozent sehen Sie, dass sich der Kaufkraftverlust nicht mehr so stark auswirkt. Hier befindet sich die Rente noch bei einer Kaufkraft von etwa 1000 Euro. Bei einem Anpassungssatz von 2,5 Prozent, also im optimistischen Falle der BfA, würde Frank nur eine Rentenlücke von 280 Euro haben.

Renten-Check bei Renteneintrittsalter 62

Sollte Frank in Frührente gehen, muss er zwar mit seinen Renten arge Abschläge in Kauf nehmen, er könnte sich jedoch früh zur Ruhe setzen. Schauen wir uns im Folgenden die Rente bei einem Inflationssatz von 3 Prozent an.

Rentenanpassungs-satz (in Prozent)	Rente lt. BfA (in Euro)	BfA-Rente mit der heutigen Kaufkraft (in Euro)	Rentenlücke (in Euro)
0	1085	559	1141
1,5	1376	709	991
2,5	1610	830	870

Tabelle 9.84 Renteneintrittsalter 62. Lebensjahr, Inflationsrate 3 Prozent, monatliches Einkommen 1700 Euro

Quelle: © Beratungsrechner von Dr. Kriebel und Bernd W. Klöckner, Verwendung in Vorträgen, Büchern oder Artikeln nur mit Genehmigung des Autors.

Hier sehen Sie die starken Verluste alleine schon am Rentenbetrag. Mit dem Kaufkraftverlust hat die Rente dann noch einen Wert von rund 560 Euro. Schauen wir uns nun noch einmal die Kaufkraft der Rente bei einer Inflation von 2 Prozent an:

Rentenanpassungssatz (in Prozent)	Rente lt. BfA (in Euro)	BfA-Rente mit der heutigen Kaufkraft (in Euro)	Rentenlücke (in Euro)
0	1 085	635	1 065
1,5	1 376	805	895
2,5	1 610	942	758

Tabelle 9.85 Renteneintrittsalter 62. Lebensjahr, Inflationsrate 2 Prozent, monatliches Einkommen 1 700 Euro

Quelle: © Beratungsrechner von Dr. Kriebel und Bernd W. Klöckner, Verwendung in Vorträgen, Büchern oder Artikeln nur mit Genehmigung des Autors.

Hier sind die Kaufkraftverluste nicht allzu stark. Doch wenn keine Rentenanpassung geschieht, ist noch eine Rentenlücke von 1 000 Euro vorhanden.

Auch hier wird wieder deutlich, warum die BfA in jedem Fall die Auswirkung der Inflation in ihrer Renteninformation angeben sollte.

Renten-Check nach Rentenkürzungen

Nun schauen wir uns im Folgenden noch einmal an, wie stark die Auswirkungen bei einer Rentenkürzung wären. Hier können Sie selber für Frank auswählen, welche Rente er bekäme, wenn ein bestimmter Inflationssatz beziehungsweise ein negativer Rentenanpassungssatz zugrunde gelegt wird.

Rentenanpassung (in Prozent)	Inflation (in Prozent)					
	1,0	1,5	2,0	2,5	3,0	3,5
− 1,0	1019,96	937,82	862,66	793,85	730,82	673,07
− 1,5	935,83	860,48	791,52	728,38	670,55	617,56
− 2,0	858,27	789,16	725,92	668,01	614,97	566,37
− 2,5	786,79	723,44	665,46	612,38	563,76	519,20
− 3,0	720,95	662,89	609,77	561,13	**516,57**	475,75
− 3,5	660,31	607,14	558,48	513,93	473,13	435,74
− 4,0	604,50	555,82	511,27	470,49	433,14	398,91

Tabelle 9.86 Renten-Check nach der Rentenkürzung durch die Inflationsrate und eine negative Rentenanpassung

© Bernd W. Klöckner, Verwendung in Vorträgen, Büchern oder Artikeln nur mit Genehmigung des Autors.

Nimmt Frank eine Inflation von 3 Prozent in den nächsten 17 Jahren bis zur Rente und einen negativen Anpassungssatz von 3 Prozent an, so würde er eine Rente nach heutiger Kaufkraft von rund 520 Euro erhalten. Somit hätte er eine Rentenlücke von 1180 Euro.

Im schlechtesten Fall würden eine Inflation von 3,5 Prozent und eine Rentenanpassung von minus 4 Prozent gegeben sein, wonach dann eine Rente von rund 400 Euro gezahlt werden würde.

Sollten in den nächsten 17 Jahren Rentenkürzungen anfallen, so wird die Rentenlücke von Frank ungefähr bei 1000 Euro liegen.

Zusammenfassung

Da Frank bei den Eltern wohnt und das Eigenheim erben wird, ist ihm schon einmal eine große Last abgenommen. So hat er nämlich weder Darlehens- oder Mietkosten. Es fallen später lediglich die Instandhaltungskosten an.

Zudem hat er den Vorteil, dass er schon jetzt sehr viel gespart hat. Er wird also ein großes Vermögen, 600 000 Euro geschätzt, mit dem 65. Lebensjahr besitzen. Seine Rentenlücke wird etwa bei 900 Euro liegen.

Lösung

Die Lösung für Frank wäre natürlich gegeben, wenn er mit dem geschätzten Vermögen, also den 600 000 Euro die Rentenlücke von 900 Euro schließen kann.

Gehen wir von einer Lebenserwartung von 92 Jahren aus, so muss er sich die Rente vom 65. bis zum 92. Lebensjahr auszahlen lassen. Um sich hier die Rente von 900 Euro zusätzlich auszahlen zu lassen, ist ein Vermögen von rund 350 000 Euro notwendig.

Da Frank sehr wahrscheinlich ein Vermögen von 600 000 Euro erreicht, kann der Überschuss entweder in Sachwerte investiert oder als Geldpuffer verwendet werden.

Beispielfall 18

Wiltrud S.
50 Jahre
geschieden
2 Kinder
800 Euro netto

Persönliche Angaben

Wiltrud ist 50 Jahre alt und seit einigen Jahren geschieden. Ihre Kinder sind schon erwachsen, sodass sie wieder arbeiten gehen kann. Vor ungefähr fünf Jahren hat sie wieder eine Arbeitsstelle gefunden. Vorher war sie ab dem 25. Lebensjahr für ihre Kinder da. Vor dem 25. Lebensjahr machte sie eine Ausbildung zur Bürokauffrau und war dann fünf Jahre lang ganztags beschäftigt.

Sie arbeitet als Sekretärin in einem Unternehmen und erhält dort ein Nettogehalt von 800 Euro. Die Firma ist absolut zufrieden mit ihr und hat ihr zugesichert, sie voraussichtlich auch bis zur Rente zu beschäftigen.

Sie wohnt in einer Mietwohnung, in der sie den »Rest ihrer Tage«, so sagt sie es, verbringen möchte. Die Wohnung ist recht klein und sie zahlt auch nur eine geringe Miete.

Als Altersversorgung hat sie bei der Scheidung ungefähr die Hälfte der Altersvorsorge ihres Mannes bekommen. Das sind rund

150 000 Euro mit dem 65. Lebensjahr. Da sie zurzeit das meiste für die Miete und für Lebensmittel etc. ausgibt, wird keine Sparmaßnahme mehr möglich sein.

Als sie die Renteninformation der BfA erhalten hat, hat sie sich sehr gewundert. Sie hätte nicht gedacht, dass sie eine so geringe Rente bekommt. Sie dachte bisher, dass sie rund 1000 Euro bekäme. Sie ist froh, dass sie noch mit dem 65. Lebensjahr die Altersvorsorgeprodukte ausgezahlt bekommt, da sie mit ihnen ja die gesetzliche Rente aufstocken kann. Sie glaubt es zumindest ...

Die Renteninformation

Rente wegen voller Erwerbsminderung Wären Sie heute wegen gesundheitlicher Einschränkungen voll erwerbsgemindert, bekämen Sie eine monatliche Rente von:	554,85 EUR
Hochrechnungen Ihrer künftigen Altersrente Ihre bislang erreichten Rentenanwartschaften würden nach heutigem Stand einer monatlichen Altersrente von 418,52 EUR entsprechen. Sollten Sie bis zur Vollendung des 65. Lebensjahres jährlich X Entgeltpunkte (wie im Durchschnitt der letzten fünf Kalenderjahre) erwerben, bekämen Sie ohne Berücksichtigung von Rentenanpassungen eine monatliche Altersrente von:	708,14 EUR
Ihre Rente wird aber aufgrund künftiger Rentenanpassungen tatsächlich höher ausfallen. Leider können auch wir die Entwicklung nicht vorhersehen. Wir haben zwei Varianten für Sie gerechnet: Beträgt der jährliche Anpassungssatz 1,5 Prozent, so ergäbe sich zum 65. Lebensjahr eine Rente von monatlich 872,37 EUR, bei 3,5 Prozent eine solche von 1 145,81 EUR. Die Beträge sind – insbesondere wegen eines Anstiegs der Lebenshaltungskosten – in ihrer Kaufkraft nicht mit heutigen Einkommen vergleichbar.	

Abbildung 9.19 Auszug aus der Renteninformation von Wiltrud S. aus dem Jahr 2003. So wurden die Rentenformationen bis 2003 verschickt. Seit 2004 wird mit den Anpassungssätzen 1,5 Prozent und 2,5 Prozent gerechnet.

Renten-Check bei Renteneintrittsalter 65

Nun finden Sie im Folgenden wieder den Renten-Check für ein Renteneintrittsalter von 65 Jahren. Wiltrud hat bisher geglaubt, dass die Rente, die in der gesetzlichen Renteninformation angegeben ist, auch tatsächlich ausgezahlt wird. Sie hatte jedoch nicht bedacht, dass der Kaufkraftverlust die Rente tatsächlich mindert. Nachfolgend nun die Tabelle für einen Kaufkraftverlust von 3 Prozent.

Rentenanpassungssatz (in Prozent)	Rente lt. BfA (in Euro)	BfA-Rente mit der heutigen Kaufkraft (in Euro)	Rentenlücke (in Euro)
0	708	429	371
1,5	872	529	271
2,5	1 000	607	193

Tabelle 9.87 Renteneintrittsalter 65. Lebensjahr, Inflationsrate 3 Prozent, monatliches Einkommen 800 Euro

Quelle: © Beratungsrechner von Dr. Kriebel und Bernd W. Klöckner, Verwendung in Vorträgen, Büchern oder Artikeln nur mit Genehmigung des Autors.

Ihre Rente liegt also wahrscheinlich später nach heutiger Kaufkraft unter dem Existenzminimum. Es entsteht eine Rentenlücke von 193 bis 371 Euro. Nachfolgend noch die Tabelle für einen Kaufkraftverlust von 2 Prozent in den nächsten 15 Jahren.

Rentenanpassungssatz (in Prozent)	Rente lt. BfA (in Euro)	BfA-Rente mit der heutigen Kaufkraft (in Euro)	Rentenlücke (in Euro)
0	708	492	308
1,5	872	606	194
2,5	1 000	695	105

Tabelle 9.88 Renteneintrittsalter 65. Lebensjahr, Inflationsrate 2 Prozent, monatliches Einkommen 800 Euro

Quelle: © Beratungsrechner von Dr. Kriebel und Bernd W. Klöckner, Verwendung in Vorträgen, Büchern oder Artikeln nur mit Genehmigung des Autors.

Auch bei einem Inflationssatz von 2 Prozent beträgt die Rentenlücke immerhin noch voraussichtlich 300 Euro.

Renten-Check bei Renteneintrittsalter 62

Sollte Wiltrud mit 62 in die Rente eintreten, so wird zusätzlich zur Inflation, die sich mindernd auswirkt, die Rente gekürzt. Somit hätte sie zwar schon früher eine Rente, jedoch mit großen Abschlägen, wie die nachfolgenden Tabellen beweisen. Als erstes schauen wir uns diese mit einer Inflation von 3 Prozent an:

Rentenanpassungs-satz (in Prozent)	Rente lt. BfA (in Euro)	BfA-Rente mit der heutigen Kaufkraft (in Euro)	Rentenlücke (in Euro)
0	536	293	507
1,5	660	361	439
2,5	757	414	386

Tabelle 9.89 Renteneintrittsalter 62. Lebensjahr, Inflationsrate 3 Prozent, monatliches Einkommen 800 Euro

Quelle: © Beratungsrechner von Dr. Kriebel und Bernd W. Klöckner, Verwendung in Vorträgen, Büchern oder Artikeln nur mit Genehmigung des Autors.

Hier ist zu erkennen, dass die Rente um knapp 250 Euro sinkt, wenn sie mit 62 schon in Rente geht. Nach den Kaufkraftverlusten und bei einem Anpassungssatz von 0 Prozent ist dann eine deutlich geringere Rente von rund 290 Euro wohl nicht im Interesse von Wiltrud. Es wird eine Rentenlücke von über 500 Euro deutlich. Schauen wir uns nun bei einem niedrigeren Kaufkraftverlust von 2 Prozent die Frührentenzahlung an:

Rentenanpassungs-satz (in Prozent)	Rente lt. BfA (in Euro)	BfA-Rente mit der heutigen Kaufkraft (in Euro)	Rentenlücke (in Euro)
0	536	326	474
1,5	660	402	398
2,5	757	461	339

Tabelle 9.90 Renteneintrittsalter 62. Lebensjahr, Inflationsrate 2 Prozent, monatliches Einkommen 800 Euro

Quelle: © Beratungsrechner von Dr. Kriebel und Bernd W. Klöckner, Verwendung in Vorträgen, Büchern oder Artikeln nur mit Genehmigung des Autors.

Auch hier ändert sich nicht viel an obiger Situation, es ist noch eine Rentenlücke von 475 Euro vorhanden.

Renten-Check nach Rentenkürzungen

Sollte zu den Kaufkraftverlusten in den nächsten 15 Jahren noch eine Rentenkürzung von der Bundesregierung beschlossen werden, so werden sich die Renten doppelt vermindern. Schauen wir uns das einmal in Tabellenform an:

Rentenanpassung (in Prozent)	Inflation (in Prozent)					
	1,0	1,5	2,0	2,5	3,0	3,5
– 1,0	524,49	487,05	**452,44**	420,44	390,84	363,46
– 1,5	486,13	451,43	419,35	389,69	362,26	336,88
– 2,0	450,41	418,25	388,53	361,05	335,63	312,12
– 2,5	417,14	387,36	359,83	334,38	310,85	289,07
– 3,0	386,18	358,61	333,12	309,56	287,77	267,61
– 3,5	357,37	331,86	308,28	286,47	266,31	247,65
– 4,0	330,58	306,98	285,17	265,00	246,34	229,08

Tabelle 9.91 Renten-Check nach der Rentenkürzung durch die Inflationsrate und eine negative Rentenanpassung

© Bernd W. Klöckner, Verwendung in Vorträgen, Büchern oder Artikeln nur mit Genehmigung des Autors.

Sollte also in den nächsten 15 Jahren eine Inflation auftreten und eine Rentenanpassung von minus 1 Prozent der Fall sein, so bekommt Wiltrud lediglich eine Rente von 452 Euro. Die Rentenlücke läge dann bei 350 Euro.

In den nächsten 15 Jahren könnten leichte Rentenrückgänge erfolgen. Es ist nicht mit dem schlimmsten Fall zu rechnen, beispielsweise mit einer Rentenkürzung von 4 Prozent und einer Preissteigerungsrate von 3,5 Prozent. Hier würde ihre Rente lediglich nach heutiger Kaufkraft bei 230 Euro liegen, so dass Wiltrud mit einer Rentenlücke von 570 Euro rechnen müsste.

Wiltrud hat mit Sicherheit nicht daran gedacht, dass sie nur mit einer so geringen Rente rechnen kann. Sie hat sich schon gewundert, dass die Rente so gering in der Renteninformation steht, doch jetzt fühlt sie sich total hinter das Licht geführt.

Zusammenfassung

Fassen wir den Fall von Wiltrud, 50 Jahre, noch einmal zusammen: Sie hat nicht mit so einer geringen Rente gerechnet, wie sie in der Renteninformation angegeben ist. Genauso hat sie nicht damit gerechnet, dass sich diese Rente noch einmal durch Inflation und eventuelle Rentenrückgänge verringert.

Die Inflation wird bei Wiltrud wahrscheinlich eine größere Rolle spielen als Rentenrückgänge. Sie hat nämlich bei Miete und sonstigen Lebenshaltungskosten mit hohen Preissteigerungen zu rechnen. Bei Rentenrückgängen wird sie wahrscheinlich einige Nullrunden mitmachen.

Wiltruds Rentenlücke kann hier also mit rund 350 Euro angenommen werden. Die Frage ist nun, ob Wiltrud mit einem Vermögen von 150 000 Euro die Lücke schließen kann.

Lösung

Wenn Wiltrud eine Lebenserwartung von 92 Lebensjahren annimmt, muss sie auch bis dahin ihre Rentenlücke von 350 Euro schließen. Dazu ist ein Vermögen mit dem 65. Lebensjahr von 126 700 Euro notwendig.

Sie kann also mit ihrem vorhandenen Vermögen ihre Rentenlücke schließen und sich zumindest ihr jetziges Einkommen auszahlen lassen.

Beispielfälle 19 und 20

Karin und Jürgen Z.
53 und 55 Jahre
verheiratet
2 Kinder
3 000 und 800 Euro netto

Persönliche Angaben

Jürgen ist in einem Finanzunternehmen beschäftigt. Sein Nettoeinkommen beträgt 3 000 Euro. Im Unternehmen ist er schon seit einigen Jahren beschäftigt und wird auch bis zur Rente dort bleiben.

Karin ist als Sekretärin in einer kleinen Firma beschäftigt. Ihr Einkommen beträgt 800 Euro netto. Auch sie wird bis zum 65. Lebensjahr dort arbeiten.

Die Familie lebt in einem Einfamilienhaus, welches schon abbezahlt ist. Das Haus soll als erster Baustein für die Altersvorsorge dienen. Als weitere Vorsorge dient beiden die betriebliche Altersvorsorge, es wird mit dem 65. Lebensjahr eine Rente von 1000 Euro gezahlt. Zudem bestehen Versicherungen, Sparbriefe, Aktien und Investmentfonds, die mit dem 65. Lebensjahr eine Auszahlungssumme von 400 000 Euro bringen. Weitere Anlagen könnten noch geplant werden, jedoch glauben die beiden daran, dass die Vorsorge von gesetzlich, betrieblich und privat zusammengenommen ausreicht.

Erst letztens haben beide ihre Renteninformation erhalten. Jürgen weiß natürlich durch die Arbeit in dem Finanzunternehmen, dass die gesetzliche Rentenversicherung sehr unsicher ist und man eigentlich nicht mit der gesetzlichen Rente rechnen sollte. Wie es jetzt aber im Einzelnen mit der Inflation aussieht, kann er auch nicht genau sagen.

Die Renteninformation

Als Erstes sehen Sie die Renteninformation von Jürgen:

Rente wegen voller Erwerbsminderung Wären Sie heute wegen gesundheitlicher Einschränkungen voll erwerbsgemindert, bekämen Sie eine monatliche Rente von:	1 201,10 EUR
Hochrechnungen Ihrer künftigen Altersrente Ihre bislang erreichten Rentenanwartschaften würden nach heutigem Stand einer monatlichen Altersrente von 1 180,48 EUR entsprechen. Sollten Sie bis zur Vollendung des 65. Lebensjahres jährlich X Entgeltpunkte (wie im Durchschnitt der letzten fünf Kalenderjahre) erwerben, bekämen Sie ohne Berücksichtigung von Rentenanpassungen eine monatliche Altersrente von:	1 614,17 EUR
Ihre Rente wird aber aufgrund künftiger Rentenanpassungen tatsächlich höher ausfallen. Leider können auch wir die Entwicklung nicht vorhersehen. Unter Berücksichtigung der von der Bundesregierung unterstellten Lohnannahmen haben wir beispielhaft zwei Varianten gerechnet: Beträgt der jährliche Anpassungssatz 1,5 Prozent, so ergäbe sich zum 65. Lebensjahr eine Rente von monatlich 1 845,83 EUR, bei 2,5 Prozent eine solche von 2 016,32 EUR. Die Beträge sind wegen des zu erwartenden Anstiegs der Lebenshaltungskosten und der damit verbundenen Geldentwertung (Inflation) in ihrer Kaufkraft nicht mit einem heutigen Einkommen in dieser Höhe vergleichbar. Es ist aber zu erwarten, dass der Kaufkraftverlust Ihrer Rente durch die Rentenanpassungen langfristig zumindest ausgeglichen wird.	

Abbildung 9.20 Auszug aus der Renteninformation von Jürgen Z. aus dem Jahr 2004.

Und nun die Renteninformation von Karin:

Rente wegen voller Erwerbsminderung Würden Sie heute voll erwerbsgemindert sein, bekämen Sie eine monatliche Rente von:	676,70 EUR
Hochrechnungen Ihrer künftigen Altersrente Ihre bislang erreichten Rentenanwartschaften würden nach heutigem Stand einer monatlichen Altersrente von 565,65 EUR entsprechen. Sollten Sie bis zur Vollendung des 65. Lebensjahres jährlich X Entgeltpunkte (wie im Durchschnitt der letzten fünf Kalenderjahre) erwerben, bekämen Sie ohne Berücksichtigung von Rentenanpassungen eine monatliche Altersrente von: Ihre Rente wird aber aufgrund künftiger Rentenanpassungen tatsächlich höher ausfallen. Leider können auch wir die Entwicklung nicht vorhersehen. Wir haben zwei Varianten für Sie gerechnet: Beträgt der jährliche Anpassungssatz 1,5 Prozent, so ergäbe sich zum 65. Lebensjahr eine Rente von monatlich 913,68 EUR, bei 3,5 Prozent eine solche von 1 154,80 EUR. Die Beträge sind – insbesondere wegen eines Anstiegs der Lebenshaltungskosten – in ihrer Kaufkraft nicht mit heutigen Einkommen vergleichbar.	764,16 EUR

Abbildung 9.21 Auszug aus der Renteninformation von Karin Z. aus dem Jahr 2003. So wurden die Rentenformationen bis 2003 verschickt. Seit 2004 wird mit den Anpassungssätzen 1,5 Prozent und 2,5 Prozent gerechnet.

Renten-Check bei Renteneintrittsalter 65

Nun folgt wiederum der Renten-Check für das Eintrittsalter von 65 Jahren. Als erstes nehmen wir Jürgens Rente unter die Lupe. Die erste Tabelle wurde mit einem Inflationssatz von 3 Prozent berechnet.

Rentenanpassungssatz (in Prozent)	Rente lt. BfA (in Euro)	BfA-Rente mit der heutigen Kaufkraft (in Euro)	Rentenlücke (in Euro)
0	1 614	1 135	1 865
1,5	1 846	1 297	1 703
2,5	2 016	1 418	1 582

Tabelle 9.92 Renteneintrittsalter 65. Lebensjahr, Inflationsrate 3 Prozent, monatliches Einkommen 3 000 Euro

Quelle: © Beratungsrechner von Dr. Kriebel und Bernd W. Klöckner, Verwendung in Vorträgen, Büchern oder Artikeln nur mit Genehmigung des Autors.

Die Rente ab dem 65. Lebensjahr hat noch eine heutige Kaufkraft von 1135 Euro. Es würde also eine Rentenlücke von rund 1900 Euro gegeben sein, wenn eine Inflation von 3 Prozent auftritt. Im Folgenden sehen Sie die Tabelle von Karins Rentenansprüchen ab dem 65. Lebensjahr.

Rentenanpassungssatz (in Prozent)	Rente lt. BfA (in Euro)	BfA-Rente mit der heutigen Kaufkraft (in Euro)	Rentenlücke (in Euro)
0	764	492	308
1,5	914	588	212
2,5	1027	661	139

Tabelle 9.93 Renteneintrittsalter 65. Lebensjahr, Inflationsrate 3 Prozent, monatliches Einkommen 800 Euro

Quelle: © Beratungsrechner von Dr. Kriebel und Bernd W. Klöckner, Verwendung in Vorträgen, Büchern oder Artikeln nur mit Genehmigung des Autors.

Auch bei Karin ist eine Rentenlücke von etwa 300 Euro gegeben, denn die Rente ist nach heutiger Kaufkraft auf einen Wert um 500 Euro gesunken. Hier ist jedoch zu sehen, dass nur noch eine geringe Rentenlücke zu finden ist. Bei einem Rentenanpassungssatz von 2,5 Prozent beträgt die Rentenlücke lediglich 139 Euro.

Schauen wir uns nun noch einmal die Kaufkraft bei einer Inflation von 2 Prozent an. Als erstes betrachten wir wiederum die Rente von Jürgen:

Rentenanpassungssatz (in Prozent)	Rente lt. BfA (in Euro)	BfA-Rente mit der heutigen Kaufkraft (in Euro)	Rentenlücke (in Euro)
0	1614	1239	1761
1,5	1846	1416	1584
2,5	2016	1548	1452

Tabelle 9.94 Renteneintrittsalter 65. Lebensjahr, Inflationsrate 2 Prozent, monatliches Einkommen 3000 Euro

Quelle: © Beratungsrechner von Dr. Kriebel und Bernd W. Klöckner, Verwendung in Vorträgen, Büchern oder Artikeln nur mit Genehmigung des Autors.

Auch hier erkennen wir noch große Rentenlücken, beziehungsweise gegenüber einer Inflation von 3 Prozent verringern sich diese lediglich um 100 Euro. Die Inflation wirkt sich natürlich nicht in dem Maße aus, da die Zeit bis zur Rente nicht mehr lang ist.

Schauen wir uns Karins Rente mit einer Inflation von 2 Prozent an:

Rentenanpassungssatz (in Prozent)	Rente lt. BfA (in Euro)	BfA-Rente mit der heutigen Kaufkraft (in Euro)	Rentenlücke (in Euro)
0	764	553	247
1,5	914	661	139
2,5	1 027	743	57

Tabelle 9.95 Renteneintrittsalter 65. Lebensjahr, Inflationsrate 2 Prozent, monatliches Einkommen 800 Euro

Quelle: © Beratungsrechner von Dr. Kriebel und Bernd W. Klöckner, Verwendung in Vorträgen, Büchern oder Artikeln nur mit Genehmigung des Autors.

Hier ist nur noch eine Rentenlücke von rund 250 Euro gegeben.

Zusammen würden die beiden eine Rentenlücke bei einer Inflation von 3 Prozent von 2100 Euro und bei 2 Prozent von 2000 Euro haben.

Renten-Check bei Renteneintrittsalter 62

Machen wir nun den Renten-Check bei einem Renteneintrittsalter von 62 Jahren. Hier wird beiden ein großer Teil gestrichen, da die Rente drei Jahre früher ausbezahlt wird. Schauen wir uns wiederum als erstes die Rente von Jürgen mit einer Inflation von 3 Prozent an:

Rentenanpassungssatz (in Prozent)	Rente lt. BfA (in Euro)	BfA-Rente mit der heutigen Kaufkraft (in Euro)	Rentenlücke (in Euro)
0	1 222	775	2 225
1,5	1 397	886	2 114
2,5	1 526	967	2 033

Tabelle 9.96 Renteneintrittsalter 62. Lebensjahr, Inflationsrate 3 Prozent, monatliches Einkommen 3 000 Euro

Quelle: © Beratungsrechner von Dr. Kriebel und Bernd W. Klöckner, Verwendung in Vorträgen, Büchern oder Artikeln nur mit Genehmigung des Autors.

Hier entsteht nicht nur von beiden zusammen eine Rentenlücke von 2100 Euro, sondern alleine nur bei Jürgen schon eine Lücke von 2225 Euro. Schauen wir uns dazu noch die Rentenlücke von Karin an:

Rentenanpassungs-satz (in Prozent)	Rente lt. BfA (in Euro)	BfA-Rente mit der heutigen Kaufkraft (in Euro)	Rentenlücke (in Euro)
0	578	335	465
1,5	691	401	399
2,5	777	451	349

Tabelle 9.97 Renteneintrittsalter 62. Lebensjahr, Inflationsrate 3 Prozent, monatliches Einkommen 800 Euro

Quelle: © Beratungsrechner von Dr. Kriebel und Bernd W. Klöckner, Verwendung in Vorträgen, Büchern oder Artikeln nur mit Genehmigung des Autors.

Auch bei Karin erhöht sich die Lücke auf 465 Euro. Schon in Anbetracht der Renten, die sich bei beiden um 400, beziehungsweise 200 Euro senken, können Sie deutlich erkennen, dass bei einer Frührente ein klares Defizit zu verzeichnen ist.

Nun schauen wir uns im Folgenden die Renten der beiden an, wenn bis zum 62. Lebensjahr nur eine Preissteigerungsrate von 2 Prozent anfällt. Zuerst wieder die Tabelle von Jürgen:

Rentenanpassungs-satz (in Prozent)	Rente lt. BfA (in Euro)	BfA-Rente mit der heutigen Kaufkraft (in Euro)	Rentenlücke (in Euro)
0	1222	821	2179
1,5	1397	939	2061
2,5	1526	1026	1974

Tabelle 9.98 Renteneintrittsalter 62. Lebensjahr, Inflationsrate 2 Prozent, monatliches Einkommen 3000 Euro

Quelle: © Beratungsrechner von Dr. Kriebel und Bernd W. Klöckner, Verwendung in Vorträgen, Büchern oder Artikeln nur mit Genehmigung des Autors.

Bei 2 Prozent Inflation wird nur eine Rente von 821 Euro nach heutiger Kaufkraft ausgezahlt, sodass eine Rentenlücke von 2200 Euro entsteht.

Schauen wir uns nun die Rentensituation von Karin an:

Rentenanpassungs-satz (in Prozent)	Rente lt. BfA (in Euro)	BfA-Rente mit der heutigen Kaufkraft (in Euro)	Rentenlücke (in Euro)
0	578	366	434
1,5	691	438	362
2,5	777	492	308

Tabelle 9.99 Renteneintrittsalter 62. Lebensjahr, Inflationsrate 2 Prozent, monatliches Einkommen 800 Euro

Quelle: © Beratungsrechner von Dr. Kriebel und Bernd W. Klöckner, Verwendung in Vorträgen, Büchern oder Artikeln nur mit Genehmigung des Autors.

Auch Karin hat bei einer Frührente eine Lücke von rund 400 Euro.

Entscheiden sich beide für eine Frührente, so besteht bei 3 Prozent Inflation eine Rentenlücke von 2700 und bei 2 Prozent eine Lücke von 2600 Euro. Karin und Jürgen würden also letztlich nur eine Rente von 1100 Euro bekommen, mit der sie nicht auskämen.

Renten-Check nach Rentenkürzungen

Nun führen wir den Renten-Check für den Fall von Rentenkürzungen und Inflation durch. Die Basis-Rente von Jürgen liegt bei 1614 Euro und von Karin bei 764 Euro. Wir schauen als Erstes auf die Rentenveränderung von Jürgen:

Rentenanpassung (in Prozent)	Inflation (in Prozent)					
	1,0	1,5	2,0	2,5	3,0	3,5
– 1,0	1321,42	1257,75	1197,44	**1140,29**	1086,13	1034,79
– 1,5	1256,18	1195,65	1138,32	1038,99	1032,51	983,70
– 2,0	1193,85	1136,33	1081,84	1030,21	981,28	934,89
– 2,5	1134,32	1079,67	1027,89	978,84	932,35	888,27
– 3,0	1077,47	1025,56	976,38	929,78	885,62	843,76
– 3,5	1023,21	973,90	927,20	882,95	841,02	801,26
– 4,0	971,41	924,60	880,27	838,26	798,44	760,70

Tabelle 9.100 Renten-Check nach der Rentenkürzung durch die Inflationsrate und eine negative Rentenanpassung

© Bernd W. Klöckner, Verwendung in Vorträgen, Büchern oder Artikeln nur mit Genehmigung des Autors.

Würde Jürgen also eine Inflation von 2,5 Prozent und eine Rentenkürzung von einem Prozent annehmen, würde er eine Rente von nur 1140 Euro erhalten.

Nun schauen wir uns die Tabelle von Karin an:

Rentenanpassung	Inflation					
	1,0	1,5	2,0	2,5	3,0	3,5
–1,0	600,98	566,40	533,97	**503,53**	474,97	448,16
–1,5	565,55	533,01	502,49	473,85	446,97	421,74
–2,0	532,05	501,43	472,72	445,78	420,49	396,75
–2,5	500,37	471,58	444,58	419,24	395,46	373,13
–3,0	470,43	443,37	417,98	394,16	371,80	350,81
–3,5	442,14	416,70	392,84	370,45	349,44	329,71
–4,0	415,42	391,52	369,10	348,07	328,32	309,79

Tabelle 9.101 Renten-Check nach der Rentenkürzung durch die Inflationsrate und eine negative Rentenanpassung

© Bernd W. Klöckner, Verwendung in Vorträgen, Büchern oder Artikeln nur mit Genehmigung des Autors.

Würde auch bei Karin eine Inflation von 2,5 gegeben sein und eine Rentenkürzung von einem Prozent, so erhielte sie eine Rente von rund 500 Euro. 2160 Euro beträgt dann die Rentenlücke.

Auch hier ist es deutlich zu erkennen: Schon wenn die Inflation bedacht wird, sind hohe Rentenlücken zu verzeichnen, kommen noch Rentenkürzungen hinzu, so werden die Rentenlücken dramatisch größer.

Zusammenfassung

Jürgen und Karin haben, wie oben gesehen, wenn sie nur die gesetzliche Rentenversicherung als Altersvorsorge hätten, große Rentenlücken. Gehen sie mit dem 65. Lebensjahr in Rente, so erwartet sie zusammen eine Rente von rund 2400 Euro. Nach heutiger Kaufkraft ist diese Summe jedoch nur noch 1500 Euro wert. Es entsteht so eine Rentenlücke von 2300 Euro.

Diese Rentenlücke muss mit dem vorhandenen Kapital geschlossen werden. Jürgen und Karin haben hier gut vorgesorgt. Mit einem Vermögen von 400 000 Euro haben beide einiges gespart. Zusätzlich besitzen sie ein Eigenheim und brauchen sich nicht über Mietsteigerungen zu ärgern.

Sie müssen sich lediglich über die Auswirkungen der Inflation bei den Lebenshaltungskosten Gedanken machen. Da die Inflation jedoch keinen allzu großen Einfluss hat, da beiden nur noch wenige Jahre bis zur Rente bleiben, muss die Inflation nicht ihre Hauptsorge sein.

Zusätzlich zu dem Vermögen von 400 000 Euro und dem Eigenheim kommt noch die monatliche Rente aus den betrieblichen Altersvorsorgeprodukten.

Die Frage ist nun, ob ihre Rentenlücke durch das Vermögen und die betrieblichen Renten geschlossen werden kann. Das Ergebnis haben wir auf der nächsten Seite in der Lösung ausführlich dargestellt.

Lösung

Als Lösung des Falles müsste die Rentenlücke von 2 300 Euro geschlossen werden. Um eine zusätzliche Rente von 2 300 Euro vom 65. bis zum 92. Lebensjahr zu erhalten, muss eine Rente von 2 944 Euro nach Inflation ausgezahlt werden.

Da die betriebliche Altersvorsorge eine monatliche Rente von 1 000 Euro auszahlt, muss nur noch eine Rente von 1 944 Euro angespart werden.

Um diese Rente über 27 Jahre hinweg auszuzahlen, ist ein Vermögen von 485 000 Euro mit dem 65. Lebensjahr notwendig.

400 000 Euro wurden schon mit den Altersvorsorgeprodukten erspart. Somit steht noch ein Vermögen von 85 000 Euro aus, das angespart werden muss.

Um 85 000 Euro in zehn Jahren anzusparen, ist bei einem Zins von 6 Prozent eine monatliche Sparrate von 525 Euro notwendig.

Auswertung der Ergebnisse

Allgemeines

Es wurden 20 Personen in 19 Familien untersucht. Davon sind sieben ledig, zehn verheiratet und zwei geschieden. Das Durchschnittsalter der untersuchten Personen liegt bei 39,6 Jahre und streut zwischen dem 30. und 55. Lebensjahr.

Das monatliche Durchschnittsnettoeinkommen der Personen liegt bei 2580,90 Euro, wobei das geringste Einkommen bei 800 Euro und das höchste bei 7100 Euro liegt. Damit ergibt sich die folgende Aufschlüsselung des Einkommens:

Einkommen netto	Anzahl der untersuchten Personen
< 1000 Euro	2
1000 bis 1500 Euro	5
1500 bis 2000 Euro	3
2000 bis 3000 Euro	2
3000 bis 4000 Euro	4
> 4000 Euro	4

Tabelle 9.102 Aufschlüsselung der untersuchten Personen nach Einkommen

Dass die Rentenkassen leer sind und auch die demografische Entwicklung schlecht ist, zeigen auch die untersuchten Personen, sieht man deren durchschnittliche Kinderzahl an. Diese liegt bei 0,89 Kindern. Bei den unter 40-Jährigen liegt sie bei 0,82 und bei den über 40-Jährigen bei durchschnittlich genau einem Kind pro Familie.

Detaillierte Ergebnisse

Damit Sie einen guten Überblick über die obigen Ergebnisse bekommen, möchte ich Ihnen nun eine Zusammenfassung der einzelnen Rentenlücken, Renten und Sparraten geben.

Thema: Rentenhochrechnung

Die Hochrechnung der Rente auf das 65. Lebensjahr sollte zeigen, mit welcher Rente man rechnen kann. Das ist jedoch schon sehr umstritten, da ein regelmäßiger Rentenanpassungssatz von durchschnittlich 1,5 oder gar 2,5 Prozent in der Zukunft nicht erreicht werden kann. Bei unseren 20 Personen wurden folgende Rentenhochrechnungen aus den Renteninformationen entnommen:

Rente ohne Rentenanpassungssatz	Anzahl der Auswertungen
< 1 000 Euro	3
1 000 bis 1 300 Euro	2
1 300 bis 1 600 Euro	6
1 600 bis 2 000 Euro	6
> 2 000 Euro	3

Tabelle 9.103 Auswertung der Rentenhochrechnungen nach untersuchten Personen

Wie die Tabelle 9.103 zeigt, ist für die kommenden Vergleiche ein ausgeglichenes Verhältnis gegeben. Die oben genannten Renten sind jedoch sehr hoch, die Kaufkraftverluste wurden noch nicht berücksichtigt.

Thema: Rente

Die Rente wird von den zukünftigen Beziehern meist zu hoch eingeschätzt. Der Kaufkraftverlust dagegen wird einfach zu gering veranschlagt oder die zukünftigen Rentner wurden darüber nicht ausreichend aufgeklärt. Die BfA spricht trotz der zu erwartenden Folgen das Thema Preissteigerung jedoch nur kurz an. Die Auswirkungen konkret in Zahlen lässt sie stets außen vor.

Im nächsten Kreisdiagramm geht es um die Rentenhöhe nach heutiger Kaufkraft bei einem Renteneintrittsalter von 65 Jahren und einer Inflationsrate von 3 Prozent.

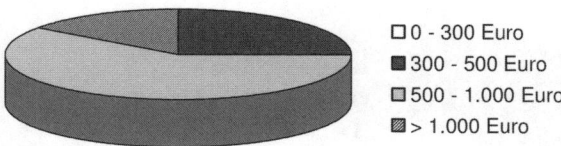

Abbildung 9.22 Rentenhöhe bei Renteneintritt mit 65 Jahren und 3 Prozent Inflationsrate

© Bernd W. Klöckner

Hier haben von 20 Personen fünf eine Rente von unter 500 Euro und zwölf Personen eine Rente von 500 bis 1000 Euro. Die restlichen drei Personen liegen über 1000 Euro. Hier sehen Sie schon, dass nach heutiger Kaufkraft einige Personen eine Rente von weniger als 500 Euro haben werden. Schauen wir nun die Situation bei 2 Prozent Kaufkraftverlust in den kommenden Jahren an:

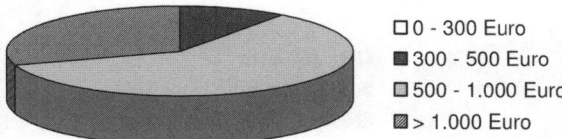

Abbildung 9.23 Rentenhöhe bei Renteneintritt mit 65 Jahren und 2 Prozent Inflationsrate

© Bernd W. Klöckner, Verwendung in Vorträgen, Büchern oder Artikeln nur mit Genehmigung des Autors.

Bei lediglich 2 Prozent Inflation liegen zwei Personen unter einer Rente nach heutiger Kaufkraft von 500 Euro, zwölf Personen bekommen eine Rente von 500 bis 1000 Euro. Die restlichen acht Personen liegen bei einer Rente von über 1000 Euro.

Schauen wir uns nun an, wie es aussehen würde, wenn die Personen mit dem 62. Lebensjahr in Frührente gingen. Dabei haben sie mit Rentenabschlägen zu rechnen. Somit fallen auch die Renten nach heutiger Kaufkraft, wie uns die folgenden Abbildungen zeigen:

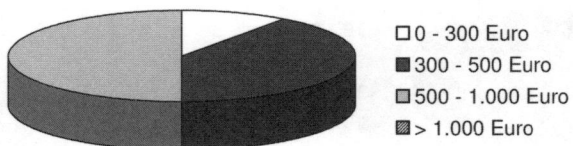

Abbildung 9.24 Rentenhöhe bei Renteneintritt mit 62 Jahren und 3 Prozent Inflationsrate

© Bernd W. Klöckner, Verwendung in Vorträgen, Büchern oder Artikeln nur mit Genehmigung des Autors.

In diesem Fall werden zwei Personen eine Rente erhalten, die sogar unter 300 Euro heutiger Kaufkraft liegt. Acht Personen bekommen eine Rente von unter 300 bis 500 Euro und zehn Personen erhalten eine Rente von 500 bis 1000 Euro. Diesmal liegt niemand über der Grenze von 1000 Euro.

Schauen wir uns im Folgenden das Kreisdiagramm für eine Inflation von 2 Prozent an.

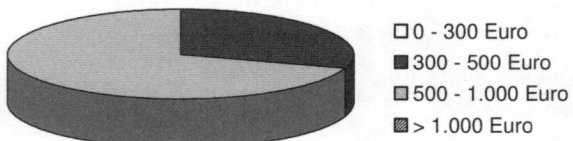

Abbildung 9.25 Rentenhöhe bei Renteneintritt mit 62 Jahren und 2 Prozent Inflationsrate

© Bernd W. Klöckner, Verwendung in Vorträgen, Büchern oder Artikeln nur mit Genehmigung des Autors.

Auch hier bekommt keine Person eine Rente von über 1000 Euro nach heutiger Kaufkraft. 6 Personen bekommen eine Rente von 300 bis 500 Euro und 14 Personen eine von 500 bis 1000 Euro.

Hier sehen Sie also, dass die Rentenhochrechnung zu wenig Aussage hat. Schaut man sich die Rente nach Kaufkraftverlust an, so liegt sie in vielen Fällen unter 500 Euro und somit nah am Existenzminimum. Es ist also absolut wichtig, dies zu beachten und möglichst vorzusorgen.

Thema: Rentenlücken bei BfA-Angaben

Ist die Rente aus der gesetzlichen Rentenversicherung schon zu niedrig und wirkt sich eine Inflation dann auch noch darauf aus, muss mit einer Rentenlücke gerechnet werden. Viele beachten diese Tatsachen jedoch nicht und sagen sich, dass es doch nicht so schlimm werden würde. Beachten wir den Punkt Rentenlücke jedoch nicht, so werden wir möglicherweise als Rentner am Existenzminimum leben müssen. Anhand der obigen Diagramme wurden die Rentenlücken der einzelnen Haushalte ermittelt.

Diese stellen die Differenz zu der Hochrechnung nach Kaufkraft von heute und dem heutigen Nettoeinkommen dar.

Sehen wir uns die Rentenlücken als erstes absolut in Euro und bei 0 Prozent Inflation an. Hier wird also der Unterschied zwischen den Werten der Hochrechnung und dem Nettoeinkommen angegeben. Als Erstes bei 2,5 Prozent Rentenanpassung:

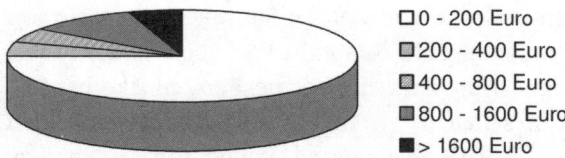

Abbildung 9.26 Rentenlücken in Euro, 2,5 Prozent Rentenanpassung, keine Inflation

© Bernd W. Klöckner, Verwendung in Vorträgen, Büchern oder Artikeln nur mit Genehmigung des Autors.

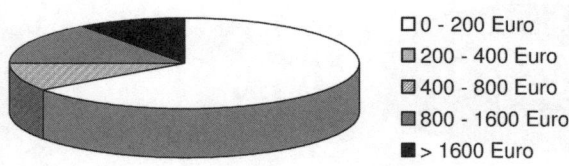

Abbildung 9.27 Rentenlücken in Euro, 1,5 Prozent Rentenanpassung, keine Inflation

© Bernd W. Klöckner, Verwendung in Vorträgen, Büchern oder Artikeln nur mit Genehmigung des Autors.

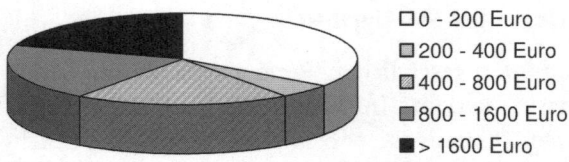

Abbildung 9.28 Rentenlücken in Euro, keine Rentenanpassung, keine Inflation

© Bernd W. Klöckner, Verwendung in Vorträgen, Büchern oder Artikeln nur mit Genehmigung des Autors.

In diesen Diagrammen sehen Sie, dass bei einer Rentenanpassung von 2,5 Prozent Dreiviertel der Personen nur eine Rentenlücke von unter 200 Euro haben. Bei einer Rentenanpassung von 1,5 Prozent ist es noch über die Hälfte der Testpersonen. Bei 0 Prozent Rentenanpassung sind die Rentenlücken sehr ausgeglichen, siehe letztes Diagramm. Da jedoch wahrscheinlich, wie in den neuen Renteninformationen angegeben, in den nächsten Jahren Kaufkraftverluste anfallen, muss natürlich auch die Inflation mit einbezogen werden.

In den folgenden Diagrammen werden Sie sehen, wie viele von unseren 20 Testpersonen eine Rentenlücke haben und wie viel Prozent vom jetzigen Nettoeinkommen die Rentenlücke beträgt. Diese Rentenlücken schauen wir uns jeweils für die einzelnen Renteneintrittsalter, Inflationssätze und Rentenanpassungssätze an. Es werden jeweils zwei Grafiken gezeigt: Einmal in Prozent zum Nettoeinkommen und zum anderen absolut in Euro.

Sehen Sie nun zuerst die Diagramme für ein Renteneintrittsalter von 65 Lebensjahren bei einer Inflation von 3 Prozent:

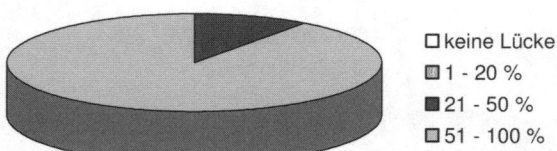

Abbildung 9.29 Rentenlücke im Verhältnis zum Nettoeinkommen. Drei Prozent Inflation, Renteneintritt 65 Jahre, kein Rentenanpassungssatz

© Bernd W. Klöckner, Verwendung in Vorträgen, Büchern oder Artikeln nur mit Genehmigung des Autors.

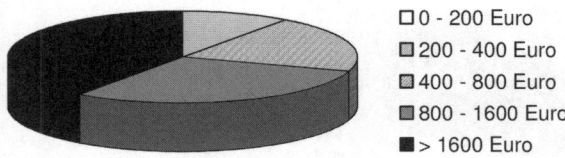

Abbildung 9.30 Rentenlücken in Euro. Keine Rentenanpassung, 3 Prozent Inflation.

© Bernd W. Klöckner, Verwendung in Vorträgen, Büchern oder Artikeln nur mit Genehmigung des Autors.

Bei 0 Prozent Rentenanpassung betragen die meisten Rentenlücken über 50 Prozent des Nettoeinkommens.

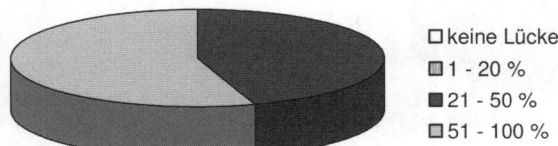

Abbildung 9.31 Rentenlücke im Verhältnis zum Nettoeinkommen. 3 Prozent Inflation, Renteneintritt 65 Jahre, 1,5 Prozent Rentenanpassungssatz

© Bernd W. Klöckner, Verwendung in Vorträgen, Büchern oder Artikeln nur mit Genehmigung des Autors.

Wird ein Rentenanpassungssatz von 1,5 Prozent angenommen, verringert sich die Anzahl derer, die eine Rentenlücke von über 50 Prozent ihres letzten Nettoeinkommens hatten.

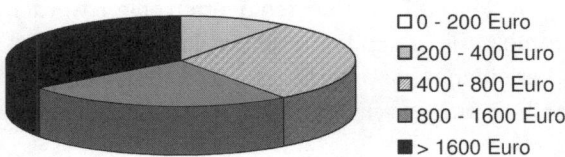

Abbildung 9.32 Rentenlücken in Euro. 1,5 Prozent Rentenanpassung, 3 Prozent Inflation.

© Bernd W. Klöckner, Verwendung in Vorträgen, Büchern oder Artikeln nur mit Genehmigung des Autors.

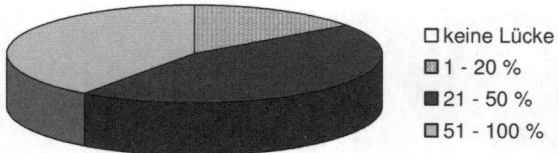

Abbildung 9.33 Rentenlücke im Verhältnis zum Nettoeinkommen.
3 Prozent Inflation, Renteneintritt 65 Jahre, 2,5 Prozent Rentenanpassungssatz

© Bernd W. Klöckner, Verwendung in Vorträgen, Büchern oder Artikeln nur mit Genehmigung des Autors.

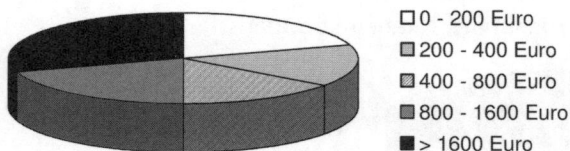

Abbildung 9.34 Rentenlücken in Euro. 2,5 Prozent Rentenanpassung, 3 Prozent Inflation.

© Bernd W. Klöckner, Verwendung in Vorträgen, Büchern oder Artikeln nur mit Genehmigung des Autors.

Bei einer Rentenanpassung von 2,5 Prozent in den nächsten Jahren, die wahrscheinlich nicht Realität werden wird, ist auch schon eine Anzahl von Leuten sichtbar, deren Rentenlücke nur 1 bis 20 Prozent des Nettoeinkommens ausmacht.

Kommen wir nun zu den optimistischsten Werten. Hier werden die Personen aufgezählt, die in den kommenden Jahren eine Inflation von 2 Prozent erleiden und weiterhin mit 65 Lebensjahren in Rente gehen. Auch hier fangen wir bei einem Rentenanpassungssatz von Null an:

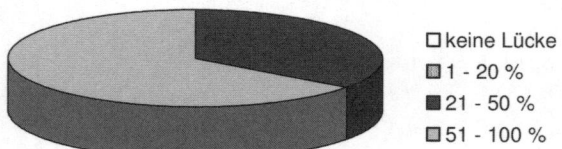

Abbildung 9.35 Rentenlücke im Verhältnis zum Nettoeinkommen.
2 Prozent Inflation, Renteneintritt 65 Jahre, keine Rentenanpassung

© Bernd W. Klöckner, Verwendung in Vorträgen, Büchern oder Artikeln nur mit Genehmigung des Autors.

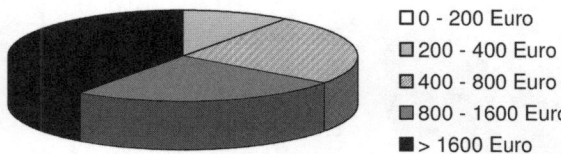

Abbildung 9.36 Rentenlücken in Euro. Keine Rentenanpassung, 2 Prozent Inflation.

© Bernd W. Klöckner, Verwendung in Vorträgen, Büchern oder Artikeln nur mit Genehmigung des Autors.

Berücksichtigt man nur die Inflation, so verringert sich die Menge derer, die bei einer Rentenlücke von über 50 Prozent des letzten Nettoeinkommens liegen.

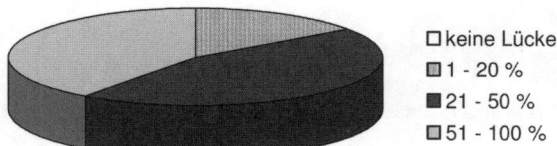

Abbildung 9.37 Rentenlücke im Verhältnis zum Nettoeinkommen. 2 Prozent Inflation, Renteneintritt 65 Jahre, 1,5 Prozent Rentenanpassungssatz

© Bernd W. Klöckner, Verwendung in Vorträgen, Büchern oder Artikeln nur mit Genehmigung des Autors.

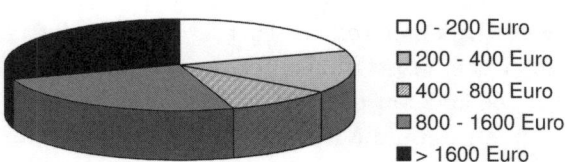

Abbildung 9.38 Rentenlücken in Euro. 1,5 Prozent Rentenanpassung, 2 Prozent Inflation.

© Bernd W. Klöckner, Verwendung in Vorträgen, Büchern oder Artikeln nur mit Genehmigung des Autors.

Bei einer Rentenanpassung von 1,5 Prozent und einer Inflation von 2 Prozent beginnen sich hier schon einige deutlich abzuheben, die eine Rentenlücke von lediglich 1 bis 20 Prozent des letzten Nettoeinkommens haben.

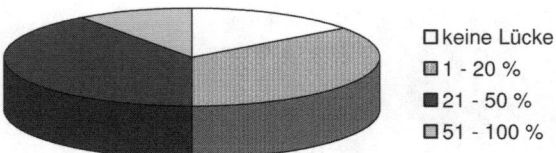

Abbildung 9.39 Rentenlücke im Verhältnis zum Nettoeinkommen.
2 Prozent Inflation, Renteneintritt 65 Jahre, 2,5 Prozent Rentenanpassungssatz

© Bernd W. Klöckner, Verwendung in Vorträgen, Büchern oder Artikeln nur mit Genehmigung des Autors.

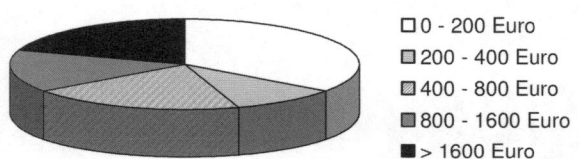

Abbildung 9.40 Rentenlücken in Euro. 2,5 Prozent Rentenanpassung, 2 Prozent Inflation.

© Bernd W. Klöckner, Verwendung in Vorträgen, Büchern oder Artikeln nur mit Genehmigung des Autors.

Bei einer Rentenanpassung von 2,5 Prozent erscheinen schon die Ersten ohne Rentenlücke.

Auf den Punkt gebracht: Erst bei einer Rentenanpassung von 2,5 Prozent und einer Inflation von lediglich 2 Prozent gibt es einige Personen unter den ausgewählten Testpersonen, die keine Rentenlücke haben. Die anderen müssen dagegen noch viel sparen. Es ist schon extrem, wenn die Rentenlücke, die sich nur im Vergleich von Nettoeinkommen mit der Renteninformation ergibt, nach Kaufkraftverlust über 50 Prozent des Nettoeinkommens ausmacht.

Schauen wir uns nun zusammengefasst die Ergebnisse an, wenn von dem Bezug einer Frührente ausgegangen wird. Auch hier wurde vorerst eine Inflation von 3 Prozent angenommen, bei den verschiedenen Rentensteigerungen.

Abbildung 9.41 Rentenlücke im Verhältnis zum Nettoeinkommen.
3 Prozent Inflation, Renteneintritt 62 Jahre, keine Rentenanpassung

© Bernd W. Klöckner, Verwendung in Vorträgen, Büchern oder Artikeln nur mit Genehmigung des Autors.

Ein klares, aber auch hartes Bild zeigt die erste Grafik. Hier haben alle Personen eine Rentenlücke von über 50 Prozent des Nettoeinkommens.

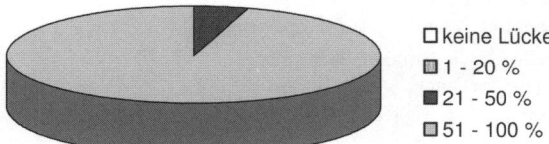

Abbildung 9.42 Rentenlücke im Verhältnis zum Nettoeinkommen.
3 Prozent Inflation, Renteneintritt 62 Jahre, 1,5 Prozent Rentenanpassung

© Bernd W. Klöckner, Verwendung in Vorträgen, Büchern oder Artikeln nur mit Genehmigung des Autors.

Auch bei einer Rentenanpassung von 1,5 Prozent ändert sich das Bild nicht. Es hat nur ein geringer Teil der Testpersonen eine Rentenlücke, die unter 50 Prozent des Nettoeinkommens liegt.

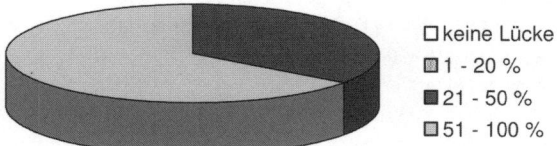

Abbildung 9.43 Rentenlücke im Verhältnis zum Nettoeinkommen.
3 Prozent Inflation, Renteneintritt 62 Jahre, 2,5 Prozent Rentenanpassung

© Bernd W. Klöckner, Verwendung in Vorträgen, Büchern oder Artikeln nur mit Genehmigung des Autors.

Selbst wenn die Bundesregierung, was wohl aus heutiger Sicht nur schwer möglich ist, eine Rentenanpassung von 2,5 Prozent vornimmt, verändert sich das Bild immer noch nicht maßgeblich. Ein

Großteil der Rentenlücken würde immer noch bei über 50 Prozent liegen.

Schauen wir nun die Grafik mit einer angenommenen Inflation von 2 Prozent an, wenn die Personen mit dem 62. Lebensjahr in Frührente gehen. Als erstes wird wiederum keine Rentenanpassung angenommen.

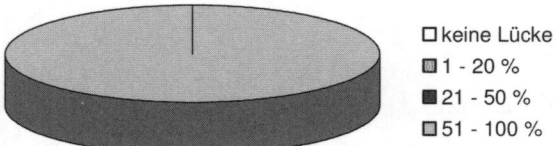

Abbildung 9.44 Rentenlücke im Verhältnis zum Nettoeinkommen. 2 Prozent Inflation, Renteneintritt 62 Jahre, keine Rentenanpassung

© Bernd W. Klöckner, Verwendung in Vorträgen, Büchern oder Artikeln nur mit Genehmigung des Autors.

Wie auch schon bei einer Inflation von 3 Prozent haben hier alle Testpersonen eine Rentenlücke, die über 50 Prozent des letzten Nettoeinkommens beträgt.

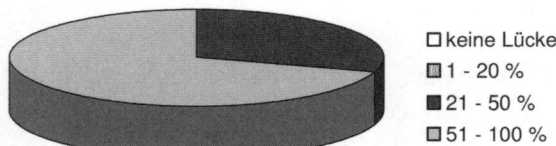

Abbildung 9.45 Rentenlücke im Verhältnis zum Nettoeinkommen. 2 Prozent Inflation, Renteneintritt 62 Jahre, 1,5 Prozent Rentenanpassung

© Bernd W. Klöckner, Verwendung in Vorträgen, Büchern oder Artikeln nur mit Genehmigung des Autors.

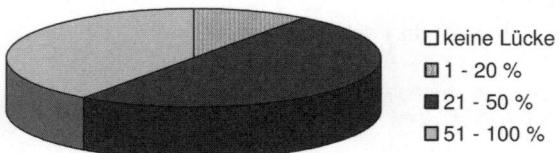

Abbildung 9.46 Rentenlücke im Verhältnis zum Nettoeinkommen. 2 Prozent Inflation, Renteneintritt 62 Jahre, 2,5 Prozent Rentenanpassung

© Bernd W. Klöckner, Verwendung in Vorträgen, Büchern oder Artikeln nur mit Genehmigung des Autors.

Erst bei einer Rentenanpassung von 2,5 Prozent ändert sich das Bild wieder. Hier haben die ersten wiederum eine Rentenlücke von nur 1 bis 20 Prozent des letzten Einkommens.

Auf den Punkt gebracht: Durch die Frührente verlieren die Rentner sehr viel Geld. Das ist auch in den verschiedenen obigen Grafiken ersichtlich.

Thema: Renten bei negativen Rentenkürzungen

Wie wir auch in den obigen Kapiteln beschrieben haben, werden die Renten in Zukunft wohl nicht mehr erhöht, sondern im Durchschnitt eher gesenkt. Daher müssen wir die Testpersonen auch noch dahingehend betrachten, dass in den nächsten Jahren Rentenkürzungen von 1,5 Prozent und 2,5 Prozent anfallen. Hierzu werden keine Inflation, eine Inflation von 2 und eine von 3 Prozent angenommen. Es wird jeweils erst die Testpersonenanzahl gezeigt, die eine jeweilige Rente erhält. Danach folgt die Grafik mit den absoluten Rentenlücken in Euro.

Als erstes betrachten wir die Ergebnisse bei keiner Inflation und einer Rentenkürzung von 2,5 Prozent:

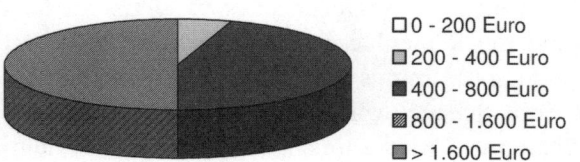

Abbildung 9.47 Rentenhöhe in Euro. minus 2,5 Prozent Rentenkürzung, keine Inflation

© Bernd W. Klöckner, Verwendung in Vorträgen, Büchern oder Artikeln nur mit Genehmigung des Autors.

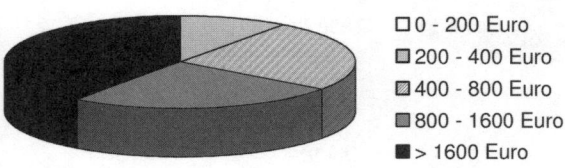

Abbildung 9.48 Rentenlücken in Euro. minus 2,5 Prozent Rentenanpassung, keine Inflation

© Bernd W. Klöckner, Verwendung in Vorträgen, Büchern oder Artikeln nur mit Genehmigung des Autors.

Im Folgenden bei einer Rentenkürzung von 1,5 Prozent:

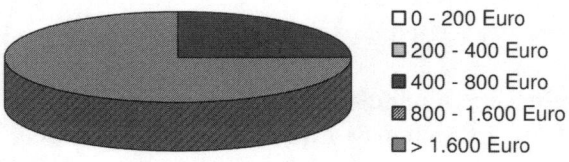

☐ 0 - 200 Euro
☐ 200 - 400 Euro
■ 400 - 800 Euro
▩ 800 - 1.600 Euro
■ > 1.600 Euro

Abbildung 9.49 Rentenhöhe in Euro. minus 1,5 Prozent Rentenkürzung, keine Inflation

© Bernd W. Klöckner, Verwendung in Vorträgen, Büchern oder Artikeln nur mit Genehmigung des Autors.

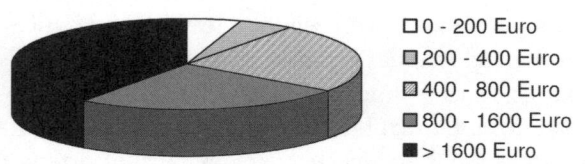

☐ 0 - 200 Euro
☐ 200 - 400 Euro
▩ 400 - 800 Euro
■ 800 - 1600 Euro
■ > 1600 Euro

Abbildung 9.50 Rentenlücken in Euro. minus 1,5 Prozent Rentenanpassung, keine Inflation

© Bernd W. Klöckner, Verwendung in Vorträgen, Büchern oder Artikeln nur mit Genehmigung des Autors.

Hier sehen Sie nun ein recht ausgeglichenes Verhältnis. Jedoch sind etwa ein Drittel der Rentenlücken höher als 1600 Euro. Bei einer Rentenanpassung von minus 2,5 Prozent liegen alle Rentenlücken über 200 Euro. Schauen wir uns als nächstes die Grafiken bei 2 Prozent Inflation und wiederum als erstes bei einer Rentenkürzung von 2,5 Prozent an:

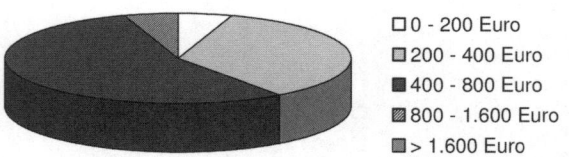

☐ 0 - 200 Euro
☐ 200 - 400 Euro
■ 400 - 800 Euro
▩ 800 - 1.600 Euro
■ > 1.600 Euro

Abbildung 9.51 Rentenhöhe in Euro. minus 2,5 Prozent Rentenkürzung, 2 Prozent Inflation

© Bernd W. Klöckner, Verwendung in Vorträgen, Büchern oder Artikeln nur mit Genehmigung des Autors.

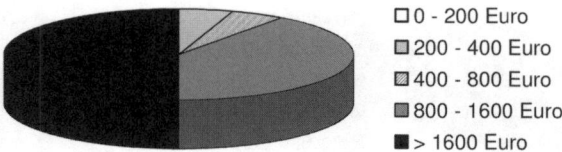

Abbildung 9.52 Rentenlücken in Euro. minus 2,5 Prozent Rentenanpassung, 2 Prozent Inflation

© Bernd W. Klöckner, Verwendung in Vorträgen, Büchern oder Artikeln nur mit Genehmigung des Autors.

Im Folgenden sehen Sie nun die Grafiken für eine Rentenkürzung von 1,5 Prozent mit einer Inflation von 2 Prozent:

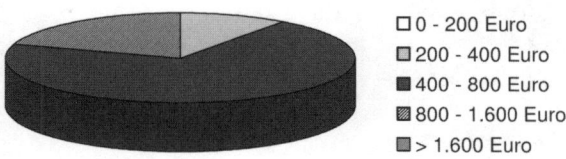

Abbildung 9.53 Rentenhöhe in Euro. minus 1,5 Prozent Rentenkürzung, 2 Prozent Inflation

© Bernd W. Klöckner, Verwendung in Vorträgen, Büchern oder Artikeln nur mit Genehmigung des Autors.

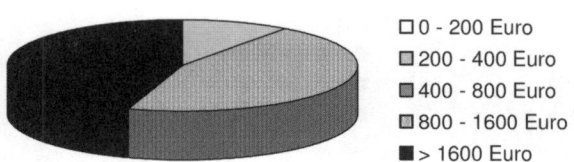

Abbildung 9.54 Rentenlücken in Euro. minus 1,5 Prozent Rentenanpassung, 2 Prozent Inflation

© Bernd W. Klöckner, Verwendung in Vorträgen, Büchern oder Artikeln nur mit Genehmigung des Autors.

Hier erkennen Sie direkt, dass nahezu die Hälfte aller Testpersonen auf eine Rentenlücke von über 1600 Euro zusteuern. Bei Rentenkürzungen von 2,5 Prozent werden sogar fast alle Testpersonen eine Rentenlücke haben, die höher als 800 Euro ist. Schauen wir uns nun die Auswirkungen von einer Inflation von 3 Prozent und einer Rentenkürzung von 2,5 Prozent an:

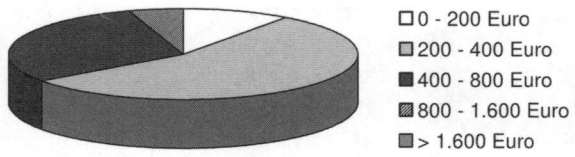

Abbildung 9.55 Rentenhöhe in Euro. minus 2,5 Prozent Rentenkürzung, 3 Prozent Inflation

© Bernd W. Klöckner, Verwendung in Vorträgen, Büchern oder Artikeln nur mit Genehmigung des Autors.

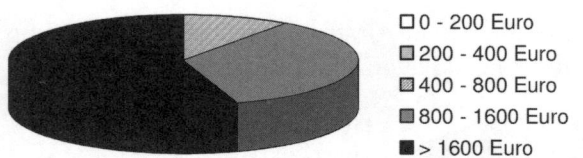

Abbildung 9.56 Rentenlücken in Euro. minus 2,5 Prozent Rentenanpassung, 3 Prozent Inflation

© Bernd W. Klöckner, Verwendung in Vorträgen, Büchern oder Artikeln nur mit Genehmigung des Autors.

Als Nächstes folgen die Grafiken zu den Renten, die mit einer Rentenkürzung von 1,5 Prozent und einer Inflation von 3 Prozent berechnet wurden:

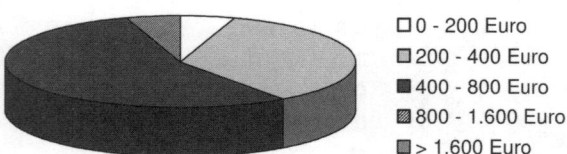

Abbildung 9.57 Rentenhöhe in Euro. minus 1,5 Prozent Rentenkürzung, 3 Prozent Inflation

© Bernd W. Klöckner, Verwendung in Vorträgen, Büchern oder Artikeln nur mit Genehmigung des Autors.

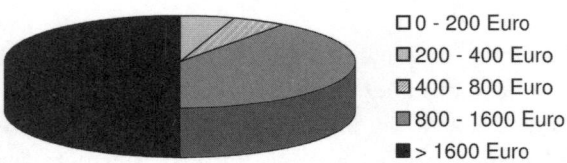

Abbildung 9.58 Rentenlücken in Euro. minus 1,5 Prozent Rentenanpassung, 3 Prozent Inflation

© Bernd W. Klöckner, Verwendung in Vorträgen, Büchern oder Artikeln nur mit Genehmigung des Autors.

Auch hier hat die Hälfte der Personen eine Rentenlücke von über 1600 Euro. Selbst bei einer Rentenanpassung von minus 1,5 Prozent müssen fast alle Personen mit einer Rentenlücke von über 800 Euro rechnen. Die Rentenhöhe liegt bei einer Rentenkürzung von 1,5 Prozent in den meisten Fällen zwischen 400 und 800 Euro und bei 2,5 Prozent Rentenkürzungen sogar zwischen lediglich 200 und 400 Euro.

Auf den Punkt gebracht: Fallen in den nächsten Jahren und Jahrzehnten Rentenkürzungen an, so haben die meisten Personen eine so hohe Rentenlücke, dass diese ohne eine große private Vorsorge unter dem Existenzminimum liegen werden.

Thema: Sparen

Um nun die Rentenlücken zu schließen, müssen die betreffenden Vermögen mit dem 65. Lebensjahr zur Verfügung stehen. Oder bestimmte Altersvorsorgeprodukte, die eine Rente garantieren. Wie wir bei den obigen Fällen gesehen haben, hatten einige Personen schon recht gut für ihr Alter vorgesorgt. Andere jedoch wiederum nicht. Schauen wir uns also einmal in einer Gesamtübersicht an, wie hoch die Sparquote bei den Haushalten ist, immer gemessen am Nettoeinkommen:

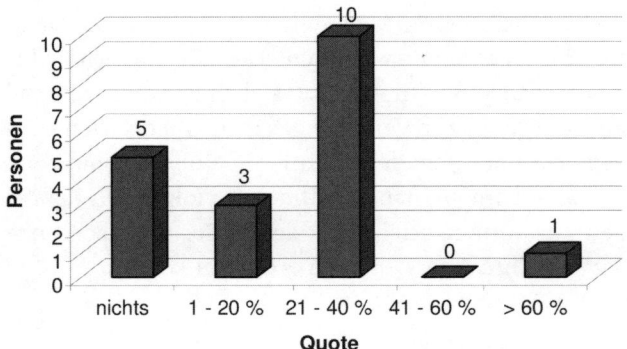

Abbildung 9.59 Sparquote im Verhältnis zum Nettoeinkommen

© Bernd W. Klöckner, Verwendung in Vorträgen, Büchern oder Artikeln nur mit Genehmigung des Autors.

Hier sehen Sie, dass fünf Haushalte keinen zusätzlichen Sparbeitrag leisten müssen, da sie schon in den Vorjahren genug in ihre Altersliquidität investiert haben. Die meisten Haushalte wenden eine Sparquote von 21 bis 40 Prozent für ihre Altersvorsorge auf.

Hier ist ebenfalls zu sehen, dass die meisten Haushalte nicht auf die Situation im Alter vorbereitet sind. Sie müssen noch zusätzlich sparen und noch viel Geld investieren. Normalerweise sollte sehr früh damit angefangen werden, immer 10 Prozent des Einkommens anzusparen. Mit einer solchen Strategie wäre man im Alter vor bösen Überraschungen relativ geschützt. Doch hier liegt, wie schon erwähnt, die meistgenannte Sparquote bei 21 bis 40 Prozent. Überprüfen Sie sich hier selbst, welche Sparquote haben Sie zurzeit?

Auf den Punkt gebracht

Sie konnten hier nun in vielen Einzelfällen und in der Gesamtauswertung deutlich sehen: Verlässt man sich auf die Renteninformation, so ist man in den meisten Fällen verloren. Ganz gleich, ob Sie männlich sind oder weiblich, schon kurz vor der Rente stehen oder noch viele Jahre arbeiten müssen – Sie sollten sich keinesfalls ausschließlich auf die amtliche Renteninformation verlassen. Denn wie Sie in den Beispielfällen sehen konnten: Ohne eine private Zusatzrente stehen Sie im Alter sehr, sehr schlecht da. Dann ist eine Armut im Alter unausweichlich! Deshalb überlegen Sie schon jetzt, wie viel Geld Sie im Alter zusätzlich zur erschreckend kleinen staatlichen Rente zur Verfügung haben wollen. Denn Sie können es vielleicht noch schaffen. Damit Sie einen persönlichen Überblick gewinnen können, habe ich Ihnen im folgenden Kapitel einige Tabellen zusammengestellt, mit denen Sie praktisch erste Lösungsansätze für Ihre Altersvorsorge ermitteln können.

1 Vgl. hierzu den Abschnitt »Die Salami-Taktik der gesetzlichen Rentenversicherer« in den Anmerkungen.

10.
Zuviel gespart hat noch keiner!

> Es gibt zwei Wege des Sparens:
> Spare mit der Zeit, dann hast
> du in der Not! Oder: Spare in der
> Not, dann hast du für die Zeit!
>
> K. Walter

Dieses Kapitel liefert Ihnen das nötige Handwerkszeug, mit dem Sie selbst Ihre Rentensituation überprüfen können. Ich habe Ihnen die nötigen Zahlen zusammengestellt, damit Sie sich nun selbst ein Bild über Ihre eigene Lage machen können. Wenn Sie über weitergehende Lösungsansätze für Ihre eigene Rentensituation nachdenken möchten, dann finden Sie hier zusätzlich verschiedene Informationen für den eigenen Gebrauch.

Die oben stehenden Worte des amerikanischen Erfolgspsychologen enthalten eine nicht übersehbare und entscheidende Wahrheit: Wir müssen im jungen Alter sparen! Mehr als wir je gedacht haben. Die Generationen laufen sonst in eine gigantische Altersarmut. Also: Sparen und investieren Sie so früh wie möglich. Das heißt, wer jetzt nicht spart, wird im Alter die Konsequenzen tragen müssen. Beherzigen Sie diese Worte, wenn Sie in die praktische Planung einsteigen. Sie weisen den richtigen Weg.

Nun geht es Schritt für Schritt weiter. Im ersten Schritt bestimmen Sie Ihre gewünschte private Zusatzrente im Alter, Ihr Wunsch-Vorsorgeziel. Zunächst legen Sie Ihr Vorsorgeziel anhand von einer Liste mit Fragen fest. Mit Hilfe von den Tabellen, die ich Ihnen zusammengestellt habe, ermitteln Sie dann die notwendige Investition. So erfahren Sie, wie viel Geld Sie insgesamt brauchen werden, um Ihre gewünschte Zusatzrente zu finanzieren. Mit dem ermittelten Betrag haben Sie dann einen wichtigen, ersten Anhaltspunkt für eine sichere Vorsorgeplanung. Aber Achtung: In den Tabellen zählt jedes Jahr! Denn wie gesagt, es gibt nur zwei Wege. Entweder: Spare mit der Zeit, dann hast du in der Not! Oder: Spare in der Not, dann hast du für die Zeit.

Wer also zum Beispiel mit 25 Jahren beschließt, mit 65 Jahren Millionär zu sein, muss bei einer angenommenen Verzinsung von effektiv 8 Prozent circa 290 Euro monatlich zur Seite legen. Dies entspricht einer Investition von 104400 Euro über 40 Jahre. In einer Rentenzeit von 30 Jahren könnte er sich dann bei einem angenommenen Zinsertrag von effektiv 5 Prozent 5300 Euro pro Monat auszahlen lassen. Bei 20 Jahren Entnahmezeit wären es dann immerhin 6500 Euro.

Wer dagegen erst mit 40 Jahren über Altersvorsorge und Altersarmut nachdenkt, und ebenfalls bis zum 65 Lebensjahr in den verbleibenden 25 Jahren 1 Million Euro ansparen will, muss monatlich bereits 1100 Euro sparen. Dies entspricht wiederum einer Investition von 330000 Euro über 25 Jahre. Er müsste dann also mehr als das Dreifache der Investitionssumme einsetzen.

Erster Schritt: Ihr Wunsch-Vorsorgeziel

Frage 1: Wann wollen Sie aufhören zu arbeiten?
Mit _____ Jahren

Frage 2: Wie hoch soll Ihre monatlich gewünschte Zusatzrente sein.

Wichtig: In Ihrer Pensions- oder Rentenzeit haben Sie 365 Tage »Urlaub« im Jahr. Also denken Sie bitte nicht, dass Sie im Alter weniger Geld brauchen. Sie wollen doch Ihre Rentenjahre genießen, oder nicht? Notieren Sie jetzt Ihre Zahl:
Monatliche Zusatzrente _____ Euro

Frage 3: Wie lange soll diese Zusatzrente gezahlt werden?
Wie lang ist Ihre Entnahmezeit:
Entnahmedauer _____ Jahre

Beispiel:
Heute sind Sie 35 Jahre alt und wollen sich mit 60 Jahren eine monatliche Zusatzrente von 1500 Euro leisten. Diesen Betrag wollen Sie über 20 Jahre zusätzlich zur Verfügung haben.

Ihr persönlicher Entnahmewunsch:
Ich möchte mit _____ Jahren über _____ Ihre (Entnahmezeit) monatlich _____ Euro Zusatzrente erhalten.

Bevor wir nun zu den Tabellen kommen, aus denen Sie die notwendigen Zahlen entnehmen können, tragen Sie bitte nun hier ein letztes Mal Ihre gewünschte Zusatzrente ein:

Meine Zusatzrente soll in _____ Jahren monatlich betragen:
_____ Euro

Sie finden Ihre Wunschentnahme in den Tabellen 10.1, 10.2 und 10.3. Die Tabellen zeigen Ihnen unterschiedliche Zinsannahmen. Sie können in Tabelle 10.1 die Zahlen bei 3 Prozent, bei Tabelle 10.2 bei 2 Prozent und bei Tabelle 10.3 bei 1 Prozent Inflation betrachten.

Es wird Ihnen eventuell passieren, dass Ihre Wunschentnahme nicht an jeder Stelle genau ist. Runden Sie hier großzügig nach unten oder oben ab – wie es Ihnen besser gefällt. Wenn Sie Ihre Zusatzrente eher niedrig eingestuft haben, runden Sie sie in jedem Fall nach oben auf.

Denken Sie an die Inflation!

In den Tabellen 10.1, 10.2 und 10.3 wird von verschiedenen Inflationsraten in Prozent ausgegangen. Hierzu ein Beispiel: Sie haben sich eine Zusatzrente von 1700 Euro gewünscht, jetzt runden Sie nach oben auf 2000 Euro auf. Ihre Rentenentnahmezeit beginnt in 15 Jahren. In der Tabelle lesen Sie Ihre Koordinaten 3116 Euro ab. Sie meinen also mit anderen Worten: »Ich hätte gerne eine Zusatzrente von 2000 Euro!« dann meinen Sie 2000 Euro heutige Kaufkraft. Aber bei einer unterstellten Inflation von 3 Prozent muss in 15 Jahren eigentlich 3116 Euro ausgezahlt werden, um Ihrem wirklichen Vorsorgeziel zu entsprechen. Ermitteln Sie nun Ihr persönliches Wunschziel pro Monat aus den Tabellen 10.1, 10.2 und 10.3:

Tabelle 10.1 Inflation 1 Prozent, in der Tabelle finden Sie die wirkliche monatliche Entnahmehöhe
© Bernd W. Klöckner, Verwendung in Vorträgen, Büchern oder Artikeln nur mit Genehmigung des Autors.

Ihr Wunschziel pro Monat	Notwendiger Betrag in X Jahren (bei einer Inflation von 1 Prozent)										
	10	15	20	25	30	35	40	45	50	55
500	552	580	610	641	674	708	744	782	822	864
1.000	1.105	1.161	1.220	1.282	1.348	1.417	1.489	1.565	1.645	1.729
1.500	1.657	1.741	1.830	1.924	2.022	2.125	2.233	2.347	2.467	2.593
2.000	2.209	**2.322**	2.440	2.565	2.696	2.833	2.978	3.130	3.289	3.457
2.500	2.762	2.902	3.050	3.206	3.370	3.542	3.722	3.912	4.112	4.321
3.000	3.314	3.483	3.661	3.847	4.044	4.250	4.467	4.694	4.934	5.186
3.500	3.866	4.063	4.271	4.489	4.717	4.958	5.211	5.477	5.756	6.050
4.000	4.418	4.644	4.881	5.130	5.391	5.666	5.955	6.259	6.579	6.914
4.500	4.971	5.224	5.491	5.771	6.065	6.375	6.700	7.042	7.401	7.778
5.000	5.523	5.805	6.101	6.412	6.739	7.083	7.444	7.824	8.223	8.643
5.500	6.075	6.385	6.711	7.053	7.413	7.791	8.189	8.606	9.045	9.507
6.000	6.628	6.966	7.321	7.695	8.087	8.500	8.933	9.389	9.868	10.371
7.000	7.732	8.127	8.541	8.977	9.435	9.916	10.422	10.954	11.512	12.100
8.000	8.837	9.288	9.762	10.259	10.783	11.333	11.911	12.518	13.157	13.828
9.000	9.942	10.449	10.982	11.542	12.131	12.749	13.400	14.083	14.802	15.557
10.000	11.046	11.610	12.202	12.824	13.478	14.166	14.889	15.648	16.446	17.285

Tabelle 10.2 Inflation 2 Prozent, in der Tabelle finden Sie die wirkliche monatliche Entnahmehöhe
© Bernd W. Klöckner, Verwendung in Vorträgen, Büchern oder Artikeln nur mit Genehmigung des Autors.

Ihr Wunschziel pro Monat	Notwendiger Betrag in X-Jahren (bei einer Inflation von 2 Prozent)									
	10	15	20	25	30	35	40	45	50	55
500	609	673	743	820	906	1.000	1.104	1.219	1.346	1.486
1.000	1.219	1.346	1.486	1.641	1.811	2.000	2.208	2.438	2.692	2.972
1.500	1.828	2.019	2.229	2.461	2.717	3.000	3.312	3.657	4.037	4.458
2.000	2.438	**2.692**	2.972	3.281	3.623	4.000	4.416	4.876	5.383	5.943
2.500	3.047	3.365	3.715	4.102	4.528	5.000	5.520	6.095	6.729	7.429
3.000	3.657	4.038	4.458	4.922	5.434	6.000	6.624	7.314	8.075	8.915
3.500	4.266	4.711	5.201	5.742	6.340	7.000	7.728	8.532	9.421	10.401
4.000	4.876	5.383	5.944	6.562	7.245	8.000	8.832	9.751	10.766	11.887
4.500	5.485	6.056	6.687	7.383	8.151	9.000	9.936	10.970	12.112	13.373
5.000	6.095	6.729	7.430	8.203	9.057	9.999	11.040	12.189	13.458	14.859
5.500	6.704	7.402	8.173	9.023	9.962	10.999	12.144	13.408	14.804	16.345
6.000	7.314	8.075	8.916	9.844	10.868	11.999	13.248	14.627	16.150	17.830
7.000	8.533	9.421	10.402	11.484	12.680	13.999	15.456	17.065	18.841	20.802
8.000	9.752	10.767	11.888	13.125	14.491	15.999	17.664	19.503	21.533	23.774
9.000	10.971	12.113	13.374	14.765	16.302	17.999	19.872	21.941	24.224	26.746
10.000	12.190	13.459	14.859	16.406	18.114	19.999	22.080	24.379	26.916	29.717

Tabelle 10.3 Inflation 3 Prozent, in der Tabelle finden Sie die wirkliche monatliche Entnahmehöhe
© Bernd W. Klöckner, Verwendung in Vorträgen, Büchern oder Artikeln nur mit Genehmigung des Autors.

Ihr Wunschziel pro Monat	Notwendiger Betrag in X-Jahren (bei einer Inflation von 3 Prozent)										
	10	15	20	25	30	35	40	45	50	55
500	672	779	903	1.047	1.214	1.407	1.631	1.891	2.192	2.541
1.000	1.344	1.558	1.806	2.094	2.427	2.814	3.262	3.782	4.384	5.082
1.500	2.016	2.337	2.709	3.141	3.641	4.221	4.893	5.672	6.576	7.623
2.000	2.688	**3.116**	3.612	4.188	4.855	5.628	6.524	7.563	8.768	10.164
2.500	3.360	3.895	4.515	5.234	6.068	7.035	8.155	9.454	10.960	12.705
3.000	4.032	4.674	5.418	6.281	7.282	8.442	9.786	11.345	13.152	15.246
3.500	4.704	5.453	6.321	7.328	8.495	9.849	11.417	13.236	15.344	17.788
4.000	5.376	6.232	7.224	8.375	9.709	11.255	13.048	15.126	17.536	20.329
4.500	6.048	7.011	8.128	9.422	10.923	12.662	14.679	17.017	19.728	22.870
5.000	6.720	7.790	9.031	10.469	12.136	14.069	16.310	18.908	21.920	25.411
5.500	7.392	8.569	9.934	11.516	13.350	15.476	17.941	20.799	24.111	27.952
6.000	8.063	9.348	10.837	12.563	14.564	16.883	19.572	22.690	26.303	30.493
7.000	9.407	10.906	12.643	14.656	16.991	19.697	22.834	26.471	30.687	35.575
8.000	10.751	12.464	14.449	16.750	19.418	22.511	26.096	30.253	35.071	40.657
9.000	12.095	14.022	16.255	18.844	21.845	25.325	29.358	34.034	39.455	45.739
10.000	13.439	15.580	18.061	20.938	24.273	28.139	32.620	37.816	43.839	50.821

Nun haben Sie Ihre monatliche Zusatzrente ermittelt, also den Betrag, der Ihrer heute genannten, gewünschten Zusatzrente entspricht. Tragen Sie hier den Betrag ein:

Der Betrag, der meiner monatlichen Zusatzrente von _____ entspricht, also mein persönliches Wunschziel, sieht bei einer Inflation von _____ Prozent so aus: _____.

Kommen wir nun zu Schritt 2.

Zweiter Schritt: Das notwendige Vermögen

Nun ermitteln wir die Höhe des Vermögens, welches Ihnen dann bei Auszahlung zur Verfügung stehen muss. Hier gehen wir nun von einem so genannten Kapitalverzehr aus, was bedeutet, dass am Ende das ganze Vermögen ausgezahlt ist!

Aus den folgenden Tabellen 10.4 und 10.5 können Sie nun herauslesen, welches Vermögen Sie benötigen werden, bei jeweils unterschiedlicher Verzinsung von 4 bzw. 7 Prozent nominal.

Tabelle 10.4 Ihr notwendiges Vermögen, um sich bei Kapitalverzehr in X Jahren (Kapital am Ende gleich Null) Ihr Wunschziel leisten zu können (Verzinsung in der Entnahmephase durchschnittlich 4 Prozent nominal)
© Bernd W. Klöckner, www.berndwkloeckner.com

Ihre monatliche Wunschzielentnahme	Kapitalverzehr in ...									
	10 Jahren	15 Jahren	20 Jahren	25 Jahren	30 Jahren	35 Jahren	40 Jahren	45 Jahren	50 Jahren
800	79.016	108.154	132.017	151.562	167.569	180.679	191.416	200.209	207.411
900	88.893	121.673	148.520	170.507	188.515	203.264	215.343	225.236	233.338
1.000	98.770	135.192	165.022	189.452	209.461	225.848	239.270	250.262	259.264
1.200	118.524	162.231	198.026	227.343	251.353	271.018	287.124	300.314	311.117
1.400	138.278	189.269	231.031	265.233	293.246	316.188	334.978	350.366	362.970
1.600	158.032	216.307	264.035	303.124	335.138	361.358	382.831	400.419	414.823
1.800	177.786	243.346	297.039	341.014	377.030	406.527	430.685	450.471	466.675
2.000	197.540	270.384	330.044	378.905	418.922	451.697	478.539	500.523	518.528
2.500	246.925	337.980	412.555	473.631	523.653	564.621	598.174	625.654	648.160
3.000	296.311	**405.576**	495.066	568.357	628.384	677.545	717.809	750.785	777.792
3.500	345.696	473.173	577.577	663.084	733.114	790.470	837.444	875.916	907.425
4.000	395.081	540.769	660.087	757.810	837.845	903.394	957.079	1.001.047	1.037.057
4.500	444.466	608.365	742.598	852.536	942.576	1.016.318	1.076.714	1.126.178	1.166.689
5.000	493.851	675.961	825.109	947.262	1.047.306	1.129.242	1.196.348	1.251.308	1.296.321
6.000	592.621	811.153	990.131	1.136.715	1.256.767	1.355.091	1.435.618	1.501.570	1.555.585
7.000	691.391	946.345	1.155.153	1.326.167	1.466.229	1.580.939	1.674.888	1.751.832	1.814.849

8.000	790.161	1.081.537	1.320.175	1.515.620	1.675.690	1.806.788	1.914.157	2.002.093	2.074.113
9.000	888.932	1.216.729	1.485.197	1.705.072	1.885.151	2.032.636	2.153.427	2.252.355	2.333.377
10.000	987.702	1.351.921	1.650.219	1.894.525	2.094.612	2.258.485	2.392.697	2.502.617	2.592.642
12.000	1.185.242	1.622.306	1.980.262	2.273.430	2.513.535	2.710.182	2.871.236	3.003.140	3.111.170
14.000	1.382.782	1.892.690	2.310.306	2.652.335	2.932.457	3.161.879	3.349.775	3.503.663	3.629.698
16.000	1.580.323	2.163.074	2.640.350	3.031.240	3.351.380	3.613.576	3.828.315	4.004.187	4.148.226
18.000	1.777.863	2.433.459	2.970.393	3.410.145	3.770.302	4.065.273	4.306.854	4.504.710	4.666.755
20.000	1.975.403	2.703.843	3.300.437	3.789.050	4.189.225	4.516.969	4.785.393	5.005.233	5.185.283
22.000	2.172.944	2.974.227	3.630.481	4.167.955	4.608.147	4.968.666	5.263.933	5.505.757	5.703.811
24.000	2.370.484	3.244.612	3.960.525	4.546.860	5.027.070	5.420.363	5.742.472	6.006.280	6.222.340
26.000	2.568.025	3.514.996	4.290.568	4.925.765	5.445.992	5.872.060	6.221.011	6.506.803	6.740.868
28.000	2.765.565	3.785.380	4.620.612	5.304.670	5.864.915	6.323.757	6.699.551	7.007.327	7.259.396
30.000	2.963.105	4.055.764	4.950.656	5.683.574	6.283.837	6.775.454	7.178.090	7.507.850	7.777.925
32.000	3.160.646	4.326.149	5.280.699	6.062.479	6.702.760	7.227.151	7.656.629	8.008.374	8.296.453
34.000	3.358.186	4.596.533	5.610.743	6.441.384	7.121.682	7.678.848	8.135.169	8.508.897	8.814.981
36.000	3.555.726	4.866.917	5.940.787	6.820.289	7.540.605	8.130.545	8.613.708	9.009.420	9.333.510
38.000	3.753.267	5.137.302	6.270.831	7.199.194	7.959.527	8.582.242	9.092.247	9.509.944	9.852.038
40.000	3.950.807	5.407.686	6.600.874	7.578.099	8.378.450	9.033.939	9.570.787	10.010.467	10.370.566
42.000	4.148.347	5.678.070	6.930.918	7.957.004	8.797.372	9.485.636	10.049.326	10.510.990	10.889.095
44.000	4.345.888	5.948.455	7.260.962	8.335.909	9.216.295	9.937.333	10.527.866	11.011.514	11.407.623

Tabelle 10.5 Ihr notwendiges Vermögen, um sich bei Kapitalverzehr in X Jahren (Kapital am Ende gleich Null) Ihr Wunschziel leisten zu können (Verzinsung in der Entnahmephase durchschnittlich 7 Prozent nominal)
© Bernd W. Klöckner, Verwendung in Vorträgen, Büchern oder Artikeln nur mit Genehmigung des Autors.

Ihre monatliche Wunschzielentnahme	Kapitalverzehr in …								
	10 Jahren	15 Jahren	20 Jahren	25 Jahren	30 Jahren	35 Jahren	40 Jahren	45 Jahren	50 Jahren
800	68.901	89.005	103.186	113.190	120.246	125.224	128.735	131.212	132.959
900	77.514	100.130	116.084	127.338	135.277	140.877	144.827	147.613	149.579
1.000	86.126	111.256	128.983	141.487	150.308	156.530	160.919	164.015	166.199
1.200	103.352	133.507	154.779	169.784	180.369	187.836	193.103	196.818	199.439
1.400	120.577	155.758	180.576	198.082	210.431	219.142	225.286	229.621	232.679
1.600	137.802	178.010	206.372	226.379	240.492	250.448	257.470	262.424	265.918
1.800	155.027	200.261	232.169	254.676	270.554	281.753	289.654	295.227	299.158
2.000	172.253	222.512	257.965	282.974	300.615	313.059	321.838	328.030	332.398
2.500	215.316	278.140	322.456	353.717	375.769	391.324	402.297	410.037	415.497
3.000	258.379	**333.768**	386.948	424.461	450.923	469.589	482.757	492.045	498.597
3.500	301.442	389.396	451.439	495.204	526.076	547.854	563.216	574.052	581.696
4.000	344.505	445.024	515.930	565.948	601.230	626.119	643.675	656.060	664.796
4.500	387.569	500.652	580.421	636.691	676.384	704.384	724.135	738.067	747.895
5.000	430.632	556.280	644.913	707.435	751.538	782.649	804.594	820.075	830.995
6.000	516.758	667.536	773.895	848.921	901.845	939.178	965.513	984.090	997.194
7.000	602.884	778.792	902.878	990.408	1.052.153	1.095.708	1.126.432	1.148.105	1.163.393

8.000	689.011	890.048	1.031.860	1.131.895	1.202.461	1.252.238	1.287.351	1.312.120	1.329.592
9.000	775.137	1.001.304	1.160.843	1.273.382	1.352.768	1.408.767	1.448.270	1.476.135	1.495.791
10.000	861.264	1.112.560	1.289.825	1.414.869	1.503.076	1.565.297	1.609.188	1.640.150	1.661.990
12.000	1.033.516	1.335.071	1.547.790	1.697.843	1.803.691	1.878.357	1.931.026	1.968.179	1.994.388
14.000	1.205.769	1.557.583	1.805.755	1.980.817	2.104.306	2.191.416	2.252.864	2.296.209	2.326.786
16.000	1.378.022	1.780.095	2.063.720	2.263.790	2.404.921	2.504.475	2.574.701	2.624.239	2.659.183
18.000	1.550.274	2.002.607	2.321.685	2.546.764	2.705.536	2.817.535	2.896.539	2.952.269	2.991.581
20.000	1.722.527	2.225.119	2.579.650	2.829.738	3.006.151	3.130.594	3.218.377	3.280.299	3.323.979
22.000	1.894.780	2.447.631	2.837.615	3.112.712	3.306.766	3.443.654	3.540.214	3.608.329	3.656.377
24.000	2.067.032	2.670.143	3.095.580	3.395.686	3.607.382	3.756.713	3.862.052	3.936.359	3.988.775
26.000	2.239.285	2.892.655	3.353.545	3.678.659	3.907.997	4.069.772	4.183.890	4.264.389	4.321.173
28.000	2.411.538	3.115.167	3.611.510	3.961.633	4.208.612	4.382.832	4.505.727	4.592.419	4.653.571
30.000	2.583.791	3.337.679	3.869.475	4.244.607	4.509.227	4.695.891	4.827.565	4.920.449	4.985.969
32.000	2.756.043	3.560.191	4.127.440	4.527.581	4.809.842	5.008.951	5.149.403	5.248.479	5.318.367
34.000	2.928.296	3.782.703	4.385.405	4.810.555	5.110.457	5.322.010	5.471.241	5.576.508	5.650.765
36.000	3.100.549	4.005.214	4.643.370	5.093.529	5.411.072	5.635.070	5.793.078	5.904.538	5.983.163
38.000	3.272.801	4.227.726	4.901.335	5.376.502	5.711.688	5.948.129	6.114.916	6.232.568	6.315.561
40.000	3.445.054	4.450.238	5.159.300	5.659.476	6.012.303	6.261.188	6.436.754	6.560.598	6.647.959
42.000	3.617.307	4.672.750	5.417.265	5.942.450	6.312.918	6.574.248	6.758.591	6.888.628	6.980.357
44.000	3.789.560	4.895.262	5.675.230	6.225.424	6.613.533	6.887.307	7.080.429	7.216.658	7.312.755

Für das Beispiel ergibt sich folgendes: Wer 3000 Euro (3116 Euro gerundet) 15 Jahre lang entnehmen will, benötigt an angespartem Vermögen rund 333768 Euro. Mit anderen Worten: Wer zu Beginn seiner Entnahmezeit 333768 Euro besitzt, kann sich 15 Jahre lang rund 3000 Euro auszahlen lassen.

Tragen Sie hier nun die Höhe des Vermögens ein, das Sie benötigen werden, um sich Ihr Wunschziel über Ihre Entnahmezeit hinweg auszahlen zu lassen.

Ich möchte über _____ Jahre hinweg eine Zahlung von _____ erhalten (Ihre Wunschzielentnahme). Dafür benötige ich am Beginn der Entnahmezeit ein Vermögen von _____ Euro.

Wichtiger Hinweis: Gerechnet wurde mit einem nominalen Zins!

Nun kennen wir folgende Faktoren:
- Höhe der gewünschten Zusatzrente
- Höhe des benötigten Kapitals

Jetzt kommen wir zu der entscheidenden Frage: Was müssen Sie in der verbleibenden Zeit bis zum Beginn der Rentenzeit investieren, um bei Beginn der Rentenentnahmezeit über das notwendige Kapital zu verfügen?

Dritter Schritt: Die notwendige Sparrate

Hier können Sie entscheiden, wie Sie sparen wollen: risiko-, chancen- oder sicherheitsorientiert.

Nehmen Sie nun den aus den Tabellen 10.4 und 10.5 ermittelten Wert Ihres benötigten Vermögens, und schauen Sie nun in den folgenden Tabellen nach, welche Höhe Ihre Sparrate haben muss. Für die Anzahl der Jahre, die Sie zum Sparen zur Verfügung haben, greifen Sie bitte auf die Angabe zurück, die Sie zu Anfang Ihrer Überlegungen gemacht haben. Wählen Sie also die Anzahl Jahre aus, die Ihnen bis zur Rentenentnahme bleiben.

Die folgenden Tabellen bieten Ihnen verschiedene Sparmöglichkeiten. Tabelle 10.6 zeigt ein sicherheitsorientiertes Sparmodell, Tabelle 10.7 eine chancenorientierte, und Tabelle 10.8 eine eher risikoorientierte Anlageform.

Tabelle 10.6 Ihre notwendig gleichbleibende Sparrate in den nächsten Jahren (Anzahl der Jahre wie in Tabelle 10.1 gewählt) damit Sie bei 4 Prozent durchschnittlich unterstelltem Zins Ihr Wunschziel sicher erreichen
© Bernd W. Klöckner, Verwendung in Vorträgen, Büchern oder Artikeln nur mit Genehmigung des Autors.

Not- wendiges Vermögen (Wert aus Tabellen 10.4 und 10.5)	Spar-Jahre								
	10	15	20	25	30	35	40	45	50
60.000	407	244	164	117	86	66	51	40	31
70.000	475	284	191	136	101	77	59	46	37
80.000	543	325	218	156	115	88	68	53	42
90.000	611	366	245	175	130	98	76	60	47
100.000	679	406	273	195	144	109	85	66	52
120.000	815	488	327	233	173	131	102	79	63
140.000	951	569	382	272	202	153	118	93	73
160.000	1.087	650	436	311	231	175	135	106	84
180.000	1.222	731	491	350	259	197	152	119	94
200.000	1.358	813	545	389	288	219	169	132	105
250.000	1.698	1.016	682	486	360	274	212	166	131
300.000	2.037	1.219	818	584	432	328	254	199	157
350.000	2.377	**1.422**	954	681	504	383	296	232	183
400.000	2.716	1.625	1.091	778	576	438	338	265	209
450.000	3.056	1.829	1.227	875	648	492	381	298	236
500.000	3.396	2.032	1.363	973	720	547	423	331	262

Not-wendiges Vermögen (Wert aus Tabellen 10.4 und 10.5)	Spar-Jahre								
	10	15	20	25	30	35	40	45	50
550.000	3.735	2.235	1.500	1.070	792	602	465	364	288
600.000	4.075	2.438	1.636	1.167	864	657	508	397	314
700.000	4.754	2.844	1.909	1.362	1.009	766	592	464	367
800.000	5.433	3.251	2.181	1.556	1.153	876	677	530	419
900.000	6.112	3.657	2.454	1.751	1.297	985	761	596	471
1.000.000	6.791	4.064	2.726	1.945	1.441	1.094	846	662	524
1.200.000	8.149	4.876	3.272	2.334	1.729	1.313	1.015	795	628
1.400.000	9.508	5.689	3.817	2.723	2.017	1.532	1.184	927	733
1.600.000	10.866	6.502	4.362	3.112	2.305	1.751	1.354	1.060	838
1.800.000	12.224	7.314	4.908	3.501	2.593	1.970	1.523	1.192	943
2.000.000	13.582	8.127	5.453	3.890	2.882	2.189	1.692	1.325	1.047
2.200.000	14.941	8.940	5.998	4.279	3.170	2.408	1.861	1.457	1.152
2.400.000	16.299	9.753	6.544	4.668	3.458	2.627	2.031	1.590	1.257
2.600.000	17.657	10.565	7.089	5.057	3.746	2.845	2.200	1.722	1.362
2.800.000	19.015	11.378	7.634	5.446	4.034	3.064	2.369	1.855	1.466
3.000.000	20.374	12.191	8.179	5.835	4.322	3.283	2.538	1.987	1.571
3.200.000	21.732	13.003	8.725	6.224	4.611	3.502	2.707	2.120	1.676
3.400.000	23.090	13.816	9.270	6.613	4.899	3.721	2.877	2.252	1.781
3.600.000	24.448	14.629	9.815	7.002	5.187	3.940	3.046	2.385	1.885
3.800.000	25.806	15.441	10.361	7.391	5.475	4.159	3.215	2.517	1.990

4.000.000	27.165	16.254	10.906	7.780	5.763	4.378	3.384	2.650	2.095
4.200.000	28.523	17.067	11.451	8.169	6.051	4.597	3.553	2.782	2.200
4.400.000	29.881	17.880	11.996	8.558	6.340	4.815	3.723	2.915	2.304
4.600.000	31.239	18.692	12.542	8.947	6.628	5.034	3.892	3.047	2.409
4.800.000	32.598	19.505	13.087	9.336	6.916	5.253	4.061	3.180	2.514
5.000.000	33.956	20.318	13.632	9.725	7.204	5.472	4.230	3.312	2.619
5.200.000	35.314	21.130	14.178	10.114	7.492	5.691	4.399	3.445	2.723
5.400.000	36.672	21.943	14.723	10.503	7.780	5.910	4.569	3.577	2.828
5.600.000	38.031	22.756	15.268	10.892	8.069	6.129	4.738	3.710	2.933
5.800.000	39.389	23.569	15.814	11.281	8.357	6.348	4.907	3.842	3.038
6.000.000	40.747	24.381	16.359	11.670	8.645	6.566	5.076	3.975	3.142
6.200.000	42.105	25.194	16.904	12.059	8.933	6.785	5.246	4.107	3.247
6.400.000	43.464	26.007	17.449	12.448	9.221	7.004	5.415	4.240	3.352
6.600.000	44.822	26.819	17.995	12.837	9.509	7.223	5.584	4.372	3.457
6.800.000	46.180	27.632	18.540	13.226	9.798	7.442	5.753	4.505	3.561
7.000.000	47.538	28.445	19.085	13.615	10.086	7.661	5.922	4.637	3.666
7.200.000	48.896	29.258	19.631	14.004	10.374	7.880	6.092	4.770	3.771
7.400.000	50.255	30.070	20.176	14.393	10.662	8.099	6.261	4.902	3.876
7.600.000	51.613	30.883	20.721	14.782	10.950	8.318	6.430	5.035	3.980
7.800.000	52.971	31.696	21.266	15.171	11.238	8.536	6.599	5.167	4.085
8.000.000	54.329	32.508	21.812	15.560	11.527	8.755	6.768	5.300	4.190

10. Zuviel gespart hat noch keiner!

Tabelle 10.7 Ihre notwendig gleichbleibende Sparrate in den nächsten Jahren
(Anzahl der Jahre wie in Tabelle 10.1 gewählt) damit Sie bei 7 Prozent durchschnittlich unterstelltem Zins Ihr Wunschziel sicher erreichen
© Bernd W. Klöckner, Verwendung in Vorträgen, Büchern oder Artikeln nur mit Genehmigung des Autors.

Not- wendiges Vermögen (Wert aus Tabellen 10.4 und 10.5)	Spar-Jahre								
	10	15	20	25	30	35	40	45	50
60.000	347	189	115	74	49	33	23	16	11
70.000	404	221	134	86	57	39	27	18	13
80.000	462	252	154	99	66	44	30	21	15
90.000	520	284	173	111	74	50	34	24	17
100.000	578	315	192	123	82	56	38	26	18
120.000	693	379	230	148	98	67	46	32	22
140.000	809	442	269	173	115	78	53	37	26
160.000	924	505	307	198	131	89	61	42	29
180.000	1.040	568	346	222	148	100	69	47	33
200.000	1.156	631	384	247	164	111	76	53	37
250.000	1.444	789	480	309	205	139	95	66	46
300.000	1.733	946	576	370	246	167	114	79	55
350.000	2.022	**1.104**	672	432	287	194	133	92	64
400.000	2.311	1.262	768	494	328	222	152	105	73
450.000	2.600	1.420	864	556	369	250	171	119	83
500.000	2.889	1.577	960	617	410	278	190	132	92

550.000	3.178	1.735	1.056	679	451	305	210	145	101
600.000	3.467	1.893	1.152	741	492	333	229	158	110
700.000	4.044	2.208	1.344	864	574	389	267	185	128
800.000	4.622	2.524	1.536	988	656	444	305	211	147
900.000	5.200	2.839	1.728	1.111	738	500	343	237	165
1.000.000	5.778	3.155	1.920	1.234	820	555	381	264	184
1.200.000	6.933	3.786	2.304	1.481	984	666	457	316	220
1.400.000	8.089	4.417	2.688	1.728	1.148	777	533	369	257
1.600.000	9.244	5.048	3.071	1.975	1.312	888	610	422	294
1.800.000	10.400	5.679	3.455	2.222	1.475	999	686	475	330
2.000.000	11.555	6.310	3.839	2.469	1.639	1.110	762	527	367
2.200.000	12.711	6.941	4.223	2.716	1.803	1.222	838	580	404
2.400.000	13.866	7.572	4.607	2.963	1.967	1.333	914	633	441
2.600.000	15.022	8.203	4.991	3.210	2.131	1.444	991	686	477
2.800.000	16.177	8.834	5.375	3.456	2.295	1.555	1.067	738	514
3.000.000	17.333	9.465	5.759	3.703	2.459	1.666	1.143	791	551
3.200.000	18.488	10.096	6.143	3.950	2.623	1.777	1.219	844	587
3.400.000	19.644	10.727	6.527	4.197	2.787	1.888	1.295	896	624
3.600.000	20.799	11.358	6.911	4.444	2.951	1.999	1.372	949	661
3.800.000	21.955	11.989	7.295	4.691	3.115	2.110	1.448	1.002	697
4.000.000	23.110	12.620	7.679	4.938	3.279	2.221	1.524	1.055	734

Not-wendiges Vermögen (Wert aus Tabellen 10.4 und 10.5)	Spar-Jahre							
	10	15	20	25	30	35	40	45	50
4.200.000	24.266	13.251	8.063	5.185	3.443	2.332	1.600	1.107	771
4.400.000	25.421	13.882	8.446	5.432	3.607	2.443	1.676	1.160	808
4.600.000	26.577	14.513	8.830	5.679	3.771	2.554	1.753	1.213	844
4.800.000	27.732	15.144	9.214	5.925	3.935	2.665	1.829	1.266	881
5.000.000	28.888	15.775	9.598	6.172	4.098	2.776	1.905	1.318	918
5.200.000	30.043	16.406	9.982	6.419	4.262	2.887	1.981	1.371	954
5.400.000	31.199	17.037	10.366	6.666	4.426	2.998	2.057	1.424	991
5.600.000	32.354	17.668	10.750	6.913	4.590	3.109	2.133	1.477	1.028
5.800.000	33.510	18.299	11.134	7.160	4.754	3.220	2.210	1.529	1.065
6.000.000	34.665	18.930	11.518	7.407	4.918	3.331	2.286	1.582	1.101
6.200.000	35.821	19.561	11.902	7.654	5.082	3.442	2.362	1.635	1.138
6.400.000	36.976	20.192	12.286	7.901	5.246	3.553	2.438	1.687	1.175
6.600.000	38.132	20.823	12.670	8.147	5.410	3.665	2.514	1.740	1.211
6.800.000	39.287	21.454	13.054	8.394	5.574	3.776	2.591	1.793	1.248
7.000.000	40.443	22.085	13.438	8.641	5.738	3.887	2.667	1.846	1.285
7.200.000	41.598	22.716	13.822	8.888	5.902	3.998	2.743	1.898	1.322
7.400.000	42.754	23.347	14.205	9.135	6.066	4.109	2.819	1.951	1.358
7.600.000	43.909	23.978	14.589	9.382	6.230	4.220	2.895	2.004	1.395
7.800.000	45.065	24.609	14.973	9.629	6.394	4.331	2.972	2.057	1.432
8.000.000	46.220	25.240	15.357	9.876	6.558	4.442	3.048	2.109	1.468

Tabelle 10.8 Ihre notwendig gleichbleibende Sparrate in den nächsten Jahren
(Anzahl der Jahre wie in Tabelle 10.1 gewählt) damit Sie bei 9 Prozent durchschnittlich unterstelltem Zins Ihr Wunschziel sicher erreichen
© Bernd W. Klöckner, Verwendung in Vorträgen, Büchern oder Artikeln nur mit Genehmigung des Autors.

Notwendiges Vermögen (Wert aus Tabellen 10.4. und 10.5)	Spar-Jahre								
	10	15	20	25	30	35	40	45	50
60.000	310	159	90	54	33	20	13	8	5
70.000	362	185	105	62	38	24	15	9	6
80.000	413	211	120	71	44	27	17	11	7
90.000	465	238	135	80	49	31	19	12	8
100.000	517	264	150	89	55	34	21	14	9
120.000	620	317	180	107	66	41	26	16	10
140.000	723	370	210	125	76	48	30	19	12
160.000	827	423	240	143	87	54	34	22	14
180.000	930	476	270	161	98	61	38	24	15
200.000	1.034	529	299	178	109	68	43	27	17
250.000	1.292	661	374	223	137	85	53	34	21
300.000	1.550	793	449	268	164	102	64	41	26
350.000	1.809	**925**	524	312	191	119	75	47	30
400.000	2.067	1.057	599	357	218	136	85	54	34
450.000	2.325	1.189	674	401	246	153	96	61	39
500.000	2.584	1.321	749	446	273	170	107	68	43

Notwendiges Vermögen (Wert aus Tabellen 10.4. und 10.5)	Spar-Jahre								
	10	15	20	25	30	35	40	45	50
550.000	2.842	1.453	823	491	300	187	117	74	47
600.000	3.101	1.586	898	535	328	204	128	81	51
700.000	3.617	1.850	1.048	624	382	238	150	95	60
800.000	4.134	2.114	1.198	714	437	272	171	108	69
900.000	4.651	2.378	1.348	803	492	306	192	122	77
1.000.000	5.168	2.643	1.497	892	546	340	214	135	86
1.200.000	6.201	3.171	1.797	1.070	655	408	256	162	103
1.400.000	7.235	3.700	2.096	1.249	765	476	299	189	120
1.600.000	8.268	4.228	2.396	1.427	874	544	342	216	137
1.800.000	9.302	4.757	2.695	1.606	983	612	385	243	154
2.000.000	10.335	5.285	2.995	1.784	1.092	680	427	270	171
2.200.000	11.369	5.814	3.294	1.962	1.202	748	470	297	189
2.400.000	12.402	6.342	3.593	2.141	1.311	816	513	324	206
2.600.000	13.436	6.871	3.893	2.319	1.420	884	555	351	223
2.800.000	14.469	7.399	4.192	2.497	1.529	952	598	378	240
3.000.000	15.503	7.928	4.492	2.676	1.639	1.020	641	405	257
3.200.000	16.536	8.457	4.791	2.854	1.748	1.088	684	432	274
3.400.000	17.570	8.985	5.091	3.033	1.857	1.156	726	459	291
3.600.000	18.603	9.514	5.390	3.211	1.966	1.224	769	486	309
3.800.000	19.637	10.042	5.690	3.389	2.076	1.292	812	513	326

4.000.000	20.670	10.571	5.989	3.568	2.185	1.360	854	540	343
4.200.000	21.704	11.099	6.288	3.746	2.294	1.428	897	567	360
4.400.000	22.737	11.628	6.588	3.925	2.403	1.496	940	594	377
4.600.000	23.771	12.156	6.887	4.103	2.513	1.564	983	621	394
4.800.000	24.804	12.685	7.187	4.281	2.622	1.632	1.025	648	411
5.000.000	25.838	13.213	7.486	4.460	2.731	1.700	1.068	675	428
5.200.000	26.871	13.742	7.786	4.638	2.840	1.768	1.111	702	446
5.400.000	27.905	14.270	8.085	4.817	2.950	1.836	1.154	729	463
5.600.000	28.938	14.799	8.385	4.995	3.059	1.904	1.196	756	480
5.800.000	29.972	15.327	8.684	5.173	3.168	1.972	1.239	783	497
6.000.000	31.005	15.856	8.984	5.352	3.277	2.040	1.282	810	514
6.200.000	32.039	16.385	9.283	5.530	3.387	2.108	1.324	837	531
6.400.000	33.072	16.913	9.582	5.709	3.496	2.176	1.367	864	548
6.600.000	34.106	17.442	9.882	5.887	3.605	2.244	1.410	891	566
6.800.000	35.140	17.970	10.181	6.065	3.714	2.312	1.453	918	583
7.000.000	36.173	18.499	10.481	6.244	3.824	2.380	1.495	945	600
7.200.000	37.207	19.027	10.780	6.422	3.933	2.447	1.538	972	617
7.400.000	38.240	19.556	11.080	6.601	4.042	2.515	1.581	999	634
7.600.000	39.274	20.084	11.379	6.779	4.151	2.583	1.623	1.026	651
7.800.000	40.307	20.613	11.679	6.957	4.261	2.651	1.666	1.053	668
8.000.000	41.341	21.141	11.978	7.136	4.370	2.719	1.709	1.080	686

Betrachten wir dies noch einmal an unserem Beispiel: Sie wollen nun ein Vermögen von 333 768 Euro (aufgerundet auf 350 000 Euro) in 15 Jahren ansparen. Bei einer chancenorientierten Geldanlageform (wie in Tabelle 10.7) müssen Sie dafür monatlich 1 104 Euro auf die Seite legen.

Tragen Sie nun hier die von Ihnen ermittelte Sparrate ein: Um mein Wunsch-Vorsorgeziel zu finanzieren, muss ich über _____ Jahre monatlich _____ Euro ansparen.

Auf den Punkt gebracht

Nun wissen Sie, wie viel Sie sparen müssen, um Ihr Alter sorgenfrei verbringen zu können. Ich rate Ihnen nun: Handeln Sie! Suchen Sie einen soliden Finanzberater auf, und besprechen Sie mit ihm Ihre persönliche Situation. Denn dieses Buch kann Ihnen zwar Ihren Bedarf deutlich machen und Ihnen Ideen und die nötigen Informationen für Ihre Altersvorsorge geben, doch eine Planung Ihrer Altersvorsorge selbst ist immer eine individuelle, sehr persönliche Angelegenheit, wie Sie bereits in den Praxisfällen sehen konnten. Doch eines ist sicher: Je eher Sie handeln, desto mehr Zeit bleibt Ihnen. Um es noch einmal zu wiederholen: »Spare mit der Zeit, dann hast du in der Not! Oder: Spare in der Not, dann hast du für die Zeit.« Deshalb: Handeln Sie jetzt!

Schluss

*Bleib ruhig: In hundert Jahren
ist alles vorbei.*

Ralph Waldo Emerson

Dieses Buch widmete sich in allen Facetten, die dazu gehören, einem einzigen Thema: Der gigantischen Gaukelei hinsichtlich der amtlichen Rentenberechnungen. Politisch getarnt mit allerlei geschickter Propaganda. Das Ergebnis wird – wenn sich nicht sehr, sehr schnell etwas ändert – eine Altersarmut der breiten Masse sein. Rodrigo de Rato, Geschäftsführender Direktor des Internationalen Währungsfonds brachte es einmal auf den Punkt: »Aus dem Netz der sozialen Sicherheit ist in Deutschland längst eine Falle geworden.« Zuvor soll eines nochmals – wie bereits zu Beginn – erwähnt werden: In diesem Buch geht es – auf Grundlage der aktuellen Entwicklung und der aktuell verfügbaren Daten – um die Auswirkungen der Demografie auf die sozialen Sicherungssysteme. Es geht *nicht* um die Auswirkung auf den künftigen Wohlstand in diesem Land.

> »Aus dem Netz der sozialen Sicherheit ist in Deutschland längst eine Falle geworden.«
>
> *Rodrigo de Rato,*
> Geschäftsführender Direktor des Internationalen Währungsfonds (IWF), *Euro am Sonntag* 20. Februar 2005

Selbst wenn also die Prognosen, Hochrechnungen und Modellrechnungen Wirklichkeit würden, selbst dann, wenn alles hinsichtlich der demografischen Entwicklung so eintritt wie prognostiziert, heißt das nicht, dass zwangsläufig auch ein grundsätzlicher Wohlstandsverlust die unausweichliche Folge sein muss. Der Kollaps der sozialen Sicherungssysteme kann durchaus damit einhergehen, dass der Wohlstand bei einem Teil der Bevölkerung weiter steigt. Es wäre also falsch, die Alterung der Gesellschaft mit Wohlstandsverlust unmittelbar gleich zu setzen. Wichtig ist hier:

Gelingt es durch politisch geschicktes Handeln, das Wachstum in diesem Land anzukurbeln, gelingt es dadurch, die Nachfrage nach Arbeitskräften zu erhöhen, dann ist es auch – in einem sehr positivem Szenario – denkbar, dass die Menschen tatsächlich bis zum Alter von 65, 67 oder gar 70 Jahren arbeiten könnten. Tritt eine solche Entwicklung ein, verliert sich jede Dramatik hinsichtlich der negativen Auswirkungen der demografischen Entwicklung.

Die Optimisten können also berechtigt fragen »Und was ist, wenn es einen dauerhaften, über Jahre und Jahrzehnte anhaltenden Wirtschaftsboom gibt!?« Das ist alles. Die Frage bleibt: Und was ist, wenn dieser Boom ausbleibt? Dann wird wiederum vieles von dem Realität werden, wie es in diesem Buch beschrieben ist. Doch zurück zur gesetzlichen Rentenversicherung:

Geht man von den aktuellen Gegebenheiten, auch der derzeitigen wirtschaftlichen Entwicklung aus, so gilt für die sozialen Sicherungssysteme, speziell für die gesetzliche Rentenversicherung und die jährlich versandte Renteninformation: Einerseits gut gemeint, ist die amtliche Renteninformation auf dem jetzigen Stand weitaus nicht das, was Menschen benötigen, um ihre Vorsorge wirklich planen zu können.

Das in diesem Buch erstmals präsentierte Muster einer überarbeiteten Renteninformation beweist: Es wäre möglich, diese zweifelsohne wichtige Renteninformation so aufzubauen, dass die Menschen wirklich wissen, woran sie sind. Wer hier Dinge sagt wie »Wir können nicht ...« sagt in Wahrheit »Wir wollen nicht!«

Und dieses Nicht-wollen, dieses Verheimlichen der in den kommenden Jahren auf uns zurollenden, katastrophalen demografischen Belastungen ist das eigentliche Versagen der politischen Klasse. Die Politik muss den Mut haben, das auszusprechen, was der Nobelpreisträger Paul A. Samuelson einmal ganz klar sagte. Er bezeichnete die umlagefinanzierten Rentensysteme schlichtweg als das, was sie wirklich sind: »the biggest Ponzi Game ever«. Merkmale eines so genannten Ponzi-Spiels ist die ständige Aufnahme neuer Kredite, um notwendige Ausgaben finanzieren zu können. Dabei werden die aufgenommenen Kredite ihrerseits wiederum durch immer wieder neu aufgenommene Kredite zurückbezahlt. Man nennt das ganze auch »Schneeballsystem«. Ein Schneeballsystem ist ein sozialer, besser: ein höchst unsozialer

Prozess. Die zu Beginn teilnehmenden Personen profitieren. Die letzten beißen die dafür vorgesehenen Hunde. Ich meine und gleichzeitig bitte ich um Entschuldigung, dass ich dies so derb auf den Punkt bringe: Ein solches, staatlich geduldetes Schneeballsystem ist schlichtweg eine politisch verantwortungslose Sauerei! Die Mär von der »sicheren Rente« entpuppt sich als perfides Gesäusel der politischen Klasse.

Tatsache ist auch: Bereits vor vielen Jahren hätte die politische Klasse das demografische Dilemma erkennen können und erkennen müssen. Und fatal ist es, wie aus politischem Opportunismus mit der finanziellen Zukunft der Menschen in diesem Land und insbesondere der heutigen wie künftigen Rentner regelrecht gespielt wird. Kaum hatte die eine Partei den Mut, einen demografischen Faktor einzuführen, kassierte die Nachfolgeregierung aus politischem Kalkül diesen im Grundsatz richtigen Weg, um die Idee später selbst wieder unter dem Begriff »Nachhaltigkeitsfaktor« zu gebären.

Die Belastung der kommenden Generationen scheint bei allem verfügbaren Datenmaterial noch keineswegs vollständig bekannt, geschweige denn vollständig erfasst. Wobei eher davon ausgegangen werden darf, dass die Brisanz des Themas den politisch Handelnden mehr als bekannt ist und sich alles nur um die Frage dreht »Wie sag' ich's meinem Kinde?« Es wäre dringend notwendig, dass die politisch Verantwortlichen sehr, sehr schnell reagieren und das Thema Demografie und soziale Sicherheit mit aller gebotenen Ehrlichkeit ganz oben auf die politische Agenda setzen. Der Staat muss umgehend Maßnahmen ergreifen, wenn die sich ankündigende, dramatische Belastung der Gesellschaft wie der einzelnen Bürger ausbleiben soll. Es ist höchste Zeit, die Themen Familienpolitik und Zuwanderungspolitik zu den wichtigsten Themen zu machen, die in den kommenden Jahren zu bearbeiten sind. Dazu gehört insbesondere auch, dass Familien hinsichtlich der Berücksichtigung von Pflege-, Unterhalts- und Erziehungsleistungen unterstützt und gestärkt werden müssen.

Überhaupt gilt es die Erkenntnis zu stärken und die Voraussetzungen zu schaffen, dass Familie und Beruf zusammen gehören (können). Deutschland scheint hier mental wie von den faktischen Voraussetzungen her immer noch ein Entwicklungsland zu sein.

Wobei auch die mentale Einstellung eine Rolle spielt. Wie viele Mütter und Väter in diesem Land müssen sich, wenn sie die Kleinen bereits mit wenigen Monaten in Kindertagesstätten geben wollen um wieder frei für den – letztlich notwendigen – Beruf zu sein, von Eltern und Schwiegereltern anhören, dass man doch für die Kinder da sein müsse. Ganz anders erlebt man es beispielsweise in Frankreich: Wenn im September jeden Jahres der erste Schultag an der École maternelle (der französische Kindergarten nimmt Kinder ab circa vier Monaten) näher rückt, dann wird nicht bis ins unendliche über die Frage diskutiert, ob Mutter und Vater doch zu Hause bleiben sollten und überhaupt die Kinder zu Hause viel besser gedeihen würden und, und, und ... Es machen sich einfach Hunderttausende von Kindern unter drei Jahren auf den Weg mit dem Ergebnis, dass seit vielen Jahrzehnten diese Form der – frei übersetzt – »mütterlichen Schule« schlichtweg dazu gehört und nahezu alle 3-Jährigen, bis auf wenige Prozent, dieses Angebot auch nutzen. In Deutschland würde ein Aufschrei durch das Land gehen. Und genau hier beginnt, neben der Verantwortung der Politik für eine veränderte Demografie auch die Verantwortung der Menschen in diesem Land. Wie heißt es so treffend: Man muss die Grenzen im Kopf verschieben, damit sich die Grenzen des Handelns verschieben. Wobei das ganze Thema vorsichtig angegangen werden muss: Denn Voraussetzung für eine qualifizierte Ganztagsbetreuung, gleich ob in Kindertagesstätten oder einem Abbild solcher »mütterlichen Schulen« wie in Frankreich, sind qualifizierte, gut bezahlte Erzieherinnen und Erzieher.

Doch kommen wir zurück zur Rentenversicherung: In Zusammenhang mit der Rentenversicherung sind – das zeigen die in diesem Buch genannten Fakten und Zahlen sehr, sehr deutlich – weitere Einschnitte nötig. Wer etwas anderes behauptet, belügt oder beschwichtigt zumindest. Die bisherigen Leistungen wird die gesetzliche Rentenversicherung auf Dauer nicht beibehalten können. Lassen Sie mich an dieser Stelle nochmals die Einschätzung der Rating-Agentur S&R wiederholen. Ohne drastische und einschneidende Sozialreformen in jedem Bereich würde die Bonität Deutschlands auf Ramsch-Niveau abrutschen, und Deutschland als Schuldner auf Ramschanleihen-Niveau (sogenannte Junk Bonds) herabgestuft werden. Daher gilt: Diese Wahrheit ist den

Menschen unmissverständlich – möglicherweise mit Hilfe der in diesem Buch überarbeiteten Renteninformation – immer und immer wieder zu sagen. Niemand sollte eines Tages sagen können »Das habe ich alles nicht gewusst«. Themen wie (erheblich) längere Arbeitszeiten und (erheblich) höhere, notwendige, private Altersvorsorge müssen immer und immer wieder angesprochen und umgesetzt werden. Besonders wichtig: Der Staat, die politisch denkende und handelnde Klasse hat es in der Hand, die Menschen hinsichtlich der demografischen Entwicklungen und denkbaren Szenarien auf dem Laufenden zu halten. Die Diskussion über die demografische Entwicklung muss raus aus den wissenschaftlichen Diskussionskreisen, in die Köpfe und in die Herzen der breiten Masse getragen werden. Die Menschen jeder Klasse und auf jedem sozialen Niveau haben ein Recht darauf, in verständlichen Worten zu erfahren, welche Szenarien möglich sind, welche Szenarien eintreten können. Dann, und nur dann hat jeder Mensch die Möglichkeit, sich selbst zu entscheiden, welche Konsequenzen sie oder er für das eigene Handeln zieht. Der eine wird weiterhin nicht reagieren und eines Tages ein Alter in Armut erleben. Der andere wird reagieren. Wird handeln. Die alles entscheidende Voraussetzung lautet jedoch: Er muss informiert sein, damit er handelt. Bis die derzeitige, oftmals wissenschaftliche Diskussion bei den Menschen angekommen sein wird, werden jedoch wichtige und vielleicht entscheidende Jahre vergehen. Denn es gibt nur eine Formel für den Vermögensaufbau: Zeit mal Geld. Viele Menschen tun sich ohnehin schon schwer, die notwendigen Beträge zur eigentlich notwendigen, privaten Altersvorsorge aufzubringen. Wer diesen Menschen mangels rechtzeitiger (möglicher) umfassender Information noch die Zeit stiehlt, in der sie möglichst frühzeitig handeln könnten, macht sich mitschuldig an der drohenden Altersarmut der breiten Masse.

Die Politik ist weiter gefordert, das Sparen fürs Alter, das Sparen und Investieren für die eigene Zusatzrente immer attraktiver zu machen. Wenn die sozialen Sicherungssysteme in der jetzigen Struktur vor dem – das ganze ist nur eine Frage der Zeit – Kollaps stehen, dann muss dies den Menschen in diesem Land gesagt werden. Die Bevölkerung, die Menschen dieses Landes haben ein Recht darauf, dass ihnen klarer Wein eingeschenkt wird. Klarer

Wein statt die in diesem Buch beschriebene Propaganda und Desinformation über Jahre und Jahrzehnte. Das Eingeständnis, dass die Sozialsysteme heutiger Natur vor einem drohenden Kollaps stehen, wird zwangsläufig für die meisten ein schreckliches Erwachen aus dem ehemals erhofften Rententraum werden. Doch im Anschluss hat jeder die Chance zu handeln. Oder auch nicht! Das ist es, was wir lernen müssen. Angesichts des drohenden Desasters der sozialen Sicherungssysteme muss jeder Einzelne Verantwortung übernehmen. Der Staat tut gut daran, der Bevölkerung zu sagen, was sie möglicherweise erwartet. Tritt die Entwicklung ein wie prognostiziert, hat der Staat, haben die politisch Handelnden bereits heute dafür Sorge zu tragen, zu diesem Zeitpunkt sagen zu können: »Wir haben es zu Eurem Wohl frühzeitig und mit allen Konsequenzen ausgesprochen, was wahrscheinlich geschehen wird!«

Handeln Sie jetzt!

Ihr Bernd W. Klöckner

mail@berndwkloeckner.com
www.berndwkloeckner.com

Danke

Meiner Frau Bianca gehört der größte Dank. In einer Familie mit drei und aller Voraussicht nach bis zum Erscheinen dieses Buches vier Kindern ist jede Menge Action angesagt. Da ist es manchmal schwer, wenn ein Partner sich zurückzieht, weil er wieder einmal – aus persönlicher und beruflicher Leidenschaft und Überzeugung zu einem Thema – ein Buch schreiben will. Für die vielen Abende, Sonn- und Feiertage, die du, Bianca, einmal mehr auf mich verzichten musstest, wo du die Kinder allein zu Bett brachtest, sie morgens in den Tag begleitet hast und schlichtweg immer für sie da warst, sage ich dieses herzliche Danke. Ich liebe Dich neben den vielen, vielen Gründen, die du mir jeden Tag schenkst, auch dafür, dass ich mich meinen beruflichen Leidenschaften und Zielen widmen darf, weil du mir alle erdenkliche Unterstützung gibst. Ein ausdrückliches Dankeschön gilt ebenso Werner Dütting, seines Zeichens freier Journalist, mehrfacher Co-Autor der vielen, erfolgreichen Bernd W. Klöckner® Bücher. In gemeinsamer Arbeit mit Werner Dütting entstanden die umfangreichen Berechnungen zur BfA-Rente wie auch die Gesamtauswertung. Die Zusammenarbeit mit Werner Dütting ist seit Jahren geprägt von größter Zuverlässigkeit und viel gemeinsamer Freude wie bereits einigen großen Erfolgen. Mit den Berechnungen in diesem Buch verbunden ist der Einsatz der Software www.beratungsrechner.de. Gründer und Entwickler ist Dr. Claus M. Kriebel. Mit Dr. Kriebel verbindet mich eine persönliche wie berufliche, exzellente Freundschaft. Er war es, der gemeinsam mit Werner Dütting Lösungen zu den zahlreichen Praxisfällen erarbeitete.

Ein letztes Dankeschön gilt meinen Mitarbeitern im *Klöckner-Institut*. In den Zeiten, in denen ich meine Bücher schreibe, versinke ich in meinen Zeilen, Seiten und Inhalten. In diesen Zeiten mit mir zu arbeiten ist nicht immer so einfach. Allen voran gilt dieser berufliche Dank Karin Gerharz. Danke an dich, Karin! Ohne deinen Einsatz, den Einsatz deiner Familie und unser Miteinander wären die heute großartigen Erfolge niemals möglich gewesen. Danke ebenso an Mark Birkenstock, der mich unterstützt, wann immer ich ihn brauche.

Fast hätte ich es vergessen: Ein Danke geht ebenfalls an Bettina Querfurth und das gesamte Team des Wiley Verlages. Zuverlässige, perspektivisch denkende und handelnde Verlagspartner sind selten geworden in einer immer hektischeren Verlagslandschaft. Von Beginn an bereitete mir die Zusammenarbeit mit Bettina Querfurth und dem gesamten Wiley-Team große Freude. Sie waren alle stets unserem gemeinsamen Ziel verpflichtet, ein nützliches und gutes Buch zu erstellen und haben mich zu jedem Zeitpunkt effizient und kritisch diskutierend unterstützt. Apropos »Gutes Buch«. Christina Seitz war es, die meinen Inhalt, meine Gedanken und meine Seiten als Lektorin veredelte. Die meine Worte zu dem guten Buch machte, das Sie in den Händen halten. Ich weiß, wie viel an Arbeit investiert werden muss, um den letzten Schliff gelingen zu lassen. Daher, liebe Christina Seitz, ein herzliches Danke für die exzellente Arbeit!

Anmerkung

Die Salami-Taktik
der gesetzlichen Rentenversicherer

Während der Arbeit an diesem Buch brachte die Bundesversicherungsanstalt für Angestellte (BfA) zum Jahr 2005 kleine, durchaus im Sinne von Transparenz (insbesondere in Bezug auf das Thema Inflation) begrüßenswerte Änderungen. Im Jahr 2004 hieß noch »... Diese Beträge (die ausgerechneten Renten, Anmerkung des Autors) sind wegen des zu erwartenden Anstiegs der Lebenshaltungskosten nicht mit einem heutigen Einkommen... vergleichbar.« Im Jahr 2005 und in bester Salami-Taktik – ein Scheibchen Wahrheit nach dem anderen – wurde nun wie folgt formuliert: »Die ermittelten Einkünfte sind wegen des Anstiegs der Lebenshaltungskosten... nicht mit einem heutigen Einkommen... vergleichbar... So werden bei einer Inflationsrate von beispielsweise 1,5 Prozent (angesichts vergangener wie aktueller Inflationszahlen optimistisch, Anmerkung des Autors) zu Ihrem 65. Lebensjahr 100 Euro voraussichtlich nur noch eine Kaufkraft nach heutigen Werten von etwa 74 Euro besitzen.« Liebe Leserin, lieber Leser: Hand aufs Herz! Wenn Sie bereits eine so aktualisierte Renteninformation erhalten haben, wissen Sie dann, welche Rente Sie bei 1 Prozent dauerhafter Rentenkürzung und sagen wir 2 Prozent Inflation zu erwarten haben? Meine Meinung ist daher: Das Ganze ist sicherlich gut gemeint, jedoch schlichtweg eine miserable Vorgehensweise. Man könnte konkreter werden, viel konkreter, man macht es aber nicht. Diese Salami-Taktik der BfA ist damit die beste Dokumentation für die Notwendigkeit des Ihnen vorliegenden Buches. Statt einfach, klar, wahr und vollständig ab der nächsten Versendung der Renteninformationen alle Versicherten mit einfachen, auf einen Blick nachvollziehbaren Zahlen zu informieren (beispielsweise mit einer Darstellung wie in diesem Buch vorgeschlagen), belässt man es bei klein gedruckten Hinweisen, die nicht so auf den Punkt kommen, wie es angesichts der katastrophalen finanziellen Lage der gesetzlichen Rentenversicherung möglich und auch wichtig wäre. Für Vermögensaufbau gibt es eine Formel: Zeit mal Geld. Würde die BfA beispielsweise dem in diesem Buch genannten Vorschlag folgen, würden schlichtweg mehr Versicherte aufgerüttelt und zumindest den Faktor Zeit zum Vermögensaufbau und zur privaten Vorsorge nutzen. Sprich: Möglichst früh zusätzlich sparen. Meine Forderung lautet: Ein Ende der politisch geduldeten Salami-Taktik der gesetzlichen Rentenversicherungsanstalten. Die weitere Forderung ist die nach Transparenz hinsichtlich der versandten Renteninformationen. Sprich Klarheit, Wahrheit und Vollständigkeit.